高等院校法学专业规划教材

税法教程

主　编　王宏军
副主编　李　蕊
撰稿人　王宏军　陈　琤　朱　捷
　　　　刘明宇　李蕊

对外经济贸易大学出版社
中国·北京

图书在版编目（CIP）数据

税法教程／王宏军主编．—北京：对外经济贸易大学出版社，2010

高等院校法学专业规划教材

ISBN 978-7-81134-681-7

Ⅰ．①税… Ⅱ．①王… Ⅲ．①税法－中国－高等学校－教材 Ⅳ．①D922.22

中国版本图书馆 CIP 数据核字（2010）第 072685 号

税 法 教 程

王宏军 **主编**

责任编辑：毛飞琴

对 外 经 济 贸 易 大 学 出 版 社

北京市朝阳区惠新东街 10 号 邮政编码：100029

邮购电话：010－64492338 发行部电话：010－64492342

网址：http://www.uibep.com E-mail：uibep@126.com

山东省沂南县汇丰印刷有限公司印装 新华书店北京发行所发行

成品尺寸：170mm×230mm 21.5 印张 398 千字

2010 年 5 月北京第 1 版 2010 年 5 月第 1 次印刷

ISBN 978-7-81134-681-7

印数：0 001－5 000 册 定价：33.00 元

高等院校法学专业规划教材编委会名单

总　序

对外经济贸易大学出版社出版一套高等院校法学专业规划教材的想法由来已久，现委托我来组织编写，我感到很荣幸。近年来，中国法学教育的繁荣发展是令人欣慰的，全国设立法学专业的院校多于五百所，在读学生数万人，这对法学教材也提出了新的要求。目前已经出版的几套法学系列教材可以说各有特点。我们编写这套教材，算是为百花齐放、百家争鸣做一点自己的贡献，让读者多一种选择。作为本套教材的组织编写者，我要对所有的作者表示感谢，并特别感谢对外经济贸易大学出版社刘传志等老师的辛勤劳动。

本套教材由全国数十所高校教师共同参与编写。具体有：北京航空航天大学、西北工业大学、武汉大学、华中师范大学、哈尔滨工程大学、吉林大学、广东海洋大学、东北大学、厦门大学、山东大学、山东大学威海分校、重庆邮电大学、云南民族大学、云南师范大学、云南财经大学、河南大学、海南大学、暨南大学、南京航空航天大学、河海大学、河海大学常州商学院、江南大学、湖南商学院、中南大学、中南财经政法大学、北京师范大学、中央财经大学、中国政法大学、中国人民大学、北京大学、北京理工大学、对外经济贸易大学、北京科技大学、首都经济贸易大学、北京交通大学、北京工业大学、北方工业大学、北京邮电大学等。

本套教材具有以下几个特点：首先，其难易程度比较适中。教材主要面向本科学生，以介绍大纲规定的基本知识为重点，避免写成法学理论专著。其次，避免写成大部头。编者对教材的篇幅作了比较严格的限制，在减轻学生学习负担的同时，注意减轻学生的经济负担。最后，本套教材的主编，均是来自教学第一线的年轻教师，多数具有博士学位或副教授以上职称。他们年富力强，思维敏捷，实践与理论的结合使他们对于各种版本教材的特点有直接的认识，可以取长补短。当然这套教材适用性到底怎么样，只有读者才具有最终的评价权。

借此机会，我想对法学专业的同学们多说几句，概括起来就是“一种技能两颗心”。

现今我国的大学教育，已经从精英教育转向了大众教育。法学专业的同学，毕业后未必一定会从事法律方面的工作。不论从事什么行业的工作，法律知识都是十分有用的。因此，大学期间一定要注意法律专业知识的学习，这是你的优势所在。这就是上面所说的“一种技能”。而所谓“两颗心”，一是真正的公正之心，一是感恩之心。大学教育不仅是培养技能，更是培养思想。公正是法律的基本要求，也是每一个人所希望的。但是很多人所希望的公正，其实是片面的公正。举一个十分常见的例子。一辆公共汽车在路上行驶，有人在路边招手。车停了下来，招手的人上了车。车继续行驶，又看到了路边有人招手。司机准备停车。刚刚上车的人开始嚷了：“已经这么挤了，还停！”他忘记了自己也是刚刚挤上来的了。这就是典型的片面公正。片面公正的人对于什么是公正，没有客观标准，只有主观标准，一切以自己的个人利益为出发点。对自己有利的就是公正，对自己不利的就是不公正。作为法学专业的学生，一定要注意克服这种片面的公正观，确立真正的公正之心。公正其实是一把双刃剑。在坚持公正会给你带来损害的时候仍然坚持公正，这才是真正的公正。

2003 年春末夏初的一个明朗的上午，对外经济贸易大学的礼堂里正在举行研究生毕业典礼。袍帽辉映着一张张踌躇满志的青春的面庞。校长陈准民教授致辞。很意外，致辞不是惯常的鼓励话语和事业发达的祝福，而是低沉的劝告。他说：“我不担心你们会有令人羡慕的前途，只担心你们忘记了感恩。人生的幸福并不在于拥有多高的职位和多少的财富，而在于能够对他人有所贡献。希望你们常怀感恩敬畏之心，与社会和谐相处，一生平安。”当时的中国，刚刚经受了一场非典的灾难。这场灾难的起因，不正是因为我们人类缺乏感恩之心吗？我们把地球当成自己的私有财产，为了满足自己毫无必要的欲望而为所欲为，结果受到了惩罚。我们的存在即使不是对这个世界的贡献，至少也不应该成为这个世界的负担。我经历过多次的毕业典礼，惟独这个很意外的关于感恩的致辞，至今似乎仍在耳边，特地拿来和同学们共勉。

以上文字，作为序。

薄守省

2007 年 1 月 12 日于北航法学院

boshx@ sohu. com

boshx001@ yahoo. com. cn

前　言

税法既是法学专业中的重要课程，又是税收、会计、税务代理等财经类专业中的重要课程。目前已出版的税法教材大体上可以分为法学类和财经类的，法学类的偏重法的层面，较少涉及税收实务的计算；财经类的则强调税收实务的计算，较少涉及法的层面。这就造成税法领域的“两层皮”现象，即税与法的脱离。其实，税和法本是不可分的，因为税收只能由法定，无法不成税。本书的编者希望打通“两层皮”的隔阂，奉献一本既有法学理论，又强调税收实务的教材。这样的理想，是以本书编者的专业背景为基础的。本书的作者，既有多年从事税法教学的法学院的教师，也有多年从事税收实务的注册税务师，还有兼有法律专业和会计、税收专业双重背景的教师。

税法具有很强的政策性，是国家调控经济的重要手段。因此，经济形势的变动会导致税法的频繁变动。2008 年 1 月 1 日，新的《企业所得税法》开始实施，内外资企业的所得税制度得到了统一。2009 年 1 月 1 日，为了应对金融危机，新修订的《增值税暂行条例》、《营业税暂行条例》、《消费税暂行条例》开始实施，我国的流转税制度较修订以前有了很大的变化。2009 年 2 月 28 日，第十一届全国人大常委会第七次会议审议通过了《刑法修正案（七）》，对刑法第 201 条偷税罪作了重大修改。这些变化是我国税收制度的一次重大变革。本教材以最新的立法为依据，充分反映了这些重要的变化。

本教材的撰稿人及其分工如下（以撰写章节先后为序）：

王宏军（云南财经大学法学院副教授，兼职律师，注册会计师，加拿大维多利亚大学访问学者；除学校授课外，还从事税务咨询、税务筹划、税务法律争议解决等税务实务工作，并多次参加税务人员、企业财务人员及注册会计师考试《税法》的培训工作）：撰写第一章、第五章、第七章、第十一章、第十二章。

陈琤（云南财经大学财务处）：撰写第二章。

朱捷（昆明理工大学法学院）：撰写第三章、第四章。

刘明宇（云南民族大学法学院）：撰写第六章。

李蕊（北京农学院）：撰写第八章、第九章、第十章。

在编著本教材过程中，虽然编者已尽其所能，但因为税法体系庞杂、技术性强，所以难以洞悉无漏，因而真诚地希望读者能不吝赐教，予以指正。

编　者

2009 年 12 月

目　　录

第一章

税法基础理论

第一节　税收概述

一、税收的概念

税收是国家为实现其公共职能而凭借政治权力，按照法律规定的标准，向居民、经济组织无偿、强制地取得财政收入的分配活动。

税收作为一种特定的分配形式，既是一个历史范畴，又是一个经济范畴。首先，税收是人类历史发展到一定历史阶段的产物，是伴随着私有制、阶级、国家的产生而产生的，其内容和性质也因社会生产力的发展、社会制度和国家性质的变更而变化；其次，税收是国家参与一部分社会产品的分配和再分配的手段，其实质是一种以国家为主体的特殊分配形式。

二、税收的本质

从本质上看，税收既是一种分配，又是分配所形成的国家的财政收入。因此，要完整地理解税收的本质，必须对国民收入的分配及财政收入有所了解。

（一）国民收入的分配

国民收入从创造出来到最终使用经过两次复杂的分配过程，这两次分配过程即初次分配和再分配。通过分配，国民收入分解为不同主体的收入，形成不同的用途。

国民收入的初次分配是在创造国民收入的物质生产领域内进行的分配，经过这次分配得到的收入，也称为原始收入。经过初次分配，国民收入形成职工个人收入、企业收入及国家收入三部分。国民收入的再分配，是在初次分配形成了国家、企业、生产劳动者的原始收入的基础上，在全社会范围内进一步进行分配的过程。通过国民收入的再分配，不直接参与物质生产的社会成员或集团，比如行政机关、国防、文化教育、科研、医疗卫生等，从参与初次分配的社会成员或集团那里获得收入，这种收入又称派生收入。

初次分配与再分配有一些明显的区别。初次分配的标准是生产要素的投入，包括劳动力、资本、土地及技术等，是由市场为主体进行的分配；再分配不按生产要素，其目的是为了公平、援助、社会保险等，在现代社会中，主要是由政府进行的。[①] 在一定程度上，再分配是对初次分配的矫正，以实现国民收入分配中的实质公平。

（二）财政收入

1. 财政的概念

财政作为一个经济范畴，是一种以国家为主体的经济行为，是政府集中一部分国民收入用于满足公共需要的收支活动，以达到优化资源配置、公平分配及稳定和发展经济的目标；也可以理解为，财政是以国家为主体的分配活动，但这里的“分配”应理解为广义的分配，既包括生产要素的分配，也包括个人收入的分配。[②]

2. 财政收入的概念与分类

财政可以分为财政收入与财政支出。财政收入是一定量的货币收入，即国家占有的以货币表现的一定量的国民总收入；财政收入又可以理解是一个分配过程，这一过程是财政运行的第一个阶段或者第一个环节，在其中形成特定的分配关系或利益关系。[③] 财政收入是实现国家职能的财力保证，是国家为了维持其存在和实现其社会管理职能，凭借政权的力量参与国民收入分配的活动。财政收入的种类是非常多的，税收是财政收入中的一种，为了明确税收在财政收入中的地位，有必要对财政收入的种类进行分析。

长久以来，我国将财政收入分为预算收入和预算外收入。根据第八届全国人民代表大会第二次会议1994年3月22日通过的《预算法》第19条的规定，预算收入包括税收收入、依照规定应当上缴的国有资产收益、专项收入和其他收入。预算外收入是各地方、部门、各单位自行收取，自行管理使用的财政性资金，如各种附加和其他不纳入预算的基金收入等。预算收入和预算外收入的划分

① 王绍光．美国进步时代的启示．北京：中国财政经济出版社，2006：176～177.
② 陈共．财政学．6版．北京：中国人民大学出版社，2009：25.
③ 陈共．财政学．6版．北京：中国人民大学出版社，2009：187.

是按收入的管理形式进行的，预算收入要纳入国家预算管理，而预算外收入，顾名思义，是预算之外的收入，不纳入预算管理。需要强调的是，预算外收入也是财政收入，属于财政性资金，是国家的收入，本应用于公共支出，而实践中，这部分资金往往被用于非公共支出，是屡禁不绝的贪污型腐败的主要根源之一。预算收入与预算外收入的分类，在很大程度上遮蔽了税收在财政收入中的重要地位。

为了杜绝预算外资金所产生的问题，近年来国家开始改变财政收入的分类模式，逐步摒弃预算内与预算外这一分类，转而采取税收收入与非税收入这一更为科学的分类模式。2004 年，财政部印发了《关于加强政府非税收入管理的通知》，“非税收入”正式取代“预算外资金”的提法。政府非税收入是指除税收以外，由各级政府、国家机关、事业单位、代行政府职能的社会团体及其他组织依法利用政府权力、政府信誉、国家资源、国有资产或提供特定公共服务、准公共服务取得并用于满足社会公共需要或准公共需要的财政资金，是政府财政收入的重要组成部分，是政府参与国民收入分配和再分配的一种形式。①

非税收入与预算外收入相比，有很大的变化。首先，非税收入的范围比预算外收入要大得多，它是指除政府以税收形式获得的财政收入以外的所有收入，传统意义上的预算外收入只是非税收入的一部分。其次，税收收入与非税收入的划分，是以资金的来源渠道为标准的，这就淡化了预算外收入存在的“谁收费就归谁所有和使用”的权属观念，有利于最终将预算外收入纳入预算管理。② 最后，预算收入和预算外收入的分类，在很大程度上掩盖了税收收入在国家财政收入中的重要地位，而税收收入与非税收入这一分类则充分彰显了税收收入的重要地位。这一变化的影响将会是深远的，对于纳税人权利的保护，对于财政资金的合法使用，都将产生重要的促进作用。

三、税收的特征

税收与非税收入相比，具有强制性、无偿性和固定性这三大特征。

（一）强制性

税收的强制性是指国家征税是凭借政治权力，以国家强制力为后盾，用法

---

① 财综［2004］53 号，财政部《关于加强政府非税收入管理的通知》。

② 财政部《关于加强政府非税收入管理的通知》要求，政府非税收入分步纳入财政预算，实行“收支两条线”管理，各级财政部门要继续深化“收支两条线”管理改革，将政府非税收入分步纳入预算管理。

律、法规的形式来实现的。任何单位和个人，只要取得属于法定应该纳税的收入，拥有应该纳税的财产，或发生应该纳税的行为，都必须无条件地履行纳税义务，否则将会受到法律的制裁。

（二）无偿性

税收的无偿性是指税款一经征收，便由纳税人向国家做单向的转移，形成国家财政收入。国家征税之后，既不向纳税人支付任何报酬，也不提供某种特殊权利或相应的服务。税收的无偿性是相对的。对具体的纳税人来说，纳税后并未获得任何报酬，但从财政活动的整体来看，即从全体纳税人的角度，税收是对政府为全体纳税人提供公共物品和服务成本的补偿，因而又反映出有偿性的一面。当然，就某一具体的纳税人来说，他所缴纳的税款与他从公共物品或劳务的消费中所得到的利益并不一定是对称的。从这一点来看，税收与诸如国家的财产收入和事业收入之类，基于所谓经济活动的收入有所区别。①

（三）固定性

税收的固定性是指国家在征税之前，就以法律的形式，把每种税的征收对象、纳税人及征收数额或比例都事先规定下来，因此又可称为税收的法定性。纳税人必须依照法定的标准及时、足额地纳税，未经国家调整，任何单位和个人以及征税机关不得任意改变征税标准。但是，对税收的固定性也不能绝对化，以为标准确定后永远不能改变。随着社会经济条件的变化，具体的征税标准是可以改变的。比如，国家可以修订税法，调高或调低税率等，但这只是变动征收标准，而不是取消征收标准。所以，这与税收的固定性是并不矛盾的。

强制性、无偿性和固定性是税收在任何社会形态中都具有的共性，而且这三个特征是互相联系、缺一不可的，同时具备这三个特征的才叫税收。税收的强制性决定了征收的无偿性，而无偿性同纳税人的经济利益关系极大，因而要求征收的固定性，这样对纳税人来说比较容易接受，对国家来说可以保证收入的稳定。税收的特征是税收区别于其他财政收入形式如上缴利润、国债收入、规费收入、罚没收入等的基本标志。

四、税收的作用

（一）形成财政收入

国家要实现其职能，维持国家机器的正常运转，需要大量的财政资金。国家

① ［日］金子宏．日本税法原理．刘多田，杨建津，郑林根，译．北京：中国财政经济出版社，1989：7.

可以采取多种方式、通过各种渠道来实现财政收入，其中最有效、最可靠的就是征税，因为税收所固有的特性能够满足国家对财政收入在数量和时间方面的要求。

（二）调节宏观经济

在市场机制对资源配置起基础性、主导性作用的同时，税收这一重要的经济杠杆所表现的政策导向功能，可以被用于国民经济的宏观调控。国家可以通过实行公平税负政策，鼓励多种所有制企业之间平等竞争，还可以通过税收实行积极的产业政策，引导资产存量和投资增量的合理流动。

（三）进行再分配

国家可以采取多种税收手段，通过加大对部分高收入群体、高消费行为的征税力度，对社会财富进行再分配，以缩小贫富差距，缓和贫富不均所带来的社会矛盾。再分配的方法很多，如最低薪金制度、农产品价格维持制度，但是，通过税收的方法，即对富者征收较高的税款以满足各种社会保障给付。基于下述两方面的理由，其被认为是最恰当的：第一，与其他方法相比，它具有较少的摩擦，对市场经济的干涉程度较小；第二，依这种方法再分配的效果，不仅能够带来给特定职业者，而且能带给全体社会成员。①

五、税收的分类

（一）按征税对象分类

1. 流转税

流转税是以流转额为课税对象的一类税。流转税是我国税制结构中的主体税类，目前包括增值税、消费税、营业税和关税等税种。

2. 所得税

所得税亦称收益税，是指以各种所得额为课税对象的一类税。所得税是我国税制结构中的主体税类，目前包括企业所得税和个人所得税。

3. 财产税

财产税是指以纳税人所拥有或支配的财产为课税对象的一类税。我国现行税制中的房产税、契税和车船税都属于财产税。

4. 行为税

行为税是指以纳税人的某些特定行为为课税对象的一类税。我国现行税制中

① ［日］金子宏．日本税法原理．刘多田，杨建津，郑林根，译．北京：中国财政经济出版社，1989：3.

的城市维护建设税、固定资产投资方向调节税（目前暂缓征收，仅保留税种）、印花税、车辆购置税、筵席税（由地方政府自主决定开征与否）都属于行为税。

5. 资源税

资源税是指对在我国境内从事资源开发的单位和个人征收的一类税。我国现行税制中的资源税、土地增值税、耕地占用税和城镇土地使用税都属于资源税。

（二）按税收的计算依据为标准分类

按此标准，税收可以分为从量税和从价税。

从量税是指以课税对象的数量（重量、面积、件数）为依据，按固定税额计征的一类税。从量税实行定额税率。从量税的税额随课税对象数量的变化而变化，计算简便，但税负水平是固定的，所以不太合理，因此我国目前税制中只有资源税、车船税等少数税种采用从量税。从价税是指以课税对象的价格为依据，按一定比例计征的一类税。从价税实行比例税率和累进税率，税收负担比较合理，如我国现行的增值税、营业税、关税、个人所得税和企业所得税等。

（三）按税收与价格的关系为标准分类

按此标准，税收可以分为价内税和价外税。凡是税款构成价格组成部分的，称为价内税；凡是税款作为价格之外附加的，称为价外税。相应地，价内税的计税依据称为含税价格，价外税的计税依据称为不含税价格。一般认为，价外税比价内税更容易转嫁，价内税课征的侧重点是厂家或生产者，价外税课征的侧重点为消费者。我国现行税制中，只有增值税是价外税，其他税种都是价内税。

（四）按税收负担能否转嫁为标准分类

按此标准，税收可分为直接税和间接税。直接税是指纳税人本身承担税负，不发生税负转嫁关系的一类税，如所得税和财产税等。间接税是指纳税人本身不是负税人，可将税负转嫁与他人的一类税，如流转税和资源税等。

（五）按税种的隶属关系为标准分类

根据这一标准，税收可以分为中央税、地方税及中央与地方共享税。从理论上讲，任何税种都隶属于国家，也就是隶属于中央政府，但是这并不意味着所有的税种都应该由中央政府来征收和直接支配。实践中，根据财政管理体制的需要，同时为了调动地方的积极性，很多国家的中央政府划出一部分税种给地方，税种的管理和使用权也相应地下放给地方，这种做法在理论上被称为分税制。我国于1994年税制改革时，采取了分税制，也将全部税种分为中央税、地方税及中央与地方共享税。

1. 中央税

中央税是指由中央政府征收和管理使用或由地方政府征收后全部划解中央政府所有并支配使用的一类税，如我国现行的关税和消费税等。这类税一般收入较大，征收范围广泛。

2. 地方税

地方税是指由地方政府征收和管理使用的一类税，如我国现行的个人所得税、屠宰税和筵席税等。这类税一般收入稳定，并与地方经济利益关系密切。

3. 中央与地方共享税

中央与地方共享税是指税收的管理权和使用权属中央政府和地方政府共同拥有的一类税，如我国现行的增值税和资源税等。这类税直接涉及到中央与地方的共同利益。

六、税收与税法的关系

税收与税法既有区别，又有联系。税收是经济学概念，税法是法学概念；税收是一种经济活动，属于经济基础的范畴，而税法是一种法律制度，属于上层建筑。虽然在理论上有上述区别，但税收和税法是伴生的，密不可分的。在现代法治国家，税收与税法是一一对应的，即有税收必有税法，有税法亦必有税收。①

第二节　税法的概念和特征

一、税法的概念

税法是国家制定的用以调整国家与纳税人之间在征纳方面的权利及义务关系的法律规范的总称。它是国家及纳税人依法征税，依法纳税的行为准则，其目的是保障国家利益和纳税人的合法权益，维护正常的税收秩序，保证国家的财政收入。

二、税法的特征

税法作为调整税收关系的法律规范，因其调整对象的特殊性、复杂性，而具有不同于其他法律部门的特征。这些特征包括：

---

① 张守文．税法原理．2版．北京：北京大学出版社．2001：24.

（一）法律体系的系统性

税法法律体系的系统性表现为量的综合性和质的规范性。量的综合性方面，税法不是单一的法律，而是由实体法和程序法构成的综合法律体系，其内容涉及课税的基本原则、征纳双方的权利义务、税收管理规则、法律责任、解决税务争议的法律规范等，包括立法、行政执法、司法各个方面。税法具有综合性，是保证国家正确行使课税权力，有效实施税务管理的需要，也是确保依法足额取得财政收入，保障纳税人合法权利，建立合作信赖的税收征纳关系的需要，还表明税法在国家法律体系中的重要地位。

就税法质的规范性而言，税收的固定性直接决定了税法结构的规范性，一般国家都实行一法一税，即按照单个税种立法，作为征税时具体操作的法律依据；同时各个税种虽然不同，但就基本的税收要素而言，每部税法都是一致的。

（二）法律内容的技术性

法律的内容是以法律规范为载体的，税法法律内容上的技术性是指税法中存在大量的技术性法律规范。法律是一种行为规范，从规范的角度，可以将其划分为伦理性规范和技术性规范。伦理性规范是将社会上民众普遍认同的民俗、常理和道德准则用法律的形式固定下来。这类法律规范有着深厚的民意基础，如“杀人偿命”、“欠债还钱”等，普通民众很容易理解和接受。技术性规范的制定则完全出于立法专家的一种设计，其内容并非凭一般常识就能理解，也不是一般的道德标准所能解释的。

法学理论界常常将法的技术性与专业性不加区分地并列使用，认为商法、经济法、行政法等法律都具有具有技术性和专业性。但是，仔细分析，技术性和专业性还是有明显不同的。专业性是指法律的内容涉及某个专业领域，以该专业领域的社会关系为调整对象。但事实上，所有的法律总是以某个专门领域为其内容的，只是少数专门领域因与人民生活密切相关而不具有专业性。因此，可以说，除了婚姻法、合同法、消费者权益保护法等与人民基本生活相关的法律以外，其他法律原则上都涉及专业领域，都具有专业性，比如，我们可以说，公司法、保险性、票据法、国际贸易法等诸多法律都具有专业性。所以，专业性是很多法律的共有特征，而共有的特征往往无法真正表现一种法律的自有特点。技术性则不同，只有在具有较强技术含量和技术特征的情况下，才能说一个法律具有技术性。虽然专业总是与技术相连的，“专业技术”已经成为一个通用词汇，但是不同专业的技术含量是不同的。可以说，技术含量的高低，是衡量一个专业的专门性程度的主要标志。对于那些涉及技术含量低的专业的法律，我们承认其具有专业性，但是，不应该说其具有技术性。

就税法而言，为满足税法与相关法律制度的协调，保障税收征管的有效，在税法规范的设计中体现出较强技术性，例如税率、税目、税收的计算公式、税收的起征点与免征额等；在实务中，税法法律内容上的技术性表现为税收征纳涉及大量的数学计算。因此，本书认为，专业性不足表明税法的特征，税法法律内容上的特征是技术性。

（三）法律规范的义务性

义务性规范是相对授权性规范而言的，是指直接要求人们从事或不从事某种行为的法律规范，即直接规定人们某种义务的法规。义务性规范的一个显著特点是具有强制性，它所规定的行为方式明确而肯定，不允许任何个人或机关随意改变或违反。税收法律规范的义务性并不是对纳税人权利的否定。单从税法的角度看，虽然税法规范是义务性规范，纳税人是以履行纳税义务为主的，但税法中依然规定了大量的纳税人的权利，只不过我国当前税法本身所规定的纳税人权利大体上都是程序性。比如，《税收征收管理法》规定了纳税人的依法申请减税、免税、退税，依法申请行政复议、提起行政诉讼、请求国家赔偿等权利，控告和检举税务机关、税务人员的违法违纪行为等权利。

尽管如此，单从税法的角度看，纳税人的权利义务还是不对等的。权利义务对等，是一个基本的法律原则。没有只有权利的权利，也没有只有义务的义务。然而，这仅仅是就法律主体的全部权利义务而言的，并不是说特定法律主体在每一部具体法律、法规中的权利义务都是对等的，否则，就没有授权性规范与义务性规范之分了。从整个财政的角度，纳税人对国家的财政支出享有很多监督的权利，但这些权利是由税法之外的其他授权性法律赋予的。税法调整的是财政收入中的税收关系，并不涉及财政支出，纳税人监督财政支出的权利，更多地是在调整财政支出关系的法律中，如《预算法》规定的。因此，纳税人权利与义务的统一只能从财政法的整体范围来考虑。

第三节 税法的基本原则

一、税收法定原则

（一）税收法定原则的概念

税收法定原则是指税收必须以法律为依据，没有法律依据，征税机关不能征税或者减免税。如同刑法中有罪刑法定原则，行政法中有行政合法性原则，税法中则有税收法定原则。在刑法中，罪刑法定原则有时被通俗地表述为“法无明文规定不为罪”，税收法定原则也经常被表述为“法无明文规定不为税”。税收法定原则是法治思想在税收领域中的集中体现，是税法最为重要的基本原则。一般认为，税收法定原则的具体内容包括以下三个部分：

1. 税种法定

这就是说，任何税种的开征必须由法律予以规定，没有法律的明确规定，任何行政机关不能以税收的名义向公民进行任何征收。

2. 税收要素法定

这指的是在税种法定的前提下，该税种的具体税收要素必须由法律明确规定。所谓税收要素，具体包括征税主体、纳税主体、征税对象、税率、纳税环节、纳税期限和地点、减免税、税务争议以及税收法律责任等内容。税收要素法定要求任何税种的征收，都必须符合法律规定的这些税收要素。

3. 税收程序法定

税种法定和税收要素法定是税收法定原则对税收关系的实体性要求，而税收程序法定则是税收法定原则对税收活动的程序性要求，即税收关系中的实体权利义务所依据的程序要素必须经法律规定，并且征纳双方都必须遵守法定程序。

（二）税收法定原则的历史

税收法定原则是资产阶级同封建贵族阶级斗争的产物。1215 年英国大宪章规定：“一切盾金或援助金，如不基于朕王国的一般评议会的决定，则在朕之王国内不允许课征。”1629 年的《权利请愿书》和 1689 年的《权利法案》进一步明确，非经国会同意，不得强迫任何人征收和缴付任何租税或此类负担。由此，近代意义的税收法定原则得以正式确立。

1776 年，美国在《独立宣言》中指责英国“未经我们同意，任意向我们征税”，并随后在 1787 年制定的美国宪法第 1 条中规定：“一切征税议案应首先在众议院提出，但参议院得以处理其他议案的方式，表示赞同或提出修正案。”在法国，1788 年巴黎的议会否定了国王征税及修改司法程序的通令，之后，《法兰西共和国宪法》第 34 条规定：“征税必须以法律规定”。

我国宪法第 56 条规定：“中华人民共和国公民有依照法律纳税的义务。”这是税收法定原则在我国的宪法根据。但有的学者认为，我国宪法中的上述规定仅能说明公民的纳税义务要依据法律产生和履行，并未说明更重要的方面，即征税主体应依照法律的规定征税，因而该规定无法全面体现税收法定的精神。因此，应当从征纳双方两个角度同时规定，即应明确规定“征税必须依法律规定”。另外，应当规定单位（即法人和非法人单位）的纳税义务，因为在我国，单位是主要的纳税人，对单位课税应有宪法依据。我国2001年5月1日修改并实施的《税收征收管理法》第3条规定："税收的开征、停征以及减税、免税、退税、补税，依照法律的规定执行；法律授权国务院规定的，依照国务院制定的行政法规的规定执行。任何机关、单位和个人不得违反法律、行政法规的规定，擅自作出税收开征、停征以及减税、免税、退税、补税和其他同税收法律、行政法规相抵触的决定。"显然，这一规定较为全面地反映了税收法定原则的要求，使税收法定原则在我国税收法制中得到了进一步的确立和完善。

二、税收公平原则

（一）税收公平原则的概念

税收公平原则是指税收负担必须根据纳税人的负担能力分配，负担能力相等，税负相同；负担能力不等，税负不同。税收公平包括横向公平，即情况相同的相同对待（Equals should be treated equally）和纵向公平，即情况不同的不同对待（Unequals should be treated unequally）。

可见，公平是相对于纳税人的纳税条件来说的，而不是税收本身的绝对负担问题。或者说，税收公平与否不能孤立地只看税负本身，而要联系纳税人的经济能力或纳税能力。税收公平原则要求纳税人的税收负担要与其经济能力或纳税能力相适应。

（二）税收公平的衡量标准

如何确定纳税人的经济能力或纳税能力问题，实质上是衡量税负公平标准的选择问题。那么，衡量一个纳税人的能力应该采取什么样的标准呢？基于主流的学说，我们大致可把税收公平的标准归纳为受益标准、能力标准和机会标准。

1. 受益标准

受益标准亦称"利益说"，即根据纳税人从政府所提供的公共服务中获得效益的多少，判定其应纳多少税或其税负应为多大。获得效益多者应多纳税，获得效益少者可以少纳税，不获得效益者则不纳税。

从表面上看，这一标准具有一定的合理性。既然人们在日常生活中要偿付从私人经济中所得到的商品和劳务，那么人们也应对具有公益性的政府支出，按照其获得效益的多少以税收的形式作出相应分摊。但是，在实践中，受益标准不具有可操作性，因为个体纳税人受益的多少通常是无法测算的。如我国车船税就是按受益标准来分摊的税收，即谁拥有并使用车船，享受公路、河流、湖泊或邻海的设施，谁就负担税收，不使用的车船不征税。但就税收总体来说，按受益标准来分摊是不可能的。显然，这一标准只能解决税收公平的一部分问题，而不能解决有关税收公平的所有问题。

2. 牺牲标准

牺牲标准主张以纳税人因纳税而主观感受到的牺牲程度的大小作为测定其纳税能力的尺度，而牺牲程度的测定，又以纳税人纳税前后从其财富得到的满足（或效用）的差量为准。这种说法认为，对纳税人而言，纳税无论如何都是经济上的牺牲，具体表现为其对财富的享受与满足程度因纳税而遭致的减少。从这个意义上讲，纳税能力也就是忍耐和承担的能力。如果税收的征收，能使每一个纳税人所感受的牺牲程度相同，那么，课税的数额也就同纳税人各自的纳税能力相符，税收就公平，否则就不公平。牺牲标准从本质上而言，是主观的，可以被用来解释纳税人的内心感受，但在实践中因为缺乏外在的客观度量依据而不具有操作性。

3. 能力标准

能力标准亦称“能力说”，即根据纳税人的纳税能力，判定其应纳多少税或其税负应为多大。纳税能力大者应多纳税，纳税能力小者应少纳税，无纳税能力者则不纳税。纳税人拥有财富的多少是其纳税能力大小的最佳尺度，由于财富通常用收入、财产和支出来表示，纳税人的纳税能力的衡量，也就可具体分为收入、财产和支出三种尺度。

（1）收入通常被认为是测度纳税人的纳税能力的最好的尺度。因为收入最能决定一个人在特定时期内的消费或增添其财富的能力。收入多者表示其纳税能力大，反之则小。但问题在于，收入一般是以货币来计算的，而许多纳税人可取得货币以外的实物收入，对实物收入不纳税显然不够公平；纳税人的收入也有多种来源，即包括有勤劳收入，亦包括不劳而获的意外收入或其他收入，对不同来源的收入不加区分，统统视作一般收入来征税，亦有失公平。

（2）财产也可以被认为是衡量纳税人的纳税能力的尺度。财产代表着纳税人的一种独立的支付能力。一方面，纳税人可以利用财产赚取收入，仅仅拥有财产本身也可使其产生某种满足；另一方面，纳税人通过遗产继承或受赠等而增加的财产拥有量，的确会给其带来好处，增加其纳税能力。但按纳税人拥有的财产来衡量其纳税能力，也有一些缺陷：一是数额相等的财产并不一定会给纳税人带来相等的收益；二是有财产的纳税人中，负债者与无债者情况不同，财产中的不动产与动产情况也不同；财产情形多样，实际上难以查核，价值也难以确定。

（3）消费支出可作为测度纳税人的纳税能力的又一尺度。消费充分反映着一个人的支付能力。但是，由于支出并不包括纳税人的储蓄部分，而且支出还有可能是以借债为基础的，所以，支出并不能很好地代表纳税人的纳税能力。

上述三种尺度各有优劣，但总的来看，与受益标准和牺牲标准相比，能力标准具有明显的可操作性。世界各国也大体上以能力标准为基础开征了所得税、财产税、消费税。此外，单就能力标准而言，也许因为在其收入、财产和支出这三种衡量能力的尺度中，收入是最佳尺度，所以个人所得税成为很多发达国家的第一大税种。

三、税收效率原则

所谓税收效率原则，即国家征税必须以最小的费用获取最大的税收收入，并利用税收的经济调控作用最大限度地促进资源的有效配置和经济的有效运行。税收的效率，通常有两层含义：一是行政效率，也就是征税过程本身的效率，它要求税收在征收和缴纳过程中耗费的成本最小；二是经济效率，就是征税应当有利于促进经济效率的提高，或者对经济效率的不利影响最小。

（一）税收的行政效率

税收的行政效率，可以用税收成本率，即税收的行政成本占税收收入的比率来反映，有效率就是指以最小的税收成本获取最大的税收收入。税收成本，既包括政府为征税而花费的征税成本，如税务机关的办公费用、税务人员的工资等，也包括纳税人的纳税成本，如税务代理费、自行申报的交通费用等。需要指出的是，税收的征收成本和缴纳成本是密切相关的，有时甚至是可以相互转换的，一项税收政策的出台，可能有利于降低征收成本，但它可能是以纳税人缴纳成本的增加为代价的。这说明，税收的行政效率要对征收成本和缴纳成本进行综合考虑。

为了提高税收的行政效率，应注意做好以下几个方面的工作：(1) 简化税制，使税收征纳易于执行，从而降低税收的征收费用或者缴纳费用；(2) 加强税务行政管理的科学性，防止税务人员腐败，节约征收费用；(3) 增加税务支出的透明度，加大社会公众的监督力度；(4) 加强税收法制建设，切实贯彻税收法定原则。①

（二）税收的经济效率

税收的经济效率是指税收应该能够最大限度地促进资源的有效配置和经济的有效运行。

税收的经济效率是税收效率原则的更高层次。经济决定税收，税收又反作用于经济。税收分配必然对经济的运行和资源的配置产生影响，这是必然的客观规

---

① 张守文．税法原理．2 版．北京：北京大学出版社，2001：23.

律。如果这种影响仅限于征税本身所产生的负担，就属于正常，符合经济效率原则；如果除此之外又产生了其他影响，主要是额外负担和额外收益，则不符合经济效率原则。税收的经济效率原则与税收的中性原则在本质上是相同的。为了减少税收的额外影响，历史上，很多税收学者都主张税收中性原则，该原则的基本内涵是，国家征税除了使人民因纳税而发生负担以外，最好不要再使人民承受其他额外负担或经济上的损失；国家征税应尽量不影响市场对资源的配置，应把税收对经济活动产生的不良影响减到最低限度。①

税收的经济效率原则或者税收中性原则，是以完全自由放任的市场经济为前提，它排斥税收调节经济的功能。实践中，税收总是不中性的，总是无法达到理想中的经济效率，但是，我们不能因此否定税收经济效率原则的价值，它为完善税制，增加经济效率提供了一种指引和目标。具体而言，税收的经济效率要求精简、有效，尽可能地减少税收对社会经济的不良影响，或者最大程度地促进社会经济良性发展。

第四节 税法的分类及构成要素

一、税法的分类

从法学的角度，税法可以作如下分类：

（一）按税法内容分类

按照税法内容的不同，可以将税法分为税收实体法和税收程序法。

税收实体法是规定税收法律关系主体的实体权利、义务的法律规范的总称。其主要内容包括纳税主体、征税客体、计税依据、税目、税率、减税、免税等，这些内容是国家向纳税人行使征税权和纳税人负担纳税义务的必备要件，只有具备这些要件时，纳税人才负有纳税义务，国家才能向纳税人征税。税收实体法直接影响到国家与纳税人之间权利义务的分配，是税法的核心部分，没有税收实体法，税法体系就不能成立。

税收程序法是规定国家征税权行使程序和纳税人纳税义务履行程序的法律规范的总称，其内容主要包括税收确定程序、税收征收程序、税收检查程序和税务争议的解决程序。税收程序法规定了如何具体地实施税法，是税法体系的基本组

① 张守文．税法原理．2版．北京：北京大学出版社，2001：22～23.

成部分。我国的《税收征收管理法》属于税收程序法。

（二）按税法效力分类

按照税法效力的不同，可以将税法分为税收法律、税收法规和税收规章。

税收法律是指享有国家立法权的国家最高权力机关，依照法律程序制定的规范性税收文件。在我国，税收法律是由全国人民代表大会及其常务委员会制定的，其法律地位和法律效力仅次于宪法而高于税收法规和税收规章。我国现行税法体系中，只有《个人所得税法》、《企业所得税法》和《税收征收管理法》属于税收法律。

税收法规是指国家最高行政机关、地方立法机关根据其职权或国家最高权力机关的授权，依据宪法和税收法律，通过法律程序制定的规范性税收文件。我国目前税法体系的主要是由税收法规组成的，具体由国务院制定的税收行政法规和由地方人大制定的地方性税收法规构成，其名称多采取“条例”或“暂行条例”。税收法规的效力低于宪法、税收法律，但高于税收规章。

税收规章是指国家税收管理职能部门及地方政府根据其职权和国家最高行政机关的授权，依据有关法律、法规制定的规范性税收文件。在我国，税收规章具体是指财政部、国家税务总局、海关总署以及地方政府在其权限内制定的有关税收的“办法”、“规则”、“规定”，如《税务行政复议规则》、《税务代理试行办法》等。税收规章可以增强税法的灵活性和可操作性，是税法体系必要的组成部分，但其法律效力较低。一般情况下，税收规章不作为税收司法的直接依据，只具有参考性的效力。

（三）按税法地位分类

按照具体税法在税法体系中地位的不同，可以将其分为税收基本法和税收单行法。

税收基本法，是指对税法中的共同性问题加以规范，对具体税法具有约束力，在税法体系中具有最高法律地位和最高法律效力的税法，其主要内容一般包括通用条款、税权划分、基本税收权利与义务、征收程序、法律责任、行政协助、税务争讼等方面。若以民法为比较，税收基本法就相当于我国的《民法通则》。我国目前还没有制订税收基本法。

税收单行法，是指就某一类纳税人、某一类征税对象或某一类税收问题单独制定的税收法律、税收法规或税收规章。税收单行法是相对于税收基本法而言的，税收基本法以外的税法都属于税收单行法，税收单行法受税收基本法的约束和指导。同样以民法为比较，税收单行法相当于民法体系下的《合同法》、《担保法》等单行法律。

（四）按税收管辖权分类

按照税收管辖权不同可以将税法分为国内税法与国际税法。

国内税法是指一国在其税收管辖权范围内调整税收分配过程中形成的权利义务关系的法律规范的总称，是由国家最高权力机关和经由授权或依法律规定的国家行政机关制定的税收法律、法规、规章等规范性文件。其效力范围在地域上和对人上均以国家税收管辖权所能达到的管辖范围为准。我们通常所说的税法即是指国内税法。

国际税法是指调整国家与国家之间税权权益分配的法律规范的总称。它包括政府间的双边或多边税收协定、关税互惠公约、“经合组织范本”、“联合国范本”以及国际税收惯例等。其内容涉及税收管辖权的确定、税收抵免以及无差别待遇、最惠国待遇等。国际税法是国际法的特殊组成部分，一旦得到一国政府和立法机关的法律承认，国际税法的效力高于国内税法。

（五）按征税对象对税种的分类

我国税法理论中通常采用的是以征收对象为标准的分类方法。我国现行税制中，共有19个税种，相应地就有19个税收法律法规，这19个税收法律、法规组成了我国的税收实体法体系。按照征收对象的不同，这些税收法律法规可以分为以下五大类：

1. 流转税法

流转税法，即以流转额为征税对象的税法，主要包括增值税、营业税、消费税、关税等税法。这类税法的特点是与商品生产、流通、消费有密切关系，对商品经济活动有直接影响，对国民经济有宏观调控作用。①

2. 所得税法

所得税法，即以所得额为征税对象的税法，包括企业所得税法和个人所得税法。其特点是能够直接调节纳税者的收入，有利于缩小贫富差距。

3. 财产税法

财产税法，即以法定财产为征税对象的税法，我国现行的财产税法包括房产税法、契税法和车船税法。遗产税法也属于财产税法，我国目前尚未制定。财产税法的特点是征收范围有限，政策性很强。

① 农业税和烟叶税也属于流转税，2005年12月29日，我国十届全国人大常委会第十九次会议以高票通过决定，自2006年1月1日起废止《农业税条例》，取消除烟叶以外的农业特产税，全部免征牧业税，目前只保留烟叶税。

4. 行为税法

行为税法，也称为特定行为税法，是以特定行为为征税对象的税法，我国现行的行为税法包括城市维护建设税法、固定资产投资方向调节税法、印花税法、车辆购置税法、筵席税法等。行为税法的特点是具有较强的灵活性，对经济行为有很强的调节作用。

5. 资源税法

资源税法，即以自然资源为征税对象的税法，我国现行的资源税、土地增值税法、耕地占用税法和城镇土地使用税法都属于资源税法。资源税法的立法目的主要是为了保护和合理利用国家的自然资源。

这一分类方法与前文中对税收按照征税对象不同所作的分类是一致的，这样的一致性，是税收法定、一税一法等原则在税法分类领域的充分体现。

二、税法的构成要素

税法的构成要素是税法理论中特有的概念，这一概念在其他部门法理论中是不存在的。如前所述，税法的特点之一是在体系上具有综合性和规范性。税法是由众多的单行税法所组成的，虽然各单行税法的调整对象不同，但从内容和结构上看，它们都有一些相对固定的共同要素，比如，都规定了纳税主体、征税对象、税率、纳税期限等，这些要素就是税法的构成要素。税法理论对税法构成要素进行研究，对税法的立法和执法具有重要的意义。

（一）纳税主体

纳税主体，也就是纳税义务人，通常简称为纳税人，是指税法规定的对国家负有纳税义务的单位和个人。纳税人可以是自然人、法人、非法人的企业或事业单位。纳税主体这一概念不同于税法主体，税法主体既包括纳税主体，还包括征税主体。纳税人与扣缴义务人也不相同。法律、行政法规规定负有代扣代缴、代收代缴税款义务的单位和个人为扣缴义务人。扣缴义务人只是负有代扣税款并向国库缴纳的义务，其自身并没有缴纳这一税款的义务。扣缴义务人的确定是基于收入分散、纳税人分散的情况，其目的是通过源泉控制的方法，保证国家的财政收入，防止偷漏税，简化纳税手续。例如，我国《个人所得税法》规定，以支付纳税人所得的单位和个人为扣缴义务人。

（二）征税对象

征税对象，也叫征税客体，是指对什么征税，反映了征税的基本范围和界限，是区别不同税种的主要标志。比如，所得税是以企业或个人的所得为征税对象，资源税是以土地、矿藏等各种资源为征税对象。

(三) 税目

税目是指各个税种所规定的具体征税项目，是税种细分的结果，代表征税的广度。比如，我国消费税具体规定了烟、酒等 14 个税目。

(四) 税率

税率是指应纳税额占征税对象数额的比例。税率是税法结构中的核心要素，在征税对象数额既定的情况下，税率的高低直接关系到纳税人负担的轻重和国家收入的多少。税率从形式上可分为四种：定额税率、比例税率、超额累进税率、超率累进税率。

1. 定额税率

定额税率也称固定税率或者固定税额，是指按征税对象的计量单位直接规定其应纳税额的固定数额，而不采用百分比的形式。此种税率一般适用于从量计征的税种。目前我国税法中采用定额税率的税种有资源税、城镇土地使用税及车船税等。

2. 比例税率

比例税率是对同一征税对象，不论数额大小，均按同一比例计算其应纳税额的一种税率。我国的增值税、营业税、企业所得税、车辆购置税及契税等税种采用这种税率形式。在我国目前的实践中，比例税率又可以进一步分为三种：

(1) 单一比例税率，即对同一税种下的所有征税对象都只适用同一个比例税率。例如，我国当前的车辆购置税实行 10% 的税率。

(2) 复合比例税率，即对同一税种下的不同对象适用不同的比例税率。例如，营业税对交通运输业适用 3% 的比例税率，对服务业适用 5% 的比例税率。

(3) 幅度比例税率，即对同一征税对象，税法只规定最高税率和最低税率，具体由各地方政府在该幅度内根据本地区的具体情况来确定本地区所适应的税率。例如，契税实行 3% ~5% 的幅度税率，各省、自治区、直辖市人民政府可以在该幅度内，按照本地区的实际情况决定所适用的税率。

3. 超额累进税率

超额累进税率是根据数额的大小，将征税对象划分为几个等级，不同等级适用不同的税率，递增征税，数额越大，税率越高，但每一纳税人的征税对象则依其所属等级同时适用几个税率分别计算，将计算结果相加后得出应纳税款的总额。我国目前采用这种税率的是个人所得税，具体有两类：一是工资、薪金所得，实行九级超额累进税率；二是个体工商户的生产、经营所得和对企事业单位承包经营、承租经营所得，实行五级超额累进税率。

4. 超率累进税率

超率累进税率是依征税对象数额的相对率将征税对象划分为若干级距，分别规定相应的差别税率，相对率超过一个级距的，对超过的部分就按高一级的税率计算征税。目前，我国采用这种税率的是土地增值税，实行四级超率累进税率。

（五）纳税环节

纳税环节是指税法规定的在商品流转过程中应当缴纳税款的环节。根据不同税种的具体情况，应该从有利于税款征收、控制税源等原则出发，来确定纳税环节。例如，流转税在生产和流通环节纳税，所得税在收入的分配环节纳税。

（六）纳税期限

纳税期限是指纳税义务发生后，纳税人缴纳税款的期限。纳税期限是由纳税义务计算期、纳税申报期和税款缴纳期三种期限按先后次序组成的。纳税义务计算期说明纳税人应该多长时间计缴一次税款，反映了计税的频率，具体在广义上又可以分为按期计算和按次计算。[①] 纳税申报期是指税法规定的，在纳税计算期满后纳税人进行申报，以确定具体税额的期限。税款缴纳期则是税法规定的，纳税人在纳税申报确定其应纳税款后，应该将税款缴纳的期限。法定缴纳期限被作为纳税义务消灭时效的起算日，其翌日则作为滞纳金计算期间的起算日。[②] 很多税种的纳税申报期与税款缴纳期是重合的，并且笼统地规定为申报纳税期。

需要说明的是，纳税期限与纳税义务的发生时间是不同的。前者是一定的期间，而后者则是一个时间点；并且，只有在纳税义务发生以后，才会有纳税期限的问题。[③]

（七）税收减免

税收减免是对特定的纳税人减轻或免除其税负的一种特殊优惠措施，其目的在于，国家能够充分运用税收对某些企业或产业予以扶持和照顾。我国目前的税收减免措施主要包括起征点、免征额、减税和免税等。

起征点是指税法规定对征税对象开始征税的数额界限，征税对象数额未达到起征点的不征税；达到或超过起征点的，则以征税对象的全部数额（包括起征点以下的部分）征税。免征额是指税法规定按一定标准从征税对象中预先扣除，并免于征税的数额。征税对象数额未达到免征额标准的，不征税；达到或超过免

---

① 张守文．税法原理．2 版．北京：北京大学出版社，2001：46.

② ［日］金子宏．日本税法原理．刘多田，杨建津，郑林根，译．北京：中国财政经济出版社，1989：328.

③ 张守文．税法原理．2 版．北京：北京大学出版社，2001：46.

征额标准的，只对超过免征额的部分征税。无论是起征点还是免征额，都是国家对纳税人的一种照顾，但区别在于被照顾对象有所不同，起征点照顾的是低收入者，免征额是对所有纳税人的照顾。

（八）法律责任

法律责任是指纳税人、扣缴义务人或其他税收当事人的漏税、欠税、偷税、抗税或未履行税务登记、纳税申报等违法行为所应承担的否定性法律后果。

第五节 税收法律关系

一、税收法律关系的概念

税收法律关系是税法确认和调整的，国家税务机关与纳税人之间在征纳税过程中形成的权利义务关系。税收法律关系反映的是一种特殊的社会关系，即国家强制参与社会财富的分配和再分配活动所形成的分配关系，它具有以下特征：

（一）主体一方的相对固定性

税法调整的是发生在国家和纳税人之间的税收征纳关系，所以，具体的税收法律关系中有一方主体始终是国家或代表国家行使征税权的专门机关，包括税务机关、财政机关及海关。

（二）权利义务的不对等性

税收法律关系是一种纵向法律关系。税收专门机关往往是以税收管理者、执法者的身份出现的，并凭借法律所赋予的权力，以国家的名义，实施税收征管活动；而纳税人必须完全服从前者的管理，依法承担纳税义务，及时、足额、无偿地缴纳税款。这种权利义务上的不对等正是由税收这一特殊分配形式的本质所决定的。

（三）财产所有权转移的无偿性

在税收法律关系中，纳税人在履行纳税义务后，其相应的财产就无偿地转让给国家，国家既不直接偿还，也不需要支付报酬。

二、税收法律关系的性质

在税收法律关系的性质问题上，历史上曾经历了“权力关系说”与“债务关系说”的争论，这场争论对税法理论的发展与税收立法实践都产生了重大的影响。

(一) 税收权力关系说 [①]

这是以德国著名行政法学家奥特·梅耶(Otto Mayer)为代表的传统学说。该学说把税收法律关系理解为国民对国家课税权的服从关系，在这种关系中，国家以其优越的权力意志主体出现，并以此为由认为税收法律关系是典型的权力关系的例证。依据该观点，税收的课征原则上可以通过所谓“查定处分”这一行政行为而进行。并且，查定处分是纳税义务的创设行为，而不仅仅是纳税义务内容的确定行为。因此，在税法中，当出现了满足法律确定的抽象要素(课税要素)时，也并不立即产生纳税义务，而是要通过“查定处分”这一行政行为的行使才产生纳税义务。奥托·梅耶的理论是德国行政法学中的传统观点，这种观点把国家的课税权和一般的行政权，如警察权同样看待，从而得出税收法律关系是以“查定处分”为中心所构成的权力服从关系，进而认为税法与其他行政法在性质上没有差异，税法可能构成特别行政法的一种。在20世纪初期的德国，其他行政法学者也像奥托·梅耶一样，都把税法看作是行政法的一个分支。

税收权力关系说的形成，是与19世纪末20世纪初期德国特定的历史背景和与此相适应的国家观念遥相呼应的。当时德国资本主义发展远比英国落后，力求快速发展，因此必须依赖国家的保护和干预，国家利益至上的国家观也因此占据优势地位，在这种背景下，将税收法律关系理解成一种权力关系也就显得极为自然。

(二) 税收债务关系说 [②]

税收债务关系说是以1919年德国《税收通则法》[③] 的制定为契机，根据德国法学家阿尔巴特·亨塞尔(Albert Hensel)的主张而形成的学说。《税收通则法》以“税收债务”为中心，对税收实体法以及税收程序法的通则部分作了完备的规定。值得特别注意的是，该法第81条规定：“税收债务在法律规定的租税要件充分时成立。为确保税收债务而需确定税额的情形不得阻碍该税收债务的成立。”因此，该法明确规定了课收债务不以行政权的介入为必要条件。在该法制定后，税法学家阿尔伯特·亨泽尔在他的《税法》一书中对此问题也进行了阐述，提出债务关系说。这种学说把税收法律关系定性为国家对纳税人请求履行

---

① [日] 金子宏. 日本税法原理. 刘多田，杨建津，郑林根，译. 北京：中国财政经济出版社，1989：18~19.

② [日] 金子宏. 日本税法原理. 刘多田，杨建津，郑林根，译. 北京：中国财政经济出版社，1989：19~20；[日] 北野弘久. 税法学原论. 4版. 陈刚，杨建广，等，译. 北京：中国检察出版社，2001：159.

③ 相当于前文在税法分类中提到的税收基本法。

税收债务的关系，国家和纳税人之间乃是法律上的债权人和债务人的关系。因此，税收法律关系是一种公法上的债务关系。这种学说以《税收通则法》关于税收债务的规定为依据，否定了传统权力关系说中由征税机关的“查定处分”这一行政行为创设纳税义务的观点，提出只要满足税法规定的课税要素，税收债务即纳税义务就随即产生，征税机关的行政行为仅具有确定具体的纳税义务内容的效力。这一学说为后世税法学的发展产生了极大的影响。

债务关系说的产生具有重大的意义，“为税法的独立提供了转机”，使得“税法才有可能构成独立于行政法的一个部门法”。①

（三）本书观点

上述观点在其特定的历史背景下都有其存在的合理性和价值，但是税收法律关系是错综复杂的，其性质不可一概而论。税收法律关系既有关于纳税义务成立的实体法律关系，又有纳税义务履行的程序性法律关系，而后者从本质上而言，依然是典型的公法关系，不可能具有私法关系的性质。另外，即使实体性法律关系，基于税收的强制性和无偿性，也不可能被定性为纯粹的私法性质的债权债务关系，否则国家的税收将难以得到保障。基于此，我们认为，税收法律关系是公法的债权债务关系，既有公法的性质，又有私法上债权债权关系的性质。申言之，税收法律关系首先是公法关系，这是由税收的强制性和无偿性决定的。但是，税收法律关系同时又具有私法上的债权债务关系的性质，这实际是法律发展过程中公法私法化趋势在税法领域的一种体现。从实践意义上而言，在理论上承认税收法律关系具有债权债务关系的性质，有助于在立法和司法实践中增强纳税人与税务机关之间的平等，进而增加对纳税人权利的保护。

三、税收法律关系的构成要件

同其他法律关系一样，税收法律关系也是由主体、内容和客体这三个要件构成的。

（一）税收法律关系的主体

税收法律关系主体即税收法律关系中的权利享有者和义务承担者，一般分为征税主体和纳税主体。税收法律关系中的征税主体是国家。纳税主体则是按照税法规定负有纳税义务的单位和个人，包括法人、自然人和其他组织。在我国，具体代表国家行使征税职责的是国家各级税务机关、海关和财政机关。在我国目前

① ［日］金子宏．日本税法原理．刘多田，杨建津，郑林根，译．北京：中国财政经济出版社，1989：19～20.

的19个税种中，关税由海关征收；耕地占用税和契税，1996年以前由财政机关的农税部门征收管理，1996年财政部农税管理机构划归国家税务总局领导，部分省市机构相应划转，这些税种就改由税务部门负责征收，但部分省市仍由财政机关负责征收；其他税种都由税务机关负责征收管理。①

（二）税收法律关系的内容

税收法律关系内容即税收法律关系主体享有的权利和承担的义务，这是税收法律关系的核心，也是税法的灵魂。它明确规定税收法律关系主体可以做什么、不可以做什么以及相应的法律后果。如上所述，税收法律关系具有权利义务不对等性的特征，对于征税机关，主要拥有权利；对于纳税人一方，更多的则是义务。但是，在税收立法和司法实践中，这种不对等性不仅不应该被夸大，反而应该强调对纳税人权利的保护。为此，学术界应该加强对纳税人权利的研究。

（三）税收法律关系的客体

税收法律关系客体即税收法律关系主体双方的权利和义务共同指向的对象，即税款。因为实物税在我国已经退出历史舞台，所以税收法律关系的客体只有税款这一种。按照我国目前通行的法学理论，税款是货币，属于法律关系中物的一种。税收法律关系的客体同征税客体（即征税对象）不同，后者是指国家对什么东西征税，如财产、所得、行为等；而前者指征纳双方之间、国家机关之间共同实现的目标所指向的对象。②

第六节　税法与其他部门法的关系

由于税收活动几乎涉及社会的各个方面，因此，作为调整税收关系的税法和大多数法律部门都具有密切的关系。

一、税法与宪法的关系

宪法中关于公民纳税义务的规定，国家享有征税权的规定，国家机关之间税收权限的划分等规定，构成制定具体税收法律、法规的基础。有关税收的规定也是美国、英国、法国、日本等国宪法文件的重要内容。此外，税法的基本原

① 中国注册会计师协会．税法（新考生版）——2009年注册会计师全国考试指定教材．北京：中国财政经济出版社，2009：18.

② 严振生，杨萍．税法．4版．北京：中国政法大学出版社，2008：19.

则——税收法定原则，只有在宪法中予以体现，才能真正确立其地位，并进而推进税收法治。同时，税法价值、税法意识也和宪法价值、宪法意识密切相关。所以，尽管各个国家因国体、政体、国情的不同，宪法的内容、结构、规模有所不同，但是，不管是联邦制国家还是单一制国家，一般都将税收作为重要内容列入宪法，以提高税法的地位，保证税收有效地发挥作用。列入宪法的税收内容包括征税的基本法源、税收立法权限的划分、税收立法的基本程序、公民依法纳税的义务等。例如，早期的美国宪法（1787 年 9 月 17 日制宪会议通过）短短 7 条规定中，就有 5 条属于涉税条款，规定了税权的划分、课税原则等内容。我国税法也是依据宪法制定的，但是由于我国宪法概括性强、容量较小，因此《宪法》中直接涉及税收的规定仅有第 56 条——“中华人民共和国公民有依照法律纳税的义务”。①

二、税法与经济法的关系

在学科划分上，税法是经济法的一个子部门法，属于经济法学的重要组成部分。经济法是国家干预经济之法，同时又是规范国家干预经济之法。② 税收所具有的调节宏观经济的功能是国家干预经济的典型表现，而税收法定原则实质上是税法对税收所进行的规范。在此意义上，税法也可以理解为“国家规范税收之法”和“规范国家税收之法”。因此，税法与经济法的关系是最为密切的。首先，经济法中的许多法律、法规是制定税法的重要依据，例如，我国企业所得税的立法就与《公司法》、《破产法》等密切相连；其次，经济法的基本原则，如国家适度干预原则、实质公平原则、社会效益原则等，也是税法基本原则的渊源；再次，经济法中的一些概念、规则、原则也在税法中大量应用，例如，公司、债券、股票等概念在企业所得税法、营业税法及印花税法中大量出现。

三、税法与行政法的关系

税法与行政法的关系相当密切，税收征管、税收行政复议、税收行政诉讼和税收行政赔偿的基本原理和基本制度和一般行政法并无二致。当然，税收征管、税收行政复议、税收行政诉讼和税收行政赔偿中出现的特殊问题，也有可能推动一般行政法的发展。从历史的角度，在经济法兴起之前，税法曾经被看作是典型

---

① 全国注册税务师执业资格考试教材编写组．税法一（2009 年全国注册税务师考试教材）．北京：中国税务出版社．2009：12.

② 王宏军．经济法国家适度干预原则的经济学分析．法学杂志，2005（3）．

的行政法的一个分支，这在前文关于税收法律关系的“权力关系说”的论述中已有详述，在此不作赘述。

四、税法与民商法的关系

税法与民商法的关系也相当密切。首先，税法的调整一般是建立在民商法调整的基础之上，税法的调整要遵循民商法确立的私人交易的规律，不能对私法秩序构成损害。其次，在税收债务关系说被认同的情况下，税法中出现了大量的公法私法化的现象，目前各国税法的具体制度，尤其是税收实体法律制度，大量借鉴了民法的具体制度。例如，我国《税收征管法》中税收代位权和撤销权，就是对《合同法》相应制度的借鉴和引用。

本章小结

1. 税收是国家为实现其公共职能而凭借政治权力，按照法律规定的标准，向居民、经济组织无偿、强制地取得财政收入的分配活动。税收作为一种特定的分配形式，既是一个历史范畴，又是一个经济范畴。

2. 税收与非税收入相比，具有强制性、无偿性和固定性这三大特征。税收的强制性是指国家征税是凭借政治权力，以国家强制力为后盾，用法律、法规的形式来实现的。税收的无偿性是指税款一经征收，便由纳税人向国家做单向的转移，形成国家财政收入。国家征税之后，既不向纳税人支付任何报酬，也不提供某种特殊权利或相应的服务。税收的固定性是指国家在征税之前，就以法律的形式，把每种税的征收对象、纳税人及征收数额或比例都事先规定下来。

3. 税收与税法既有区别，又有联系。税收是经济学概念，税法是法学概念；税收是一种经济活动，属于经济基础的范畴，而税法是一种法律制度，属于上层建筑。虽然在理论上有上述区别，但税收和税法是伴生的，密不可分的。在现代法治国家，税收与税法是一一对应的，即有税收必有税法，有税法亦必有税收。

4. 税法是国家制定的用以调整国家与纳税人之间在征纳方面的权利及义务关系的法律规范的总称。它是国家及纳税人依法征税，依法纳税的行为准则，其目的是保障国家利益和纳税人的合法权益，维护正常的税收秩序，保证国家的财政收入。

5. 税收法定原则是指税收必须以法律为依据，没有法律依据，征税机关不能征税或者减免税。如同刑法中有罪刑法定原则，行政法中有行政合法性原则，税法中则有税收法定原则。在刑法中，罪刑法定原则有时被通俗地表述为“法无明文规定不为罪”，税收法定原则也经常被表述为“法无明文规定不为税”。税收法定原则是法治思想在税收领域中的集中体现，是税法最为重要的基本原则。

6. 税法是由众多的单行税法所组成的，虽然各单行税法的调整对象不同，但从内容和结构上看，它们都有一些相对固定的共同要素，比如，都规定了纳税主体、征税对象、税率、纳税期限等，这些要素就是税法的构成要素。

7. 税收法律关系是税法确认和调整的，国家税务机关与纳税人之间在征纳税过程中形成的权利义务关系。税收法律关系反映的是一种特殊的社会关系，即国家强制参与社会财富的分配和再分配活动所形成的分配关系。

思考题

1. 税收的作用是什么？
2. 税法有哪些特征？
3. 简述税法的基本原则。
4. 简述税法与经济法关系。

第二章

增值税法

增值税法是指国家制定的用以调整增值税征收与缴纳之间权利及义务关系的法律规范。现行增值税法的基本规范是1993年12月13日中华人民共和国国务院令第134号发布，于2008年11月5日国务院第34次常务会议修订通过的《中华人民共和国增值税暂行条例》（以下简称《增值税暂行条例》），该条例于2009年1月1日起施行。

第一节　增值税概述

一、增值税的概念

增值税是对纳税人在生产经营过程中实现的增值额征收的一种税。在我国，增值税是指对在中华人民共和国境内销售货物或提供加工、修理修配劳务以及进口货物的单位和个人，就其实现的增值额为征税对象征收并实行税款抵扣制度的一种流转税。

二、增值额的概念

所谓增值额是指从事工业制造、商业经营和提供劳务过程中新创造的那部分价值。它是纳税人在一定时期内，所取得的商品销售（或劳务）收入额大于购进商品（或取得劳务）所支付金额的差额。

三、增值税的计税原理

增值税的计税原理为：增值税是以每一生产环节上发生的货物或劳务的销售额为计税依据，按规定税率计算出货物或劳务的整体税负，通过税款抵扣方式将外购项目在以前环节已缴税款予以扣除，避免了重复征税。

该原理具体体现在以下几个方面：

（1）按全部销售额计算税款，但只对货物或劳务价值中新增部分征税；

（2）实行税款抵扣制度，对以前环节已纳税款予以扣除；

（3）税款随着货物的销售逐环节转移，最终消费者是全部税款的承担者，但政府并不直接向消费者征税，而是在各个生产经营环节分段征税，由各个环节取得增值额的纳税人承担税款。

四、增值税的特点

增值税是对流转额中的增值额征税，这与其他流转税种相比有其不同的特点，主要表现在以下几个方面：

（一）税不重征

税不重征，这是增值税最本质的特点，即增值税是只对增值额征收的一种税，也就是按照货物和劳务销售收入额中新创造而未征过税的那部分销售额征税，对销售额中属于转移过来的、以前环节已征过税的那部分销售额不再征税。

（二）普遍课征、道道征收

从征税领域看，涉及货物的生产、批发、零售各个环节及劳务的有关领域；从生产经营横向关系看，工业、商业或者提供应税劳务，只要有增值额就要缴纳增值税；从生产经营纵向关系看，每一货物不管经过多少生产经营环节，都要按各道环节上发生的增值额逐次征税，具有普遍征税的特点。

增值税就各个生产环节道道征税，是一种多环节连续性课征的税种。征收范围延伸到生产、流通的各个领域，体现普遍征收的原则。一种商品从生产到最后进入消费，每经过一道环节就征一道税，因此，从生产经营的全过程看，具有道道征税的特点。

（三）税负由最终消费者承担

增值税是间接税，税负最终是由消费者承担的，各环节的经营者只是把从买方收取的税款转缴政府，而经营者本身实际上并没有承担税款。随着商品的流转，经营者在出售货物的同时也出售了该货物所承担的增值税款，直到货物卖给最终的消费者时，货物在以前环节已纳的税款连同本环节的税款一同转给了最终的消费者。税收负担随应税商品的流转而向购买者转嫁，最后由该商品的最终消费者承担。

（四）价外计税

在计税时，作为计税依据的销售额中不包含增值税税额，这样有利于形成均衡的生产价格，并有利于税负转嫁的实现。这是增值税与传统的以全部流转额为计税依据的其他流转税的一个重要区别。

五、增值税的类型

实施增值税的国家，对于允许抵扣项目范围的大小，一般把增值税分为三种类型：

（一）生产型增值税

生产型增值税以纳税人的销售收入减去用于生产、经营的外购原材料、燃料、动力等物质资料价值后的余额作为法定增值额，但对购入固定资产及其折旧均不得扣除。这个法定增值额等于工资、租金、利息、利润和折旧之和，其内容就整个社会来说相当于国民生产总值，所以称为生产型增值税。

因为生产型增值税不允许在计算增值税时扣除外购固定资产的价值，对这部分价值存在重复征税的问题，所以它是一种不彻底的增值税，但正因为如此，它可以抑制企业的固定资产投资。

（二）收入型增值税

收入型增值税除允许扣除外购物资的价值外，还允许扣除购置用于生产、经营的固定资产已提折旧的价值。这个法定增值额，就整个社会来说，相当于国民收入，所以称为收入型增值税。

理论上而言，收入型增值税是一种标准的增值税，不存在重复征税问题，但由于外购固定资产价价值是以计提折旧的方式分期转入产品价值的，转入部分并没有逐笔对应的外购凭证，故给凭发票扣税的计算方法带来困难，从而影响了这种方法的广泛采用。

（三）消费型增值税

消费型增值税允许将购置物质资料的价值和用于生产、经营的固定资产的价值在购置当期全部一次扣除，即纳税企业用于生产的全部外购生产资料都不在课税之列。这个法定增值额，从全社会来看，只相当于消费资料部分，所以称为消费型增值税。

消费型增增值税不仅不会导致重复征税问题，而且大大增加了固定资产购进当期的扣除额，减少了纳税人的增值税负担，也相应减少了国家的财政收入。但是，从税收征管的角度，这种方法最适合凭发票扣税的计算方法，凭固定资产的外购发票就可以一次将其已纳税款全部扣除，这样既便于操作，也便于管理。此外，消费型增值税还具有鼓励投资、加速设备更新的优点。

西方发达国家大多实行消费型增值税，我国从2009年1月1日起，也开始在全国范围内实行消费型增值税。

第二节 增值税法基本内容

增值税法的基本内容主要包括增值税的征税范围、纳税人、税率和税收优惠等规定。

一、增值税的征税范围

（一）征税范围的一般规定

我国《增值税暂行条例》规定：增值税的征税范围为在中国境内销售货物或提供加工、修理修配劳务以及进口货物。

1. 销售货物

销售货物指有偿转让货物的所有权。货物是指有形动产，包括电力、热力、气体在内。

2. 提供加工、修理修配劳务

提供加工、修理修配劳务（以下称应税劳务）是指有偿提供加工、修理修配劳务。加工是指受托加工货物，即委托方提供原料及主要材料，受托方按照委托方的要求，制造货物并收取加工费的业务；修理修配，是指受托对损伤和丧失功能的货物进行修复，使其恢复原状和功能的业务。

应注意的是，单位或者个体工商户聘用的员工为本单位或者雇主提供加工、修理修配劳务，不缴纳增值税。

3. 进口货物

进口货物是指在海关报关进口的货物。

（二）征税范围的特殊规定

1. 属于征税范围的特殊项目

（1）货物期货，应当征收增值税，在期货的实物交割环节纳税；

（2）银行销售金银的业务，应当征收增值税；

（3）典当业的死当物品销售业务和寄售业代委托人销售寄售物品的业务，均应征收增值税；

(4) 集邮商品的生产，以及邮政部门以外的其他单位和个人销售的，均征收增值税。

2. 属于征税范围的特殊行为

(1) 视同销售货物行为。单位和个体经营者的下列行为，视同销售货物：

① 将货物交付其他单位或者个人代销；

② 销售代销货物；

③ 设有两个以上机构并实行统一核算的纳税人，将货物从一个机构移送其他机构用于销售，但相关机构设在同一县（市）的除外；

④ 将自产或者委托加工的货物用于非增值税应税项目；

⑤ 将自产、委托加工的货物用于集体福利或者个人消费；

⑥ 将自产、委托加工或者购进的货物作为投资，提供给其他单位或者个体工商户；

⑦ 将自产、委托加工或者购进的货物分配给股东或者投资者；

⑧ 将自产、委托加工或者购进的货物无偿赠送其他单位或者个人。

这八项视同销售行为，无论在增值税理论还是实践上，都极为重要，需要准确理解。对于前两项，即交付代销和代销，需要按照《收入会计准则》进行理解。根据《收入会计准则》，代销分为两类：一类是视同买断，一类是收取手续费。在视同买断方式下，委托方和受托方签订协议，委托方按合同规定的价款收取货款，受托方再将货物销售给第三者的时候，可以自行定价，实际售价与合同价的差异归受托方所有。在这种代销方式下，委托方的计税依据是合同规定的价款减除商品生产（或购进）成本后的余额，而受托方的计税依据是销售给第三者的实际售价减除合同规定的价款后的余额。在这种代销方式下，委托方和受托方都是增值税的纳税义务人，并且都是真正的税负承担者。

在收取手续费方式下，委托方和受托方签订协议，委托方按合同规定的价款收取货款，受托方将货物销售给第三者的时候，只能按合同规定的价款销售货物，并以代销数量向委托方收取手续费。在这种代销方式下，委托方的计税依据依然是合同规定的价款减除商品生产（或购进）成本后的余额，而受托方的计税依据是销售给第三者的实际售价减除合同规定的价款后的余额。在这种方式下，只有委托方是增值税税负的承担者，受托方不再是增值税的税负承担者，而要按取得的代销手续费缴纳营业税。

上述第④～⑧项的规定，理解上应该注意的是：凡是自产或委托加工的货物，无论用于对内（用于非增值税应税项目、集体福利或者个人消费）还是对外（用于投资、分配、赠送）一律视同销售；凡是外购的货物，只有在对外使用时才视同销售，对内使用时作为不得从销项税额中抵扣的进项税额处理。

（2）混合销售行为。一项销售行为如果既涉及货物又涉及非增值税应税劳务，为混合销售行为。非增值税应税劳务，是指属于应缴营业税的交通运输业、建筑业、金融保险业、邮电通信业、文化体育业、娱乐业、服务业税目征收范围的劳务。按照税法规定，从事货物的生产、批发或者零售的企业、企业型单位和个体工商户的混合销售行为，视为销售货物，应当缴纳增值税；其他单位和个人的混合销售行为，视为销售非增值税应税劳务，不缴纳增值税。

纳税人的下列混合销售行为，应当分别核算货物的销售额和非增值税应税劳务的营业额，并根据其销售货物的销售额计算缴纳增值税，非增值税应税劳务的营业额不缴纳增值税；未分别核算的，由主管税务机关核定其货物的销售额：第一，销售自产货物并同时提供建筑业劳务的行为；第二，财政部、国家税务总局规定的其他情形。

（3）兼营非增值税应税项目。纳税人在生产经营过程中，既存在属于增值税征收范围的销售货物或提供应税劳务的行为，又存在不属于增值税征收范围的提供非应税劳务的行为，且两者之间没有直接联系或从属关系的。

纳税人兼营非增值税应税项目的，应分别核算货物或者应税劳务的销售额和非增值税应税项目的营业额；未分别核算的，由主管税务机关核定货物或者应税劳务的销售额。

（三）增值税征税范围的其他特殊规定

1.《增值税暂行条例》规定的免税项目

（1）农业生产者销售的自产农产品；

（2）避孕药品和用具；

（3）古旧图书；

（4）直接用于科学研究、科学试验和教学的进口仪器、设备；

（5）外国政府、国际组织无偿援助的进口物资和设备；

（6）由残疾人的组织直接进口供残疾人专用的物品；

（7）销售自己使用过的物品。

2. 财政部、国家税务总局规定的其他征免税项目

（1）对资源综合利用、再生资源、鼓励节能减排等方面的主要规定如下：

财税［2008］156 号《关于资源综合利用及其他产品增值税政策的通知》和财税［2008］167 号《关于再生资源的增值税政策的通知》中规定了鼓励资源综合利用、节能减排、促进环保等政策措施。如再生水、以废旧轮胎为全部生产原料生产的胶粉、翻新轮胎、污水处理劳务等免征增值税；对销售以工业废气为原

料生产的高纯度二氧化碳产品、以垃圾为燃料生产的电力或者热力、以煤炭开采过程中伴生的舍弃物油母页岩为原料生产的页岩油等自产货物实行增值税即征即退的政策；对销售以退役军用发射药为原料生产的涂料硝化棉粉、以煤矸石、煤泥、石煤、油母页岩为燃料生产的电力和热力、利用风力生产的电力等自产货物实现的增值税实行即征即退50%的政策；对销售自产的综合利用生物柴油实行增值税先征后退政策；在2010年底以前，对符合条件的增值税一般纳税人销售再生资源缴纳的增值税实行先征后退政策。

（2）自2008年6月1日起，纳税人生产销售和批发、零售有机肥产品免征增值税。

（3）对农民专业合作社的增值税政策：第一，对农民专业合作社销售本社成员生产的农业产品，视同农业生产者销售自产农业产品免征增值税；第二，对农民专业合作社向本社成员销售的农膜、种子、种苗、化肥、农药、农机，免征增值税。

（4）免税店销售免税品的增值税政策如下：

① 对于海关隔离区内免税店销售免税品以及市内免税店销售但在海关隔离区内提取免税品的行为，不征收增值税。对于免税店销售其他不属于免税品的货物，应照章征收增值税。

② 纳税人兼营应征收增值税货物或劳务和免税品的，应分别核算应征收增值税货物或劳务和免税品的销售额。未分别核算或者不能准确核算销售额的，其免税品与应征收增值税货物或劳务一并征收增值税。

③ 纳税人销售免税品一律开具出口发票，不得使用防伪税控专用器具开具增值税专用发票或普通发票。

（5）除经中国人民银行和对外经济贸易合作部（现为商务部）批准经营融资租赁业务的单位所从事的融资租赁业务外，其他单位从事的融资租赁业务，租赁的货物的所有权转让给承租方，征收增值税，租赁的货物的所有权未转让给承租方，不征收增值税。

（6）转让企业全部产权涉及的应税货物的转让，不属于增值税的征税范围，不征收增值税。

（7）对从事热力、电力、燃气、自来水等公用事业的增值税纳税人收取的一次性费用，凡与货物的销售数量有直接关系的，征收增值税；凡与货物的销售数量无直接关系的，不征收增值税。

（8）纳税人代有关行政管理部门收取的费用，凡同时符合以下条件的，不属于价外费用，不征收增值税：第一，经国务院、国务院有关部门或省级政府批准；第二，开具经财政部门批准使用的行政事业收费专用票据；第三，所收款项全额上缴财政或虽不上缴财政但由政府部门监管，专款专用。

（9）纳税人销售货物的同时代办保险而向购买方收取的保险费，以及从事汽车销售的纳税人向购买方收取的代购买方缴纳的车辆购置税、牌照费，不作为价外费用征收增值税。

（10）纳税人销售软件产品并随同销售一并收取的软件安装费、维护费、培训费等收入，应按照增值税混合销售的有关规定征收增值税，并可享受软件产品增值税即征即退政策。对软件产品交付使用后，按期或按次收取的维护、技术服务费、培训费等不征收增值税。纳税人受托开发软件产品，著作权属于受托方的征收增值税，著作权属于委托方或属于双方共同拥有的不征收增值税。

（11）印刷企业接受出版单位委托，自行购买纸张，印刷有统一刊号（CN）以及采用国际标准书号编序的图书、报纸和杂志，按货物销售征收增值税。

（12）对增值税纳税人收取的会员费收入不征收增值税。

（13）按债转股企业与金融资产管理公司签订的债转股协议，债转股原企业将货物资产作为投资提供给债转股新公司的，免征增值税。

（14）各燃油电厂从政府财政专户取得的发电补贴不属于增值税规定的价外费用，不计入应税销售额，不征收增值税。

纳税人兼营免税、减税项目的，应当分别核算免税、减税项目的销售额；未分别核算销售额的，不得免税、减税。

（四）增值税起征点的规定

增值税起征点的适用范围限于个人。纳税人销售额未达到增值税起征点的，免征增值税。增值税起征点的幅度规定如下：（1）销售货物的，为月销售额2 000~5 000元；（2）销售应税劳务的，为月销售额1 500~3 000元；（3）按次纳税的，为每次（日）销售额150~200元。销售额，是指不包括应纳税额的销售额。纳税人销售额未达到国务院财政、税务主管部门规定的增值税起征点的，免征增值税；达到起征点的，依照本条例规定全额计算缴纳增值税。

省、自治区、直辖市财政厅（局）和国家税务局应在规定的幅度内，根据实际情况确定本地区适用的起征点，并报财政部、国家税务总局备案。

二、纳税义务人

（一）增值税纳税义务人的一般规定

增值税的纳税义务人是指在中华人民共和国境内销售货物或者提供加工、修理修配劳务以及进口货物的单位和个人。“在境内销售货物”是指销售货物的起运地或者所在地在我国境内。单位租赁或者承包给其他单位或者个人经营的，以承租人或者承包人为纳税人。

（二）一般纳税人与小规模纳税人的认定标准及管理

《增值税暂行条例》将纳税人按其经营规模大小及会计核算健全与否划分为一般纳税人与小规模纳税人。

1. 小规模纳税人认定的基本标准

（1）小规模纳税人认定的基本标准

① 从事货物生产或者提供应税劳务的纳税人，以及以从事货物生产或者提供应税劳务为主，并兼营货物批发或者零售的纳税人，年应征增值税销售额（以下简称应税销售额）在50万元以下（含本数，下同）的。这里所称的以从事货物生产或者提供应税劳务为主，是指纳税人的年货物生产或者提供应税劳务的销售额占年应税销售额的比重在50%以上。

② 从事货物批发或者零售的纳税人，年应税销售额在80万元以下的。

③ 年应税销售额超过小规模纳税人标准的其他个人（是指除个体经营者以外的其他个人）。

④ 非企业性单位、不经常发生应税行为的企业可选择按小规模纳税人纳税。

（2）小规模纳税人认定的特殊规定

小规模生产企业会计核算健全，年应税销售额不低于30万元可以认定为增值税一般纳税人。从1998年7月1日起，凡年应税销售额在180万元（2009年以后是80万）以下的小规模商业企业、企业性单位，以及以从事货物批发或零售为主，并兼营货物生产或提供应税劳务的企业、企业性单位，无论财务核算是否健全，一律不得认定为增值税一般纳税人。

2. 一般纳税人的认定及管理

（1）一般纳税人的认定标准

一般纳税人是指年应征增值税销售额（以下简称年应税销售额，包括一个公历年度内的全部应税销售额），超过《增值税暂行条例》规定的小规模纳税人标准的企业和企业型单位（以下简称企业）。

个人和年应税销售额未超过小规模纳税人标准的企业（以下简称小规模企业）不认定为一般纳税人。

（2）一般纳税人的认定办法

增值税一般纳税人须向税务机关办理认定手续，以取得法定资格。目前，税务总局正在制定增值税一般纳税人认定管理的具体办法，在该办法颁布之前，为保证新标准的顺利执行，增值税一般纳税人认定工作暂按以下原则办理：

① 现行增值税一般纳税人认定的有关规定仍继续执行。

凡增值税一般纳税人（以下简称一般纳税人），均应向其企业所在地主管税务机关申请办理一般纳税人认定手续。一般纳税人总分支机构不在同一县（市）的，应分别向其机构所在地主管税务机关申请办理一般纳税人认定手续。县级以上税务机关应在收到之日起30日内审核完毕。

年应税销售额未超过规定标准的分支机构可以办理一般纳税人手续的条件是：纳税人总分支机构实行统一核算；总机构年应税销售额超过小规模纳税人标准；分支机构是商业企业（非从事货物生产或者提供应税劳务）以外的其他企业。

② 2008年应税销售额超过新标准的小规模纳税人向主管税务机关申请一般纳税人资格认定的，主管税务机关应按照现行规定为其办理一般纳税人认定手续。

③ 2009年应税销售额超过新标准的小规模纳税人，应当按照《增值税暂行条例》及其实施细则的有关规定向主管税务机关申请一般纳税人资格认定。未申请办理一般纳税人认定手续的，应按销售额依照增值税税率计算应纳税额，不得抵扣进项税额，也不得使用增值税专用发票。

④ 年应税销售额未超过新标准的小规模纳税人，可以按照现行规定向主管税务机关申请一般纳税人资格认定。

⑤ 从2002年1月1日起，对从事成品油销售的加油站，无论其年应税销售额是否超过180万元（现为80万元），一律按增值税一般纳税人征税。

⑥ 纳税人一经认定为增值税一般纳税人，不得再转为小规模纳税人。

3. 扣缴义务人

扣缴义务人是指依据法律、法规规定，负有代扣代缴增值税税款义务的单位和个人。境外的单位或个人在境内销售应税劳务而在境内未设有经营机构的，其应纳税款以代理人为扣缴义务人；没有代理人的，以购买者为扣缴义务人。

三、增值税的税率与征收率

《增值税暂行条例》规定了基本税率、低税率和零税率3档适用税率，以及按简易办法计税的征收率。

（一）适用税率

1. 基本税率

增值税的基本税率为17%。除另有规定外，纳税人销售或者进口货物以及提供加工、修理修配劳务，税率为17%（自2009年1月1日起，将部分金属矿、非金属矿采选产品的增值税税率由原来的13%低税率恢复到17%)。

2. 低税率

增值税的低税率为13%。纳税人销售或者进口下列货物，税率为13%：粮食、食用植物油、农产品、牛奶；自来水、暖气、冷气、热水、煤气、石油液化气、天然气、沼气、居民用煤炭制品；图书、报纸、杂志、音像制品、电子出版物；饲料、化肥、农药、农机、农膜；二甲醚；国务院规定的其他货物。

3. 零税率

纳税人出口货物，税率为零；但是，国务院另有规定的除外。

需要注意的是：纳税人兼营不同税率的货物或者应税劳务，应当分别核算不同税率货物或者应税劳务的销售额；未分别核算销售额的，从高适用税率。

(二) 征收率

增值税小规模纳税人按3%的征收率计征增值税。征收率的调整，由国务院决定。

(三) 简易办法计税的征收率

按简易办法征收增值税的，不得抵扣进项税额。

1. 一般纳税人销售自产的下列货物，可选择按照简易办法依照6%征收率计算缴纳增值税：

(1) 县级及县级以下小型水力发电单位生产的电力。小型水力发电单位，是指各类投资主体建设的装机容量为5万千瓦以下（含5万千瓦）的小型水力发电单位；

(2) 建筑用和生产建筑材料所用的砂、土、石料；

(3) 以自己采掘的砂、土、石料或其他矿物连续生产的砖、瓦、石灰（不含粘土实心砖、瓦）；

(4) 用微生物、微生物代谢产物、动物毒素、人或动物的血液或组织制成的生物制品；

(5) 自来水；

(6) 商品混凝土（仅限于以水泥为原料生产的水泥混凝土）。

一般纳税人选择简易办法计算缴纳增值税后，36个月内不得变更。

2. 一般纳税人销售货物属于下列情形之一的，暂按简易办法依照4%征收率计算缴纳增值税：

(1) 寄售商店代销寄售物品（包括居民个人寄售的物品在内）；

(2) 典当业销售死当物品；

(3) 经国务院或国务院授权机关批准的免税商店零售的免税品。

3. 对属于一般纳税人的自来水公司销售自来水按简易办法依照6%征收率征收增值税，不得抵扣其购进自来水取得增值税扣税凭证上注明的增值税税款。

4. 税人销售自己使用过的物品，按下列政策执行：

(1) 一般纳税人销售自己使用过的属于不得抵扣且未抵扣进项税额的固定资产，按简易办法依4%征收率减半征收增值税。

(2) 自2009年1月1日起，一般纳税人销售自己使用过的固定资产（以下简称已使用过的固定资产），应区分不同情形征收增值税：

① 销售自己使用过的2009年1月1日以后购进或者自制的固定资产，按照适用税率征收增值税；

② 2008年12月31日以前未纳入扩大增值税抵扣范围试点的纳税人，销售自己使用过的2008年12月31日以前购进或者自制的固定资产，按照4%征收率减半征收增值税；

③ 2008年12月31日以前已纳入扩大增值税抵扣范围试点的纳税人，销售自己使用过的在本地区扩大增值税抵扣范围试点以前购进或者自制的固定资产，按照4%征收率减半征收增值税；销售自己使用过的在本地区扩大增值税抵扣范围试点以后购进或者自制的固定资产，按照适用税率征收增值税。

上述所称已使用过的固定资产，是指纳税人根据财务会计制度已经计提折旧的固定资产。

(3) 一般纳税人销售自己使用过的除固定资产以外的物品，按照适用税率征收增值税。

(4) 小规模纳税人（除其他个人外，下同）销售自己使用过的固定资产，减按2%征收率征收增值税。

小规模纳税人销售自己使用过的除固定资产以外的物品，应按3%的征收率征收增值税。

5. 纳税人销售旧货，按照简易办法依照4%征收率减半征收增值税。

所称旧货，是指进入二次流通的具有部分使用价值的货物（含旧汽车、旧摩托车和旧游艇），但不包括自己使用过的物品。

第三节　一般纳税人应纳税额的计算

一般纳税人销售货物或者提供应税劳务应纳税额为当期销项税额抵扣当期进项税额后的余额，即：

应纳税额 = 当期销项税额 - 当期进项税额

当期销项税额小于当期进项税额不足抵扣时，其不足部分可以结转下期继续抵扣。

一、销项税额的计算

销项税额是纳税人销售货物或者提供应税劳务，按照应税销售额和规定税率计算并向买方收取的增值税税额，即：

销项税额 = 销售额 × 适用税率

（一）销售额的一般规定

销售额是指纳税人销售货物或者应税劳务向购买方收取的全部价款和价外费用，但是不包括收取的销项税额。

价外费用是指价外向购买方收取的手续费、补贴、基金、集资费、返还利润、奖励费、违约金、滞纳金、延期付款利息、赔偿金、代收款项、代垫款项、包装费、包装物租金、储备费、优质费、运输装卸费以及其他各种性质的价外收费。但下列项目不包括在内：

（1）受托加工应征消费税的消费品所代收代缴的消费税。

（2）承运部门的运输费用发票开具给购买方且纳税人将该项发票转交给购买方的代垫运输费用。

（3）同时符合以下条件代为收取的政府性基金或者行政事业型收费：

① 由国务院或者财政部批准设立的政府性基金，由国务院或者省级人民政府及其财政、价格主管部门批准设立的行政事业型收费；

② 收取时开具省级以上财政部门印制的财政票据；

③ 所收款项全额上缴财政。

（4）销售货物的同时代办保险等而向购买方收取的保险费，以及向购买方收取的代购买方缴纳的车辆购置税、车辆牌照费。

凡随同销售货物或提供应税劳务向购买方收取的价外费用，无论其会计如何核算，均应并入销售额计算应纳税额。

（二）销售额的特殊规定

1. 含税销售额的换算

一般纳税人销售货物或者提供应税劳务取得含税销售额时，应将其含税销售额换算成不含税销售额计算销项税额。换算公式为：

不含税销售额 = 含税销售额 ÷（1 + 适用税率）

2. 混合销售行为的销售额

混合销售行为应当缴纳增值税的，其销售额为货物的销售额与非增值税应税劳务营业额的合计，该非应税劳务的销售额应视同含税销售额处理。

3. 兼营非增值税应税项目的销售额

对纳税人兼营非增值税应税项目一并征收增值税的，其销售额为货物和非应税劳务销售额的合计数，该非应税劳务的销售额应视同含税销售额处理。

4. 折扣方式销售

折扣销售是指销货方在销售货物或应税劳务时，因购货方购货数量较大等原因而给予购货方的价格优惠。纳税人采取折扣方式销售货物，如果销售额和折扣额同在一张发票上分别注明的，可以按折扣后的销售额征收增值税；如果将折扣额另开发票，不论其在会计上如何处理，均不得从销售额中减除折扣额。这里需要注意的几点是：第一，折扣销售不同于销售折扣。销售折扣是销货方在销售货物或应税劳务后，为了鼓励购货方及早偿还货款而给予购货方的一种折扣优惠（例如：在 10 天内付款，给予货款 2% 的折扣；在 20 天内付款，给予货款 1% 的折扣；30 天内全额付款）。销售折扣实质上是一种融资性质的理财费用，不得从销售额中扣除。第二，折扣销售仅限于货物价格的折扣，如果销货方将自产、委托加工和购买的货物用于实物折扣的，则该实物款额不能从货物销售额中减除，且应该按增值税条例中的“视同销售货物行为”征收增值税。

5. 以旧换新方式销售

以旧换新是指纳税人在销售自己的货物时，有偿收回旧货物的行为。纳税人采取以旧换新方式销售货物的，应按新货物的同期销售价格确定销售额。但对金银首饰以旧换新的销售额，可按销售方实际收取的不含增值税的全部价款进行确定。

6. 还本方式销售

还本销售是指纳税人在销售货物后，到一定期限时由销售方一次或分次退还给购货方全部或部分价款。纳税人采取还本方式销售货物的，其销售额是同期货物的销售价格，不得从销售额中减除还本支出。

7. 以物易物方式销售

以物易物是一种较为特殊的购销活动，是指购销双方不是以货币结算，而是以同等价款的货物相互结算，实现货物购销的一种方式。以物易物双方都应做购销处理，以各自发出的货物核算销售额并计算销项税额，以各自收到的货物核算购货额并计算进项税额。应注意的是：在以物易物的活动中，应分别开具合法的票据，如收到的货物不能取得相应的增值税专用发票或其他合法票据的，不能抵扣进项税额。

8. 出租出借包装物条件下的销售额

纳税人为销售货物而出租出借包装物的，对收取押金单独记账核算又未逾期的，不并入销售额计税，但对逾期（以 1 年为限）的包装物押金，无论是否退还均并入销售额征税。此外，对销售除啤酒、黄酒外的其他酒类产品而收取的包装物押金，无论是否返还以及会计上如何核算，均应并入当期销售额征税。对销售啤酒、黄酒所收取的包装物押金，按上述一般押金的规定处理。

9. 核定销售额的基本方法

纳税人销售货物或者应税劳务的价格明显偏低，且无正当理由的，或是纳税人发生了视同销售货物行为而无销售额者，由主管税务机关按下列顺序核定其销售额：

（1）按纳税人最近时期同类货物的平均销售价格确定。

（2）按其他纳税人最近时期同类货物的平均销售价格确定。

（3）按组成计税价格确定。组成计税价格的公式为：

组成计税价格 = 成本 ×（1 + 成本利润率）

属于应征消费税的货物，其组成计税价格中应加计消费税额。组成计税价格的公式为：

组成计税价格 = 成本 ×（1 + 成本利润率）+ 消费税税额

或：组成计税价格 = 成本 ×（1 + 成本利润率）÷（1 − 消费税税率）

公式中的成本是指：销售自产货物的为实际生产成本，销售外购货物的为实际采购成本；公式中的“成本利润率”为 10%，但属于应从价定率征收消费税的货物，其“成本利润率”为《消费税若干具体问题的规定》中规定的成本利润率。

10. 销售额货币单位的确定

销售额以人民币计算。纳税人以人民币以外的货币结算销售额的，应当折合成人民币计算。其人民币折合率可以选择销售额发生的当天或者当月 1 日的人民币汇率中间价。纳税人应在事先确定采用何种折合率，确定后 1 年内不得变更。

二、进项税额的计算

纳税人购进货物或者接受应税劳务支付或者负担的增值税额，为进项税额。

进项税额与销项税额是一个相对应的概念，在开具增值税专用发票的情况下，销售方收取的销项税额就是购买方支付的进项税额。

（一）准予从销项税额中抵扣的进项税额

1. 从销售方取得的增值税专用发票上注明的增值税额。

2. 从海关取得的海关进口增值税专用缴款书上注明的增值税额。

3. 购进农产品，除取得增值税专用发票或者海关进口增值税专用缴款书外，按照农产品收购发票或者销售发票上注明的农产品买价和13%的扣除率计算的进项税额。增值税一般纳税人从农民专业合作社购进的免税农业产品，也可按13%的扣除率计算抵扣增值税进项税额。

4. 购进或者销售货物以及在生产经营过程中支付运输费用的，按照运输费用结算单据上注明的运输费用金额和7%的扣除率计算的进项税额。这里所称运输费用金额，是指运输费用结算单据上注明的运输费用（包括铁路临管线及铁路专线运输费用）、建设基金，不包括装卸费、保险费等其他杂费。

（二）不得从销项税额中抵扣的进项税额

1. 纳税人购进货物或者应税劳务，取得的增值税扣税凭证不符合法律、行政法规或者国务院税务主管部门有关规定的，其进项税额不得从销项税额中抵扣。

2. 用于非增值税应税项目、免征增值税项目、集体福利或者个人消费的购进货物或者应税劳务。

对这项规定需要解释的是：

（1）所称“购进货物”，不包括既用于增值税应税项目（不含免征增值税项目）也用于非增值税应税项目、免征增值税（以下简称免税）项目、集体福利或者个人消费的固定资产。固定资产，是指使用期限超过12个月的机器、机械、运输工具以及其他与生产经营有关的设备、工具、器具等。

（2）所称“个人消费”包括纳税人的交际应酬消费。

（3）所称“非增值税应税项目”，是指提供非增值税应税劳务、转让无形资产、销售不动产和不动产在建工程。不动产是指不能移动或者移动后会引起性质、形状改变的财产，包括建筑物、构筑物和其他土地附着物。纳税人新建、改建、扩建、修缮、装饰不动产，均属于不动产在建工程。

3. 非正常损失的购进货物及相关的应税劳务。

这里所称的“非正常损失”，是指因管理不善造成被盗、丢失、霉烂变质的损失（下同）。

4. 非正常损失的在产品、产成品所耗用的购进货物或者应税劳务。

5. 国务院财政、税务主管部门规定的纳税人自用消费品。

纳税人自用的应征消费税的摩托车、汽车、游艇，其进项税额不得从销项税额中抵扣。

6. 上述第 2 ~5 项购进货物的运输费用和销售免税货物的运输费用。

（三）进项税额的其他规定

1. 一般纳税人兼营免税项目或者非增值税应税劳务而无法划分不得抵扣的进项税额的，按下列公式计算不得抵扣的进项税额：

不得抵扣的进项税额 = 当月无法划分的全部进项税额 ×（当月免税项目销售额 + 当月非增值税应税劳务营业额）÷（当月全部销售额 + 当月全部营业额）

2. 已抵扣进项税额的购进货物或者应税劳务，发生不得从销项税额中抵扣进项税额的情形的，应当将该项购进货物或者应税劳务的进项税额从当期的进项税额中扣减；无法确定该项进项税额的，按当期实际成本计算应扣减的进项税额。

（四）进项税额的抵扣时限

1. 增值税一般纳税人申请抵扣的防伪税控系统开具的增值税专用发票，必须自该专用发票开具之日起 90 日内到税务机关认证，否则不予抵扣进项税额。增值税一般纳税人认证通过的防伪税控系统开具的增值税专用发票，应在认证通过的当月按照增值税有关规定核算当期进项税额并申报抵扣，否则不予抵扣进项税额。

2. 增值税纳税人取得的 2004 年 2 月 1 日以后开具的海关进口增值税缴款凭证，应当自开票之日起 90 天后的第一个纳税申报期结束以前向主管国家税务局申报抵扣，逾期不得予以抵扣。

三、应纳税额的计算

一般纳税人销售货物或者提供应税劳务，应纳税额为当期销项税额抵扣当期进项税额后的余额。如出现当期销项税额小于当期进项税额不足抵扣情况，不足抵扣的部分的进项税额可以结转下期继续抵扣。应纳税额计算公式为：

应纳税额 = 当期销项税额 - 当期进项税额

【例题 2 -1】 某生产企业为增值税一般纳税人，适用税率为 17%，2009 年 4 月发生以下经济业务：

（1）销售 A 产品给某大商场，开具增值税专用发票，取得不含税销售额 60

万元，取得A产品运输收入5.85万元；

(2) 本月销售B产品，开具普通发票，取得含税收入40万元，收取包装物押金5万元；

(3) 购入煤炭一批，取得增值税专用发票上注明价款15万元，因仓库管理不善，月末盘点损失2万元（购进发票已经税务机关认定）；

(4) 将本月新产品用于捐赠，不含税成本价为5万元，该新产品无同类产品市场售价；

(5) 上期留待抵扣的进项税额为1万元。

要求： 计算该企业当月应缴纳的增值税税额。

解：

(1) 销售A产品的销项税额：

$60 \times 17\% + 5.85 \div (1 + 17\%) \times 17\% = 11.05$（万元）

(2) 销售B产品的销项税额：

$40 \div (1 + 17\%) \times 17\% = 5.81$（万元）

(3) 购进煤炭的进项税额：

$15 \times 13\% = 1.95$（万元）

发生非正常损失，不得抵扣的进项税额：

$2 \times 17\% = 0.34$（万元）

(4) 将自产产品用于捐赠，视同销售，其销项税额：

$5 \times (1 + 10\%) \times 17\% = 0.94$（万元）

(5) 应纳税额 $= (11.05 + 5.81 + 0.94) - (1.95 - 0.34) - 1 = 15.19$（万元）

四、特殊业务税额计算

（一）兼营不同税率的应税货物或应税劳务

纳税人兼营不同税率的货物或应税劳务，应分别核算各自的销售额，分别按照各自适用的税率计税。如未分别核算销售额，则一律从高适用税率。

（二）混合销售行为的销售额

混合销售行为应当缴纳增值税的，其销售额为货物的销售额与非增值税应税劳务营业额的合计，该非应税劳务的销售额应视同含税销售额处理。该混合销售行为所涉及的非增值税应税劳务所用购进货物的进项税额，凡符合《增值税暂行条例》规定的，准予从销项税额中抵扣。

（三）兼营非增值税应税项目的销售额

对纳税人兼营非增值税应税项目一并征收增值税的，其销售额为货物和非应税劳务销售额的合计数，该非应税劳务的销售额应视同含税销售额处理。该兼营非增值税应税劳务所涉及的非增值税应税劳务所用购进货物的进项税额，凡符合《增值税暂行条例》规定的，准予从销项税额中抵扣。

第四节　小规模纳税人应纳税额的计算

小规模纳税人销售货物或者提供应税劳务，按照销售额和3%的征收率计算应纳税额，不得抵扣进项税额。其计算公式为：

应纳税额 = 销售额 × 征收率

小规模纳税人的销售额不包括其应纳税额。如果小规模纳税人销售货物或者提供应税劳务采用销售额和应纳税额合并定价方法的，按下列公式计算销售额：

销售额 = 含税销售额 ÷ (1 + 征收率)

小规模纳税人因销售货物退回或者折让退还给购买方的销售额，应从发生销售货物退回或者折让当期的销售额中扣减。

【例题 2－2】 某汽车配件商店（小规模纳税人）2009 年 10 月购进零配件 15 000 元，取得增值税专用发票，支付电费 500 元，当月销售汽车配件取得收入 18 000 元，收取包装费 2 000 元。

要求： 计算该商店当月应缴纳的增值税税额。

解： 该商店应纳增值税税额 = (18 000 + 2 000) ÷ (1 + 3%) × 3% = 582.52（元）

第五节　进口货物征税

根据《增值税暂行条例》的规定，在中华人民共和国境内进口货物的单位和个人，都应当按照《增值税暂行条例》的规定，缴纳增值税。

一、进口货物的征税范围

凡申报进入中华人民共和国海关的货物，均应缴纳增值税。

国家规定进口货物征税的同时，对某些进口货物制定了减免税的特殊规定：属于“来料加工、进料加工”贸易方式进口国外的原材料、零部件等在国内加工后复出口的，对进口的料、件按规定给予减、免税；而对其加工后产品销往国内的，要予以补税。

二、进口货物应纳增值税额的计算

纳税人进口货物按照组成计税价格和适用税率计算应纳税额，不得抵扣任何税额。组成计税价格和应纳税额计算公式如下：

组成计税价格 = 关税完税价格 + 关税 + 消费税

应纳税额 = 组成计税价格 × 税率

需要注意的是：（1）进口货物增值税的组成计税价格中包括已纳关税税额，如果进口货物属于应征收消费税的消费品，则其组成计税价格中还应包括进口环节已缴纳的消费税。（2）上述“不得抵扣任何税额”，是指在计算进口环节的应纳增值税额时，不得抵扣发生在我国境外的各种税金。

按照《中华人民共和国海关法》和《中华人民共和国进出口关税条例》规定，一般贸易下进口货物的关税完税价格，以海关审定的成交价格为基础的到岸价格作为完税价格，其中成交价格指进口货物的买方为购买货物向卖方支付或应当支付的价格。

到岸价格 = 货价 + 我国关境内起卸前的包装物、运费、保险费和其他劳务费

【例题 2-3】某进出口公司 2009 年 8 月进口办公设备 500 台，每台设备在国外的买价为 2 万元，该批设备运抵我国海关前发生的包装费、运输费、保险费共计 10 万元。当月以每台 2.8 万元的含税价格售出 400 台，本公司自用 20 台，为全国运动会捐赠 2 台。已知该批设备的关税税率为 15%。

要求：计算该企业当月应纳增值税。

解：

（1）进口货物进口环节应纳增值税 =（2 × 500 + 10）×（1 + 15%）× 17% = 197.46（万元）

（2）当月销项税额 =（400 + 2）× 2.8 ÷（1 + 17%）× 17% = 163.55（万元）

(3) 当月应纳增值税 = 197.46 - 163.55 = 33.91（万元）

三、进口货物的税收管理

进口货物的增值税由海关代征，并负责向进口人开具进口增值税完税凭证。纳税期限为海关填发税款缴纳书之日起 15 日内。

第六节 出口货物退（免）税

一、增值税出口退税政策

出口货物退（免）税是世界各国普遍的做法，目的在于鼓励各国出口货物公平竞争的一种税收措施。

我国的出口货物退（免）税是指在国际贸易业务中，对我国报关出口的货物退还或免征其在国内各生产和流转环节按税法规定缴纳的增值税和消费税，即对增值税出口货物实行零税率，对消费税出口货物免税。我国出口货物的基本政策有以下三种：

（一）出口免税并退税

出口退税是指对货物在出口销售环节不征增值税、消费税，即把货物出口环节与出口前的销售环节视为同一个征税环节；出口退税是指对货物在出口前实际承担的税负，按规定退税率计算后予以退还。

享受出口货物退税政策的必须满足四个基本条件：一是属于增值税、消费税征税范围的货物；二是报关离境的货物；三是在财务上作销售处理的货物；四是出口收汇并已核销的货物。满足上述条件的下列企业企业，除另有规定者外，享受出口退税并免税的政策：

(1) 生产企业自营或委托外贸企业代理出口自产货物。

(2) 有出口经营权的外贸企业收购后直接出口或委托其他外贸企业代理出口的货物。

(3) 下列特定出口的货物：① 对外承包工程公司运出境外用于对外承包项目的货物；② 对外承接修理修配业务的企业用于对外修理修配的货物；③ 外轮供应公司、远洋运输供应公司销售给外轮、远洋国轮而收取外汇的货物；④ 企业在国内采购并运往境外作为在国外投资的货物。

（二）出口免税不退税

出口免税的含义与上述内容相同。不退税是指适用这个政策的出口货物因在前一道生产、销售环节或进口环节是免税的，该货物出口时本身就不含税，也无需退税。其适用范围主要包括以下两个方面：

1. 出口免税不退税的企业

（1）属于生产企业的小规模纳税人自营出口或委托外贸企业代理出口的自产货物。

（2）外贸企业从小规模纳税人购进并持普通发票的货物出口，免税但不予退税。但对规定列举的12类出口货物考虑其占出口比重较大及其生产、采购的特殊因素，特准退税。

（3）外贸企业直接购进国家规定的免税货物（包括免税农产品）出口的，免税但不予退税。

2. 出口免税但不予退税的货物

（1）来料加工复出口的货物，原材料进口免税，加工自制货物出口不退税。

（2）避孕药品和用具、古旧图书。

（3）卷烟；有出口卷烟权的企业出口国家出口计划内的卷烟，在生产环节免征增值税和消费税，出口环节不退税。

（4）军品以及军队系统企业出口军需工厂生产或军需部门调拨的货物免税。

（5）国家规定的其他免税货物，如：农业生产者销售的自产农业产品、饲料、农膜等。

（三）出口不免税也不退税

出口不免税指对国家限制或禁止出口的某些货物的出口环节视同内销环节，照常征税；出口不退税指这些货物出口不退还出口前其所负担的税款。

除经批准属于进料加工复出口贸易以外，下列出口货物不免税也不退税：

（1）出口的原油；

（2）援外出口货物，从1991年1月1日起，对一般物资援助项下出口货物，仍实行出口不退税政策；对利用中国政府的援外优惠贷款和合作项目基金方式下出口的货物，比照一般贸易出口，实行出口退税政策；

（3）国家禁止出口的货物，包括天然牛黄、麝香、铜及铜基合金、白金等。

对没有进出口经营权的商贸企业，从事出口贸易不免税也不退税。

二、出口货物的退税率

根据《财政部国家税务总局关于调低部分商品出口退税率的通知》（财税[2007]90号）、《财政部国家税务总局关于调整出口货物退税率的通知》（财税[2003]222号）、《财政部国家税务总局关于调整出口货物退税率的补充通知》

（财税［2003］238 号）的规定，现行出口货物的增值税退税率分别为 17%、15%、14%、13%、11%、9%、8%、6%、5%。

三、出口货物退税的计算

（一）免、抵、退税的计算方法

根据《财政部国家税务总局关于进一步推进出口货物实行免抵退税办法的通知》（财税［2002］7 号）规定：自 2002 年 1 月 1 日起，生产企业自营或委托外贸企业代理出口自产货物，除另有规定外，增值税一律实行免、抵、退税管理办法。

实行免、抵、退税办法的“免”税，是指对生产企业出口的自产货物，免征本企业生产销售环节增值税；“抵”税，是指生产企业出口自产货物所耗用的原材料、零部件、燃料、动力等所含应予退还的进项税额，抵顶内销货物的应纳税额；“退”税，是指生产企业出口的自产货物在当月内应抵顶的进项税额大于应纳税额时，对未抵顶完的部分予以退税。计算公式如下：

1. 当期应纳税额的计算

当期应纳税额＝当期内销货物的销项税额－（当期进项税额－当期免抵退税不得免征和抵扣税额）－上期留抵税额

当期免抵退税不得免征和抵扣税额＝出口货物离岸价×外汇人民币牌价×（出口货物征收率－出口货物退税率）－免抵退税不得免征和抵扣税额抵减额

免抵退税不得免征和抵扣税额抵减额＝免税购进原材料价格×（出口货物征收率－出口货物退税率）

免税购进原材料包括从国内购进免税原材料和进料加工免税进口料件，其中进料加工免税进口料件的价格为组成计税价格。

进料加工免税进口料件的组成计税价格＝货物到岸价＋海关实征关税和消费税

如果当期没有免税购进原材料价格，前述公式中的免抵退税不得免征和抵扣税额抵减额，以及下面公式中免抵退税额抵减额，就不用计算了。

2. 免、抵、退税额的计算

免抵退税额＝出口货物离岸价×外汇人民币牌价×出口货物退税率－免抵退税额抵减额

其中：

（1）出口货物离岸价（FOB）以出口发票计算的离岸价为准，出口发票不能如实反映实际离岸价的，企业必须按照实际离岸价向主管国税机关进行申报，同时主管税务机关有权依照《中华人民共和国税收征收管理法》（以下称《税收征收管理法》）、《中华人民共和国增值税暂行条例》（以下称《增值税暂行条例》）等有关规定予以核定。

（2）免抵退税额抵减额 = 免税购进原材料价格 × 出口货物退税率

免税购进原材料包括从国内购进免税原材料和进料加工免税进口料件，其中进料加工免税进口料件的价格为组成计税价格。

进料加工免税进口料件的组成计税价格 = 货物到岸价 + 海关实征关税和消费税

3. 当期应退税额和免抵税额的计算

（1）如当期期末留抵税额≤当期免抵退税额，则：

当期应退税额 = 当期期末留抵税额

当期免抵税额 = 当期免抵退税额 - 当期应退税额

（2）如当期期末留抵税额 > 当期免抵退税额，则：

当期应退税额 = 当期免抵退税额

当期免抵税额 = 0

当期期末留抵税额根据当期《增值税纳税申报表》中"期末留抵税额"确定。

【例题 2-4】某自营出口生产企业是增值税一般纳税人，出口货物的征税税率为17%，退税税率为13%。2009 年 8 月有关经营业务为：购原材料一批，取得的增值税专用发票注明的价款 200 万元，外购货物准予抵扣进项税额 34 万元通过认定。当月进料加工免税进口料件的组成计税价格 100 万元。上期末留抵税款 6 万元。本月内销货物不含税销售额 100 万元，款项已存入银行。本月出口货物销售额折合人民币 200 万元。试计算该企业当期的"免、抵、退"税额。

解：

（1）免抵退税不得免征和抵扣税额抵减额 = 免税进口料件的组成计税价格 ×（出口货物征税税率 - 出口货物退税税率）= 100 ×（17% - 13%）= 4（万元）

（2）免抵退税不得免征和抵扣税额 = 当期出口货物离岸价 × 外汇人民币牌价 ×（出口货物征税税率 - 出口货物退税税率）- 免抵退税不得免征和抵扣税额

抵减额 =200×(17% -13%)-4 =8 -4 =4(万元)

(3)当期应纳税额 =100×17% -(34 -4)-6 =17 -30 -6 = -19(万元)

(4)免抵退税额抵减额 = 免税购进原材料×材料出口货的退税税率 =100×13% =13(万元)

(5)出口货物“免、抵、退”税额 =200×13% -13 =13(万元)

(6)按规定,如当期期末留抵税额 >当期免抵退税额时,则:

当期应退税额 =当期免抵退税额

如当期期末留抵税额≤当期免抵退税额,则:

当期应退税额 =当期期末留抵税额

本题中,因当期期末留抵税额 >当期免抵退税额,即 19 万元 >13 万元,故:

该企业应退税 =13(万元)

(7)当期免抵税额 =当期免抵退税额 -当期应退税额

当期该企业免抵税额 =13 -13 =0(万元)

(8)8 月期末留抵结转下期继续抵扣税额为:19 -13 =6(万元)

(二)“先征后退”的计算方法

1. 外贸企业以及实行外贸企业财务制度的工贸企业收购货物出口,其出口销售环节的增值税免征;其收购货物的成本部分,因外贸企业在支付收购货款的同时也支付了生产经营该类商品的企业已纳的增值税税款,因此,在货物出口后按收购成本与退税率计算退税退还给外贸企业,征、退税之差计入企业成本。

外贸企业出口货物增值税的计算应依据购进出口货物增值税专用发票上所注明的进项税额和退税率计算。其计算公式为:

应退税额 =外贸收购不含增值税购进金额×退税率

2. 外贸企业收购小规模纳税人出口货物增值税的退税规定

(1)凡从小规模纳税人购进持普通发票特准退税的抽纱、工艺品等 12 类出口货物,同样实行销售出口货物的收入免税,并退还出口货物进项税额的办法。其计算公式为:

应退税额 =普通发票所列金额÷(1 +征收率)×6%或 5%

(2)凡从小规模纳税人购进税务机关代开的增值税专用发票的出口货物,按以下公式计算退税:

应退税额 = 增值税专用发票注明的金额 ×6% 或 5%

（3）外贸企业委托生产企业加工出口货物的退税规定：

外贸企业委托生产企业加工收回后报关出口的货物，按购进国内原辅材料的增值税专用发票上注明的进项税额，依原辅材料的退税率计算原辅材料应退税额。支付的加工费，凭受托方开具货物的退税率，计算加工费的应退税额。

【例题 2－5】某进出口公司 2008 年 3 月出口美国平纹布 3 000 米，进货增值税专用发票列明单价 20 元/平方米，计税金额为 60 000 元，退税率 13%。

要求：计算该公司的应退税额。

解：

该公司的应退税额 = 3 000 × 20 × 13% = 7 800（元）

【例题 2－6】某进出口公司 2009 年 4 月购进某小规模纳税人抽纱工艺品 3 000 打全部出口，普通发票注明金额 9 000 元；购进另一小规模纳税人西服 600 套全部出口，取得税务机关代开的增值税专用发票，发票注明金额 6 000 元。

要求：计算该企业的应退税额。

解：

该企业的应退税额 = 9 000 ÷（1 + 6%）× 6% + 6 000 × 6% = 869.43（元）

四、增值税出口退税的管理

根据国家税务总局印发《出口货物退（免）税管理办法（试行）》（国税发［2005］51 号）的规定，有关出口货物退免税管理规定如下：

（一）管理范围

出口商自营或委托出口的货物，除另有规定者外，可在货物报关出口并在财务上做销售核算后，凭有关凭证报送所在地国家税务局（以下简称税务机关）批准退还或免征其增值税、消费税。出口商包括对外贸易经营者、没有出口经营资格委托出口的生产企业、特定退（免）税的企业和人员。其中：对外贸易经营者是指依法办理工商登记或者其他执业手续，经商务部及其授权单位赋予出口经营资格的从事对外贸易经营活动的法人、其他组织或者个人。其中，个人（包括外国人）是指注册登记为个体工商户、个人独资企业或合伙企业。

（二）认定管理

对外贸易经营者按《中华人民共和国对外贸易法》和商务部《对外贸易经营者备案登记办法》的规定办理备案登记后，没有出口经营资格的生产企业委托出口自产货物（含视同自产产品，下同），应分别在备案登记、代理出口协议签订之日起30日内持有关资料，填写《出口货物退（免）税认定表》，到所在地税务机关办理出口货物退（免）税认定手续。特定退（免）税的企业和人员办理出口货物退（免）税认定手续按国家有关规定执行。

（三）申报受理

出口商应在规定期限内，收齐出口货物退（免）税所需的有关单证，使用国家税务总局认可的出口货物退（免）税电子申报系统生成电子申报数据，如实填写出口货物退（免）税申报表，向税务机关申报办理出口货物退（免）税手续。逾期申报的，除另有规定者外，税务机关不再受理该笔出口货物的退（免）税申报，该补税的应按有关规定补征税款。

（四）审核批准

税务机关受理出口商出口货物退（免）税申报后，应在规定的时间内，对申报凭证、资料的合法性、准确性进行审查，并核实申报数据之间的逻辑对应关系。

（五）日常管理

税务机关应建立出口货物退（免）税评估机制和监控机制，强化出口货物退（免）税管理，防止骗税案件的发生；做好出口货物退（免）税电子数据的接收、使用和管理工作，保证出口货物退（免）税电子化管理系统的安全，定期做好电子数据备份及设备维护工作；建立出口货物退（免）税凭证、资料的档案管理制度，出口货物退（免）税凭证、资料应当保存10年；出口商发生解散、破产、撤销以及其他依法应终止出口退（免）税事项的，或者注销出口货物退（免）税认定的，以及违反国家有关政策法规，被停止一定期限出口退税权的，税务机关应及时结清出口商出口货物的退（免）税款。

（六）违章处理

（1）对未按规定办理出口货物退（免）税认定、变更或注销认定手续的，未按规定设置、使用和保管有关出口货物退（免）税账簿、凭证、资料的税务机关应按照《税收征收管理法》第60条规定予以处罚。

（2）出口商拒绝税务机关检查或拒绝提供有关出口货物退（免）税账簿、凭证、资料的，税务机关应按照《税收征收管理法》第70条规定予以处罚。

（3）出口商以假报出口或其他欺骗手段骗取国家出口退税款的，税务机关应当按照《税收征收管理法》第66条规定处理。

（4）对骗取国家出口退税款的出口商，经省级以上（含本级）国家税务局批准，可以停止其6个月以上的出口退税权。在出口退税权停止期间自营、委托和代理出口的货物，一律不予办理退（免）税。

（5）出口商违反规定需采取税收保全措施和税收强制执行措施的，税务机关应按照《税收征收管理法》及《税收征收管理法实施细则》的有关规定执行。

第七节 增值税的征收管理

一、纳税义务发生时间

纳税人销售货物或提供应税劳务、进口货物的纳税义务发生时间，按销售结算方式的不同，规定如下：

（1）采取直接收款方式销售货物，不论货物是否发出，均为收到销售款或者取得索取销售款凭据的当天。

（2）采取托收承付和委托银行收款方式销售货物，为发出货物并办妥托收手续的当天。

（3）采取赊销和分期收款方式销售货物，为书面合同约定的收款日期的当天，无书面合同的或者书面合同没有约定收款日期的，为货物发出的当天。

（4）采取预收货款方式销售货物，为货物发出的当天，但生产销售生产工期超过 12 个月的大型机械设备、船舶、飞机等货物，为收到预收款或者书面合同约定的收款日期的当天。

（5）委托其他纳税人代销货物，为收到代销单位的代销清单或者收到全部或者部分货款的当天。未收到代销清单及货款的，为发出代销货物满 180 天的当天。

（6）销售应税劳务，为提供劳务同时收讫销售款或者取得索取销售款的凭据的当天。

（7）纳税人发生视同销售货物行为，为货物移送的当天。

（8）进口货物，为报关进口的当天。

（9）增值税扣缴义务发生时间为纳税人增值税纳税义务发生的当天。

上述纳税义务发生时间基本与企业会计制度收入确认的时间一致，这有利于增值税的征收管理。

二、增值税的纳税期限

增值税的纳税期限分别为 1 日、3 日、5 日、10 日、15 日、1 个月或者 1 个季度。纳税人的具体纳税期限，由主管税务机关根据纳税人应纳税额的大小分别核定；不能按照固定期限纳税的，可以按次纳税。

纳税人以1个月或者1个季度为1个纳税期的，自期满之日起15日内申报纳税。以1日、3日、5日、10日或者15日为1个纳税期的，自期满之日起5日内预缴税款，于次月1日起15日内申报纳税并结清上月应纳税款。

上述以1个季度为纳税期限的规定仅适用于小规模纳税人。小规模纳税人的具体纳税期限，由主管税务机关根据其应纳税额的大小分别核定。

扣缴义务人解缴税款的期限，依照以上规定执行。

纳税人进口货物，应当自海关填发海关进口增值税专用缴款书之日起15日内缴纳税款。

三、增值税纳税地点

固定业户应当向其机构所在地的主管税务机关申报纳税。总机构和分支机构不在同一县（市）的，应当分别向各自所在地的主管税务机关申报纳税；经国务院财政、税务主管部门或者其授权的财政、税务机关批准，可以由总机构汇总向总机构所在地的主管税务机关申报纳税。

固定业户到外县（市）销售货物或者应税劳务，应当向其机构所在地的主管税务机关申请开具外出经营活动税收管理证明，并向其机构所在地的主管税务机关申报纳税；未开具证明的，应当向销售地或者劳务发生地的主管税务机关申报纳税；未向销售地或者劳务发生地的主管税务机关申报纳税的，由其机构所在地的主管税务机关补征税款。

非固定业户销售货物或者应税劳务，应当向销售地或者劳务发生地的主管税务机关申报纳税；未向销售地或者劳务发生地的主管税务机关申报纳税的，由其机构所在地或者居住地的主管税务机关补征税款。

进口货物，应当向报关地海关申报纳税。

扣缴义务人应当向其机构所在地或者居住地的主管税务机关申报缴纳其扣缴的税款。

四、增值税专用发票管理

（一）专用发票的含义

专用发票，是增值税一般纳税人销售货物或者提供应税劳务开具的发票，是购买方支付增值税额并可按照增值税有关规定据以抵扣增值税进项税额的凭证。因此，加强监督纳税人正确使用专用发票，对增值税专用发票管理起着决定性的作用。现行专用发票管理办法是国家税务总局2006年修订的《增值税专用发票使用规定》(国税发［2006］156号)。

专用发票由基本联次或者基本联次附加其他联次构成，基本联次为三联：发票联、抵扣联和记账联。发票联，作为购买方核算采购成本和增值税进项税额的记账凭证；抵扣联，作为购买方报送主管税务机关认证和留存备查的凭证；记账联，作为销售方核算销售。其他联次用途，由一般纳税人自行确定。

(二) 专用发票的开票限额

专用发票实行最高开票限额管理。最高开票限额，是指单份专用发票开具的销售额合计数不得达到的上限额度。

最高开票限额由一般纳税人申请，税务机关依法审批。最高开票限额为10万元及以下的，由区县级税务机关审批；最高开票限额为100万元的，由地市级税务机关审批；最高开票限额为1 000万元及以上的，由省级税务机关审批。防伪税控系统的具体发行工作由区县级税务机关负责。

一般纳税人申请最高开票限额时，需填报《最高开票限额申请表》。

(三) 专用发票领购使用范围

一般纳税人凭《发票领购簿》、IC卡和经办人身份证明领购专用发票。一般纳税人有下列情形之一的，不得领购开具专用发票：

(1) 会计核算不健全，不能向税务机关准确提供增值税销项税额、进项税额、应纳税额数据及其他有关增值税税务资料的。

(2) 有《税收征收管理法》规定的税收违法行为，拒不接受税务机关处理的。

(3) 有下列行为之一，经税务机关责令限期改正而仍未改正的：

① 虚开增值税专用发票。

② 私自印制专用发票。

③ 向税务机关以外的单位和个人买取专用发票。

④ 借用他人专用发票。

⑤ 未按规定开具专用发票。

⑥ 未按规定保管专用发票和专用设备。

“未按规定保管专用发票和专用设备”是指：未设专人保管专用发票和专用设备；未按税务机关要求存放专用发票和专用设备；未将认证相符的专用发票抵扣联、《认证结果通知书》和《认证结果清单》装订成册；未经税务机关查验，擅自销毁专用发票基本联次。

⑦ 未按规定申请办理防伪税控系统变更发行。

⑧ 未按规定接受税务机关检查。

有上列情形的，如已领购专用发票，主管税务机关应暂扣其结存的专用发票和 IC 卡。

（四）专用发票的开具范围

一般纳税人销售货物或者提供应税劳务，应向购买方开具专用发票。

商业企业一般纳税人零售的烟、酒、食品、服装、鞋帽（不包括劳保专用部分）、化妆品等消费品不得开具专用发票。

增值税小规模纳税人（以下简称小规模纳税人）需要开具专用发票的，可向主管税务机关申请代开。

销售免税货物不得开具专用发票，法律、法规及国家税务总局另有规定的除外。

本章小结

1. 增值税是对纳税人在生产经营过程中实现的增值额征收的一种税，即对在中华人民共和国境内销售货物或提供加工、修理修配劳务以及进口货物的单位和个人，就其实现的增值额为征税对象征收并实行税款抵扣制度的一种流转税。

2. 增值税的计税原理：增值税是以每一生产环节上发生的货物或劳务的销售额为计税依据，按规定税率计算出货物或劳务的整体税负，通过税款抵扣方式将外购项目在以前环节已缴税款予以扣除，避免了重复征税。

3. 实施增值税的国家，对于允许抵扣项目范围的大小，把增值税分为三种类型：一是生产型增值税，其以纳税人的销售收入减去用于生产、经营的外购原材料、燃料、动力等物质资料价值后的余额作为法定增值额，但对购入固定资产及其折旧均不得扣除；二是收入型增值税，其除允许扣除外购物资的价值外，还允许扣除购置用于生产、经营的固定资产已提折旧的价值；三是消费型增值税，其允许将购置物质资料的价值和用于生产、经营的固定资产的价值在购置当期全部一次扣除，即纳税企业用于生产的全部外购生产资料都不在课税之列。

4. 增值税起征点的适用范围限于个人。纳税人销售额未达到增值税起征点的，免征增值税。增值税起征点的幅度规定如下：（1）销售货物的，为月销售额 2 000 ~5 000 元；（2）销售应税劳务的，为月销售额 1 500 ~3 000 元；（3）按次纳税的，为每次（日）销售额 150 ~200 元。

5. 增值税的基本税率为 17%。除另有规定外，纳税人销售或者进口货物以及提供加工、修理修配劳务，税率为17%（自2009年1月1日起，将部分金属矿、非金属矿采选产品的增值税税率由原来的13%低税率恢复到17%）。

6. 一般纳税人销售货物或者提供应税劳务应纳税额为当期销项税额抵扣当期进项税额后的余额。即：应纳税额＝当期销项税额－当期进项税额。当期销项税额小于当期进项税额不足抵扣时，其不足部分可以结转下期继续抵扣。

7. 纳税人购进货物或者接受应税劳务支付或者负担的增值税额，为进项税额。进项税额与销项税额是一个相对应的概念，在开具增值税专用发票的情况下，销售方收取的销项税额就是购买方支付的进项税额。

8. 一般纳税人销售货物或者提供应税劳务，应纳税额为当期销项税额抵扣当期进项税额后的余额。如出现当期销项税额小于当期进项税额不足抵扣情况，不足抵扣的部分的进项税额可以结转下期继续抵扣。应纳税额计算公式为：应纳税额＝当期销项税额－当期进项税额。

9. 凡申报进入中华人民共和国海关的货物，均应缴纳增值税。国家规定进口货物征税的同时，对某些进口货物制定了减免税的特殊规定：属于“来料加工、进料加工”贸易方式进口国外的原材料、零部件等在国内加工后复出口的，对进口的料、件按规定给予减、免税；而对其加工后产品销往国内的，要予以补税。

10. 出口货物退（免）税是世界各国普遍的做法，目的在于鼓励各国出口货物公平竞争的一种税收措施。我国的出口货物退（免）税是指在国际贸易业务中，对我国报关出口的货物退还或免征其在国内各生产和流转环节按税法规定缴纳的增值税和消费税，即对增值税出口货物实行零税率，对消费税出口货物免税。

11. 增值税的纳税期限分别为1日、3日、5日、10日、15日、1个月或者1个季度。纳税人的具体纳税期限，由主管税务机关根据纳税人应纳税额的大小分别核定；不能按照固定期限纳税的，可以按次纳税。纳税人以1个月或者1个季度为1个纳税期的，自期满之日起15日内申报纳税。以1日、3日、5日、10日或者15日为1个纳税期的，自期满之日起5日内预缴税款，于次月1日起15日内申报纳税并结清上月应纳税款。

12. 专用发票，是增值税一般纳税人销售货物或者提供应税劳务开具的发票，是购买方支付增值税额并可按照增值税有关规定据以抵扣增值税进项税额的凭证。因此，加强监督纳税人正确使用专用发票，对增值税专用发票管理起着决定性的作用。

思考题

1. 增值税的征税范围是什么？
2. 一般纳税人与小规模纳税人的划分标准是什么？
3. 简述混合销售行为。
4. 简述视同销售行为。
5. 增值税专用发票的开具范围是什么？

第三章

消费税法

第一节　消费税概述

一、消费税的概念

根据《中华人民共和国消费税暂行条例》（下称《消费税暂行条例》）的规定，消费税是对我国境内从事生产、委托加工和进口应税消费品的单位和个人，就其销售额或销售数量，在特定环节征收的一种税。简单地说，消费税是对特定的消费品和消费行为征收的一种税。消费税是对特定的消费品和消费行为在特定环节征收的一种间接税，同增值税一样，其税负也可以转嫁。税务机关往往并不直接向消费者征税，而是向消费品制造商或销售商征税，但税额包含于消费品价格之中或作为消费品的价格附加，最终由消费者承担。消费税从不同角度分类，按其征税范围，分为无选择性的消费税和有选择性的消费税；按具体课税对象，可分为一般消费税和特种消费税；按其课税领域，可分为国内消费税和国外消费税。我国开征的消费税属特别消费税，即对特定的、限制性消费品征税，范围较窄。消费税作为流转税的主体税种，不仅可以保证国家财政收入的稳定增长，而且还可以调节产业结构和消费结构，限制某些奢侈品、高能耗品的生产，正确引导消费。同时，它也体现了一个国家的产业政策和消费政策。

二、消费税的历史

消费税是一种古老的税种，其雏形最早产生于古罗马帝国时期。当时，由于农业、手工业的发展，城市的兴起与商业的繁荣，于是相继开征了诸如盐税、酒税等产品税，这就是消费税的雏形。消费税发展至今，已成为世界各国普遍征收的税种，目前已被120多个国家或地区所征收，而且还有上升的趋势。特别是近年来在为了可持续发展进行的税收法律制度改革的浪潮中，各国纷纷开征或调整消费税，以便建立一个既有利于环境和生态保护又有利于经济发展的绿色税收法律制度。

为贯彻国家产业政策和消费政策，我国于1994年税制改革时新设置了消费税这一新的税种，与实行普遍调节的增值税配套，体现了国家对某些产品进行特殊的调节。我国解放初期征收的货物税，20世纪50年代征收的商品流通税和从1958年9月开始至1973年征收的工商统一税、1973年至1983年征收的工商税中相当于货物税的部分，以及1983年至1994年前征收的产品税、增值税，都在实质上相当于或部分相当于消费税，只不过在1994年之前我国一直未采纳“消费税”这一名称，也没有单独成为一个税种而已。

近年来，为了适应社会经济的巨大变化，进一步完善消费税制，财政部、国家税务总局联合发文，自2006年4月1日起对原有消费税的税目、税率及相关政策进行调整。2008年1月，国务院再次修订了《消费税暂行条例》，并自2009年1月1日起施行。此次修订，国家又一次调整了部分商品的消费税政策，重新梳理了消费税政策，使其更加适合于我国的客观实际。

三、消费税的特点

与其他税种比较，消费税具有如下几个特点：

（一）征收范围具有选择性

消费税基本上属于对特定消费品或消费行为征收的税种。尽管各国的征税范围宽窄有别，但大都是在人们消费的大量消费品中或消费行为中有选择地确定若干个征税项目，在税法中列举征税。我国1994年实行的税制中，消费税主要包括特殊消费品、奢侈品、高能耗消费品、不可再生的资源性消费品等共计11个税目。为适应我国产业结构、消费水平和消费结构以及节能、环保等方面的要求，自2006年4月1日起，国家对消费税征收范围进行了有增有减的调整，调整后的消费税税目共计14个。

（二）征税环节具有单一性

消费税是在生产（进口）、流通或消费的某一环节一次性征收，而不是在消费品生产、流通或消费的每个环节多次征收，这与增值税所采取的道道征收方法有明显的不同。

（三）征收方法具有多样性

消费税的计税方法比较灵活。为了适应不同应税消费品的情况，消费税在征收方法上不力求一致，有些产品采取从价定率的方式征收，有些产品则采取从量定额的方式征收。在具体操作上，对一部分价格差异较大，且便于按价格核算的应税消费品，依消费品或消费行为的价格实行从价定率征收；对一部分价格差异较小，品种、规格比较单一的大宗应税消费品，依消费品的数量实行从量定额征收。由于两种方法各有其优点和缺点，因此，目前对烟和酒在实行从价定率征收的同时，还对其实行从量定额征收，即采用复合征收方法。

（四）税率差异大且平均税率水平较高

根据不同的供求状况、价格水平，国家的产业政策和消费政策，对消费品制定高低不同的税率，但是，与其他税种相比，消费税的平均税率一般定得比较高。之所以如此，这主要是因为消费税负有很强的调节经济的目的，国家除了通过征收消费税取得必要的财政收入，还重在抑制对应税消费品的过度消费。

四、消费税与增值税的关系

（一）消费税与增值税的区别

（1）征税范围不同。增值税是对商品普遍征收，而消费税是在对商品普遍征收增值税的基础上，有选择地对部分消费性商品进行征收。

（2）与价格的关系不同。增值税是价外税，其计税价格中不含增值税额，消费税是价内税，计税价格中包含消费税税额。

（3）纳税环节不同。消费税是单一环节征收，增值税是在货物所有的流转环节道道征收。

（4）计税方法不同。增值税计税方法是按照一般纳税人和小规模纳税人区别为抵扣方法和简易方法，消费税的计算方法则是根据应税消费品划分为从价计税、从量计税和复合计税方法。

（二）消费税与增值税的联系

消费税和增值税都对商品征税；征收消费税的商品，一定也征收增值税，而且对于从价定率征收消费税的商品，征收消费税和征收增值税的计税依据是一致的。

第二节　消费税的纳税义务人和征税范围

一、纳税义务人

根据《消费税暂行条例》的规定，消费税的纳税人是在中华人民共和国境内生产、委托加工和进口应税消费品的单位和个人。这里所说的“单位”是指国有企业、集体企业、私有企业、股份制企业、外商投资企业和外国企业，以及其他企业和行政单位、事业单位、军事单位、社会团体及其他单位。“个人”是指个体经营者及其他个人。“中华人民共和国境内”是指生产、委托加工和进口应税消费品的起运地或所在地在我国境内。

根据这一定义，消费税纳税人具体包括生产应税消费品的单位和个人、进口应税消费品的单位和个人以及委托加工应税消费品的单位和个人。其中，委托加工的应税消费品由受托方提货时代扣代缴，但受托方如为个体经营者，则应在委托方所在地申报纳税。自产自用的应税消费品，由自产自用单位和个人在移送使用时缴纳消费税。

进口的应税消费品，尽管其产地不在我国境内，但在我国境内销售或消费，为了平衡进口应税消费品与本国应税消费品的税负，必须由从事进口应税消费品的进口人或其代理人按照规定缴纳消费税。个人携带或者邮寄入境的应税消费品的消费税连同关税一并计征，由携带入境者或者收件人缴纳消费税。

二、征税范围

消费税的征税范围限于在中国境内生产、委托加工和进口《消费税暂行条例》规定的应税消费品。

如上所述，消费税是在对商品普遍征收增值税的基础上，有选择地对部分消费性商品进行征收，所以消费税并不是对所有的消费品征税。从立法的角度而言，对应税消费品的选择一般要根据我国现阶段的经济发展状况、居民的消费水平和消费结构及财政的需要，并借鉴国外成功的经验和通行的做法。根据这一指导思想，列入征税范围的消费品在理论上大致可以分为以下五类：

（1）过度消费会造成危害的消费品，如烟、酒、鞭炮、焰火等。

（2）非生活必需品，如化妆品、贵重首饰、珠宝玉石等。

（3）高能耗及高档消费品，如摩托车、小汽车等。

（4）不可再生和替代的稀缺资源消费品，如汽油、柴油等油品。

（5）能给国家带来财政收入又不影响居民基本生活的消费品，如汽车轮胎。

第三节 税目与税率

一、税目

按照《消费税暂行条例》规定，确定征收消费税的共有烟、酒、化妆品等14个税目，有的税目还进一步划分若干子目。

（一）烟

凡是以烟叶为原料加工生产的产品，不论使用何种辅料，均属于本税目的征收范围。本税目下设甲类卷烟、乙类卷烟、雪茄烟、烟丝四个子目。

卷烟是指将各种烟叶切成烟丝，按照配方要求均匀混合，加入糖、酒、香料等辅料，用白色盘纸、棕色盘纸、涂布纸或烟草薄片经机器或手工卷制的普通卷烟和雪茄型卷烟。

1. 甲类卷烟

甲类卷烟是指每标准条（200支，下同）调拨价格在70元/条（不含增值税）以上（含70元）的卷烟。

2. 乙类卷烟

乙类卷烟是指调拨价70元/条（不含增值税）以下的卷烟。

3. 雪茄烟

雪茄烟是指以晾晒烟为原料或者以晾晒烟和烤烟为原料，用烟叶或卷烟纸、烟草薄片作为烟支内包皮，再用烟叶作为烟支外包皮，经机器或手工卷制而成的烟草制品。按内包皮所用材料的不同可分为全叶卷雪茄烟和半叶卷雪茄烟。

雪茄烟的征收范围包括各种规格、型号的雪茄烟。

4. 烟丝

烟丝是指将烟叶切成丝状、粒状、片状、末状或其他形状，再加入辅料，经过发酵、储存，不经卷制即可供销售吸用的烟草制品。

烟丝的征收范围包括以烟叶为原料加工生产的不经卷制的散装烟，如斗烟、莫合烟、烟末、水烟、黄红烟丝等等。

（二）酒及酒精

本税目下设粮食白酒、薯类白酒、黄酒、啤酒、其他酒、酒精六个子目。

粮食白酒、薯类白酒的比例税率统一为20%。定额税率为0.5元/斤（500克）或0.5元/500毫升。从量定额税的计量单位按实际销售商品重量确定，如果实际销售商品是按体积标注计量单位的，应按500毫升为1斤换算，不得按酒度折算。

外购两种以上酒精生产的白酒，一律从高确定税率征税。另以外购白酒加浆降度，或外购散酒装瓶出售，以及外购白酒以曲香、香精进行调香、调味生产的白酒，按照外购白酒所用原料确定适用税率。凡白酒所用原料无法确定的，一律按照粮食白酒的税率征税。

以外购的不同品种白酒勾兑的白酒，一律按照粮食白酒的税率征税。对粮食和薯类、糠麸等多种原料混合生产的白酒，一律按照粮食白酒的税率征税。对用薯类和粮食以外的其他原料混合生产的白酒，一律按照薯类白酒的税率征税。

每吨啤酒出厂价格（含包装物及包装物押金）在3 000元（含3 000元，不含增值税）以上的，单位税额为250元/吨；每吨啤酒出厂价格在3 000元（不含3 000元，不含增值税）以下的，单位税额为220元/吨。娱乐业、饮食业自制啤酒，单位税额为250元/吨。外购酒精生产的白酒，应按酒精所用原料确定白酒的适用税率，凡酒精所用原料无法确定的，一律按照粮食白酒的税率征税。

（三）化妆品

本税目征收范围包括各类美容、修饰类化妆品、高档护肤类化妆品和成套化妆品。

美容、修饰类化妆品是指香水、香水精、香粉、口红、指甲油、胭脂、眉笔、唇笔、蓝眼油、眼睫毛以及成套化妆品。

舞台、戏剧、影视演员化妆用的上妆油、卸装油、油彩，不属于本税目的征收范围。

高档护肤类化妆品征收范围由国家税务总局另行制定。

（四）贵重首饰及珠宝玉石

凡以金、银、白金、宝石、珍珠、钻石、翡翠、珊瑚、玛瑙等高贵稀有物质以及其他金属、人造宝石等制作的各种纯金银首饰及镶嵌首饰（含人造金银、合成金银首饰等）以及各种金银珠宝首饰和经采掘、打磨、加工的各种珠宝玉石，都属于本税目。

（五）鞭炮、焰火

其包括各种鞭炮、焰火。通常分为13类，即喷花类、旋转类、旋转升空类、火箭类、吐珠类、线香类、小礼花类、烟雾类、造型玩具类、炮竹类、摩擦炮类、组合烟花类、礼花弹类，都属于本税目。体育上用的发令纸，鞭炮药引线，不按本税目征收。

（六）成品油

1. 汽油

汽油是指用原油或其他原料加工生产的辛烷值不小于66的可用作汽油发动机燃料的各种轻质油。含铅汽油是指铅含量每升超过0.013克的汽油。汽油分为车用汽油和航空汽油。

以汽油、汽油组分调和生产的甲醇汽油、乙醇汽油也属于本税目征收范围。

2. 柴油

柴油是指用原油或其他原料加工生产的倾点或凝点在-50至30的可用作柴油发动机燃料的各种轻质油和以柴油组分为主、经调和精制可用作柴油发动机燃料的非标油。

以柴油、柴油组分调和生产的生物柴油也属于本税目征收范围。

3. 石脑油

石脑油又叫化工轻油，是以原油或其他原料加工生产的用于化工原料的轻质油。

石脑油的征收范围包括除汽油、柴油、航空煤油、溶剂油以外的各种轻质油。非标汽油、重整生成油、拔头油、戊烷原料油、轻裂解料（减压柴油VGO和常压柴油AGO）、重裂解料、加氢裂化尾油、芳烃抽余油均属轻质油，属于石脑油征收范围。

4. 溶剂油

溶剂油是用原油或其他原料加工生产的用于涂料、油漆、食用油、印刷油墨、皮革、农药、橡胶、化妆品生产和机械清洗、胶粘行业的轻质油。

橡胶填充油、溶剂油原料，属于溶剂油征收范围。

5. 航空煤油

航空煤油也叫喷气燃料，是用原油或其他原料加工生产的用作喷气发动机和喷气推进系统燃料的各种轻质油。

6. 润滑油

润滑油是用原油或其他原料加工生产的用于内燃机、机械加工过程的润滑产品。润滑油分为矿物性润滑油、植物性润滑油、动物性润滑油和化工原料合成润滑油。

润滑油的征收范围包括矿物性润滑油、矿物性润滑油基础油、植物性润滑油、动物性润滑油和化工原料合成润滑油。以植物性、动物性和矿物性基础油（或矿物性润滑油）混合掺配而成的“混合性”润滑油，不论矿物性基础油（或矿物性润滑油）所占比例高低，均属润滑油的征收范围。

7. 燃料油

燃料油也称重油、渣油，是用原油或其他原料加工生产，主要用作电厂发电、锅炉用燃料、加热炉燃料、冶金和其他工业炉燃料。腊油、船用重油、常压重油、减压重油、180CTS 燃料油、7 号燃料油、糠醛油、工业燃料、4－6 号燃料油等油品的主要用途是作为燃料燃烧，属于燃料油的征收范围。

（七）汽车轮胎

汽车轮胎是指用于各种汽车、挂车、专用车和其他机动车上的内、外胎。本税目征收范围包括：（1）轻型乘用汽车轮胎；（2）载重及公共汽车、无轨电车轮胎；（3）矿山、建筑等车辆用轮胎；（4）特种车辆用轮胎（指行驶于无路面或雪地、沙漠等高越野轮胎）；（5）摩托车轮胎；（6）各种挂车用轮胎；（7）工程车轮胎；（8）其他机动车轮胎；（9）汽车与农用拖拉机、收割机、手扶拖拉机通用轮胎。

（八）摩托车

1. 轻便摩托车

指最大设计车速不超过 50 公里/小时、发动机气缸总工作容积不超过 50 毫升的两轮机动车。

2. 摩托车

指最大设计车速超过 50 公里/小时、发动机气缸总工作容积超过 50 毫升、空车质量不超过 400 公斤（带驾驶室的正三轮车及特种车的空车质量不受此限）的两轮和三轮机动车。

（九）小汽车

汽车是指由动力驱动，具有四个或四个以上车轮的非轨道承载的车辆。本税目征收范围包括含驾驶员座位在内最多不超过 9 个座位（含）的，在设计和技术特性上用于载运乘客和货物的各类乘用车和含驾驶员座位在内的座位数在 10～23 座（含 23 座）的在设计和技术特性上用于载运乘客和货物的各类中轻型商用客车。

用排气量小于 1.5 升（含）的乘用车底盘（车架）改装、改制的车辆属于乘用车征收范围。用排气量大于 1.5 升的乘用车底盘（车架）或用中轻型商用客车底盘（车架）改装、改制的车辆属于中轻型商用客车的征收范围。含驾驶员人数（额定载客）为区间值的（如 8～10 人；17～26 人）小汽车，按其区间值下限人数确定征收范围。

电动汽车不属于本税目征收范围。

(十) 高尔夫球及球具

高尔夫球及球具是指从事高尔夫球运动所需的各种专用装备，包括高尔夫球、高尔夫球杆及高尔夫球包（袋）等。高尔夫球是指重量不超过 45.93 克、直径不超过 42.67 毫米的高尔夫球运动比赛、练习用球；高尔夫球杆是指被设计用来打高尔夫球的工具，由杆头、杆身和握把三部分组成；高尔夫球包（袋）是指专用于盛装高尔夫球及球杆的包（袋）。

(十一) 高档手表

高档手表是指销售价格（不含增值税）每只在 10 000 元（含）以上的各类手表。本税目征收范围包括符合以上标准的各类手表。

(十二) 游艇

游艇是指长度大于 8 米小于 90 米，船体由玻璃钢、钢、铝合金、塑料等多种材料制作，可以在水上移动的水上浮载体。按照动力划分，游艇分为无动力艇、帆艇和机动艇。

本税目的征收范围包括艇身长度大于 8 米（含）小于 90 米（含），内置发动机，可以在水上移动，一般为私人或团体购置，主要用于水上运动和休闲娱乐等非牟利活动的各类机动艇。

(十三) 木制一次性筷子

木制一次性筷子，又称卫生筷子，是指以木材为原料经过锯段、浸泡、旋切、刨切、烘干、筛选、打磨、倒角、包装等环节加工而成的各类一次性使用的筷子。

本税目征收范围包括各种规格的木制一次性筷子。未经打磨、倒角的木制一次性筷子属于本税目征税范围。

(十四) 实木地板

实木地板是指以木材为原料，经锯割、干燥、刨光、截断、开榫、涂漆等工序加工而成的块状或条状的地面装饰材料。实木地板按生产工艺不同，可分为独板（块）实木地板、实木指接地板、实木复合地板三类；按表面处理状态不同，可分为未涂饰地板（白坯板、素板）和漆饰地板两类。

本税目征收范围包括各类规格的实木地板、实木指接地板、实木复合地板及用于装饰墙壁、天棚的侧端面为榫、槽的实木装饰板。未经涂饰的素板属于本税目征税范围。

二、税率

表 3－1 消费税税目税率表

税　　目	税　　率
一、烟	
1. 卷烟	
工业	
(1) 甲类卷烟（调拨价 70 元/条（不含增值税）以上（含 70 元））	56% 加 0.003 元/支
(2) 乙类卷烟（调拨价 70 元/条（不含增值税）以下）	36% 加 0.003 元/支
商业批发	5%
2. 雪茄烟	36%
3. 烟丝	30%
二、酒及酒精	
1. 白酒	20% 加 0.5 元/500 克（或者 500 毫升）
2. 黄酒	
3. 啤酒	240 元/吨
(1) 甲类啤酒	250 元/吨
(2) 乙类啤酒	220 元/吨
4. 其他酒	10%
5. 酒精	5%
三、化妆品	30%
四、贵重首饰及珠宝玉石	
1. 金银首饰、铂金首饰和钻石及钻石饰品	5%
2. 其他贵重首饰和珠宝玉石	10%
五、鞭炮、焰火	15%
六、成品油	
1. 汽油	
(1) 含铅汽油	1.4 元/升

续表

税目	税率
(2) 无铅汽油	1.0 元/升
2. 柴油	0.8 元/升
3. 航空煤油	0.1 元/升
4. 石脑油	1.0 元/升
5. 溶剂油	1.0 元/升
6. 润滑油	1.0 元/升
7. 燃料油	0.80 元/升
七、汽车轮胎	3%
八、摩托车	
1. 气缸容量（排气量，下同）在 250 毫升（含 250 毫升）以下的	3%
2. 气缸容量在 250 毫升以上的	10%
九、小汽车	
1. 乘用车	
(1) 气缸容量（排气量，下同）在 1.0 升（含 1.0 升）以下的	1%
(2) 气缸容量在 1.0 升以上至 1.5 升（含 1.5 升）的	3%
(3) 气缸容量在 1.5 升以上至 2.0 升（含 2.0 升）的	5%
(4) 气缸容量在 2.0 升以上至 2.5 升（含 2.5 升）的	9%
(5) 气缸容量在 2.5 升以上至 3.0 升（含 3.0 升）的	12%
(6) 气缸容量在 3.0 升以上至 4.0 升（含 4.0 升）的	25%
(7) 气缸容量在 4.0 升以上的	40%
2. 中轻型商用客车	5%
十、高尔夫球及球具	10%
十一、高档手表	20%
十二、游艇	10%
十三、木制一次性筷子	5%
十四、实木地板	5%

第四节　计 税 依 据

计税依据是计算应纳税额的根据，是征税对象量的表现，正确掌握计税依据，可以使企业减少不必要的损失，合理合法地承担税负。我国现行的消费税，计税依据分为销售额和销售数量两种类型，实行从价定率、从量定额以及从价和从量复合计征三种征税办法。

一、从价计征

实行从价计税办法征税的应税消费品，计税依据为应税消费品的销售额。应纳税额等于应税消费品的销售额乘以适用税率。

一般情况下，计算消费税的销售额与计算增值税销项税的销售额是一致的，即为不含增值税，而含消费税税款的销售额，也就是纳税人销售应税消费品时向购买方收取的除增值税税款以外的全部价款和价外费用。如果纳税人应税消费品的销售额中未扣除增值税税款或者因不得开具增值税专用发票而发生价款和增值税税款合并收取的，在计算消费税时，应当换算为不含增值税税款的销售额，其换算公式为：

应税消费品的销售额＝含增值税的销售额÷(1＋增值税税率或者征收率)

价外费用，是指价外向购买方收取的手续费、补贴、基金、集资费、返还利润、奖励费、违约金、滞纳金、延期付款利息、赔偿金、代收款项、代垫款项、包装费、包装物租金、储备费、优质费、运输装卸费以及其他各种性质的价外收费。但下列项目不包括在内：

1. 承运部门的运输费用发票开具给购买方且纳税人将该项发票转交给购买方的代垫运输费用。

2. 同时符合以下条件代为收取的政府性基金或者行政事业性收费：(1) 由国务院或者财政部批准设立的政府性基金，由国务院或者省级人民政府及其财政、价格主管部门批准设立的行政事业性收费；(2) 收取时开具省级以上财政部门印制的财政票据；(3) 所收款项全额上缴财政。

纳税人销售的应税消费品，以人民币以外的货币结算销售额的，其销售额的人民币折合率可以选择销售额发生的当天或者当月 1 日的人民币汇率中间价。纳税人应在事先确定采用何种折合率，确定后 1 年内不得变更。

实行从价定率办法计算应纳税额的应税消费品连同包装物销售的，无论包装物是否单独计价以及在会计上如何核算，均应并入应税消费品的销售额中缴纳消费税。如果包装物不作价随同产品销售，而是收取押金，此项押金则不应并入应税消费品的销售额中征税。但对因逾期未收回的包装物而不再退还的或者已收取的时间超过 12 个月的押金，应并入应税消费品的销售额，按照应税消费品的适用税率征收消费税。

酒类应税消费品包装物押金收入的计税规则比较特殊，具体分为两种情况：一是啤酒、黄酒包装物押金收入，因为啤酒、黄酒从量计征消费税，所以无论是否逾期，均不计征消费税，但在逾期的前提下，啤酒、黄酒包装物押金要计征增值税；二是其他酒类产品包装物押金收入，在收取当期应计征增值税和消费税。

【例题 3－1】某化妆品厂（增值税一般纳税人）销售化妆品，出借包装物收取押金 1 500 元，包装物逾期未还，没收押金。化妆品的消费税税率为 30%。

要求：计算该化妆品厂此项业务应纳的消费税税额。

解：应纳消费税 $=1\,500 \div (1+17\%) \times 30\% = 384.62$（元）

二、从量计征

实行从量定额办法计税时，通常以每单位应税消费品的重量、容积或数量为计税依据，并按每单位应税消费品规定固定税额，这种固定税额即为定额税率。应纳税额就等于应税消费品的销售数量乘以单位税额。

我国消费税仅对黄酒、啤酒、成品油（汽油、柴油、石脑油 、溶剂油 、润滑油、燃料油 、航空煤油）等实行定额税率，采用从量定额的办法征税，其计税依据是纳税人销售应税消费品的数量。

（一）销售数量的确定

销售数量，是指应税消费品的数量，具体为：

（1）销售应税消费品的，为应税消费品的销售数量；

（2）自产自用应税消费品的，为应税消费品的移送使用数量；

（3）委托加工应税消费品的，为纳税人收回的应税消费品数量；

（4）进口应税消费品的，为海关核定的应税消费品进口征税数量。

（二）计量单位的换算标准

在实际销售过程中，一些纳税人往往将计算单位予以混用，为了规范不同产品的计量单位，实行从量定额办法计算应纳税额的应税消费品，计量单位的换算标准如下：

（1）黄酒 1 吨 =962 升

（2）啤酒1吨=988升

（3）汽油1吨=1 388升

（4）柴油1吨=1 176升

（5）航空煤油1吨=1 246升

（6）石脑油1吨=1 385升

（7）溶剂油1吨=1 282升

（8）润滑油1吨=1 126升

（9）燃料油1吨=1 015升

从量定额税的计量单位按实际销售商品重量确定，如果实际销售商品是按体积标注计量单位的，应按500毫升为1斤换算，不得按酒度折算。

三、复合计税

实行复合计税办法的应税消费品只涉及卷烟、粮食白酒和薯类白酒，其计税依据是从量部分为销售量、从价部分为销售额，即为应税消费品销售数量乘以定额数量加上应税销售额乘以比例税额。

四、计税依据的特殊规定

（一）卷烟计税价格的规定

卷烟从价定率计税办法的计税依据为调拨价格或核定价格。调拨价格是指卷烟生产企业通过卷烟交易市场与购货方签订的卷烟交易价格。调拨价格由国家税务总局按照中国烟草交易中心（以下简称交易中心）和各省烟草交易（定货）会2000年各牌号、规格卷烟的调拨价格确定，并作为卷烟计税价格对外公布。

核定价格是指不进入交易中心和交易会交易、没有调拨价格的卷烟，应由税务机关按其零售价倒算一定比例的办法核定计税价格。核定价格的计算公式：

$$某牌号规格卷烟核定价格=该牌号规格卷烟市场零售价格\div(1+35\%)$$

实际销售价格高于计税价格和核定价格的卷烟，按实际销售价格征收消费税；实际销售价格低于计税价格和核定价格的卷烟，按计税价格或核定价格征收消费税。

非标准条包装卷烟应当折算成标准条包装卷烟的数量，依其实际销售收入计算确定其折算成标准条包装后的实际销售价格，并确定适用的比例税率。折算的实际销售价格高于计税价格的，应按照折算的实际销售价格确定适用比例税率；折算的实际销售价格低于计税价格的，应按照同牌号规格标准条包装卷烟的计税价格和适用税率征税。

非标准条包装卷烟是指每条包装多于或者少于200支的条包装卷烟。

（二）自设非独立核算门市部计税的规定

纳税人通过非独立核算门市部销售的自产应税消费品，应按门市部对外销售额或者销售数量征收消费税。

【例题3－2】某摩托车厂为增值税一般纳税人，1月份将生产摩托车10辆，以每辆出厂价20 000元（不含增值税）给自设非独立核算的门市部；门市部又以每辆35 100元（含增值税）售给消费者。摩托车适用的消费税税率为10%。

要求：计算摩托车厂1月份应缴纳的消费税税额。

解：应纳税额＝35 100÷（1＋17%）×10×10%＝30 000（元）

（三）应税消费品用于其他方面的规定

纳税人用于换取生产资料和消费资料、投资入股和抵偿债务等方面的应税消费品，应当以纳税人同类消费品的最高销售价格作为计税依据计算消费税。

【例题3－3】某汽车厂2009年4月份以自产小汽车（500毫升气缸容量）10辆换取某钢厂生产的钢材200吨，每吨钢材3 000元。该厂生产的同一型号小汽车销售价格分别为10万元/辆、9万元/辆和8万元/辆，计算用于换取钢材的小汽车应纳消费税额（以上价格不含增值税）。小汽车适用的消费税税率为5%。

要求：计算该汽车厂应缴纳的消费税税额。

解：应纳税额＝10×10×5%＝5（万元）

（四）兼营不同税率应税消费品的税务处理

兼营是指纳税人经营的是适用多种不同税率的产品。按《消费税暂行条例》的规定，在兼营情况下，应当分别核算不同税率应税消费品的销售额、销售数量并分别纳税。未分别核算销售额、销售数量，或者将不同税率的应税消费品组成成套消费品销售的，从高适用税率。

【例题3－4】某化妆品厂将化妆品与护肤护发品组成套销售，售价240元/套。企业分别核算，化妆品价格是100元，护肤护发品价格是140元。当月销售1 500套。化妆品税率30%，护肤护发品税率8%。

要求：计算该化妆品厂当月应缴纳的消费税。

解：应纳消费税＝240×1 500×30%＝10 800（元）

第五节 应纳税额的计算

一、生产销售环节应纳消费税的计算

（一）直接对外销售应纳消费税的计算

1. 从价定率计算征税

应纳税额 = 应税消费品的计税销售额 ×（适用）税率

【例题 3－5】 某汽车厂为增值税一般纳税人。2006 年 7 月，该厂生产一批汽车轮胎对外销售，取得含增值税销售额 58.5 万元。已知汽车轮胎适用 3% 的消费税税率。

要求： 计算该厂 7 月份生产汽车轮胎应纳消费税税额。

解： 应纳消费税 = [58.5 ÷ (1 + 17%)] × 3% = 1.5（万元）

2. 从量定额计算征税

应纳税额 = 应税消费品的计税数量 ×（适用）单位税额

3. 从价定率与从量定额复合计算征税

应纳税额 = 应税消费品的计税销售额 × 消费税比例税率 + 应税消费品数量 × 消费税单位税额

【例题 3－6】 某白酒厂生产粮食白酒，2009 年 3 月共销售 2 000 吨粮食白酒。该粮食白酒的比例税率为 20%，定额税率为每斤 0.5 元，每吨为 3 万元。

要求： 计算该白酒厂应缴纳的消费税税额。

解： 应纳消费税 = 3 × 2 000 × 20% + 2 000 × 2 000 × 0.5 ÷ 10 000 = 1 400（万元）

（二）自产自用应纳消费税的计算

自产自用应税消费品计税依据：纳税人自产自用的应税消费品，用于连续生产应税消费品的，不再征税，而用于其他方面的，于移送使用时纳税。

1. 用于连续生产应税消费品

按照消费税暂行条例规定，纳税人自产自用的应税消费品，用于连续生产应税消费品的，不纳税。所谓用于连续生产应税消费品，是指纳税人将自产自用的应税消费品作为直接材料生产最终应税消费品，自产自用应税消费品构成最终应税消费品的实体。

《消费税暂行条例》对用于连续生产应税消费品不予征税的规定，体现了税不重征和计税简便的原则，避免了重复征税。比如，卷烟厂生产的烟丝，如果直接对外销售，应缴纳消费税；但如果烟丝用于本厂连续生产卷烟，用于连续生产卷烟的烟丝就不缴纳消费税，只对生产的卷烟征收消费税。

2. 用于其他方面的应税消费品

按照《消费税暂行条例》的规定，纳税人自产自用的应税消费品，不是用于连续生产应税消费品，而是用于其他方面的，于移送使用时纳税。“用于其他方面”，是指纳税人将自产自用应税消费品用于生产非应税消费品、在建工程、管理部门、非生产机构、提供劳务、馈赠、赞助、集资、广告、样品、职工福利、奖励等方面。其中，“自产自用的应税消费品用于生产非应税消费品”，是指把自产的应税消费品用于生产 14 类应税消费品以外的产品。

纳税人把自产应税消费品用于本企业基本建设、专项工程、生活福利设施等其他方面，从形式上看，并没有取得销售收入，但却要视同对外销售，计征消费税。这是因为企业如以外购的应税消费品用于本企业基本建设、专项工程、生活福利设施的，其外购价款中包含有消费税金。如果对自产应税消费品不征税，等于鼓励企业以不含税的应税消费品进行基本建设、专项工程和生活福利设施等项目的建设。对用于基本建设、专项工程和生活福利设施的自产应税消费品征税，可以平衡外购应税消费品与自产应税消费品之间的税负，使企业无论使用外购应税消费品，还是自产应税消费品进行基本建设等项目的生产，其价款中都含有税金，从而有利于公平税负，并保证财政收入。总之，企业自产的应税消费品虽然没有用于销售或连续生产应税消费品，但只要是用于税法所规定的范围都要视同销售，依法缴纳消费税。例如，生产企业将自产石脑油用于本企业连续生产汽油等应税消费品的，不缴纳消费税；用于连续生产乙烯等非应税消费品或其他方面的，于移送使用时缴纳消费税。

3. 组成计税价格

根据消费税暂行条例规定，纳税人自产自用的应税消费品，凡用于其他方面的，应当纳税。纳税时，其计税价格具体分以下两种情况：

（1）有同类消费品的销售价格的，按销售价格计算。

同类消费品的销售价格，是指按照纳税人或者代收代缴义务人当月销售的同类消费品的销售价格。如果当月同类消费品各期销售价格高低不同，应按销售数量加权平均计算。但销售的应税消费品有下列情况之一的，不得列入加权平均计算：销售价格明显偏低又无正当理由的，或者无销售价格的。

如果当月无销售或者当月未完结，应按照同类消费品上月或最近月份的销售价格计算纳税。其应纳税额计算公式为：

应纳税额 = 同类消费品销售单价 × 自产自用数量 × 适用税率

（2）没有同类消费品销售价格的，按组成计税价格计算。

按照规定，如果纳税人自产自用的应税消费品，在计算征收时，没有同类消费品销售价格，应以组成计税价格计算纳税，组成计税价格的计算公式是：

① 实行从价定率办法计算纳税的组成计税价格计算公式：

组成计税价格 =（成本 + 利润）÷（1 − 比例税率）

② 实行复合计税办法计算纳税的组成计税价格计算公式：

组成计税价格 =（成本 + 利润 + 自产自用数量 × 定额税率）÷（1 − 比例税率）

成本，是指应税消费品的产品生产成本。利润，是指根据应税消费品的全国平均成本利润率计算的利润。应税消费品全国平均成本利润率由国家税务总局确定。

4. 应税消费品全国平均成本利润率

1993 年 12 月 28 日，国家税务总局颁发的《消费税若干具体问题的规定》，确定了应税消费品全国平均成本利润率。

表 3－2　平均成本利润率表

货物名称	利润率（单位：%）	货物名称	利润率（单位：%）
1. 甲类卷烟	10	11. 贵重首饰及珠宝玉石	6
2. 乙类卷烟	5	12. 汽车轮胎	5
3. 雪茄烟	5	13. 摩托车	6
4. 烟丝	5	14. 高尔夫球及球具	10
5. 粮食白酒	10	15. 高档手表	20
6. 薯类白酒	5	16. 游艇	10
7. 其他酒	5	17. 木制一次性筷子	5
8. 酒精	5	18. 实木地板	5
9. 化妆品	5	19. 乘用车	8
10. 鞭炮、焰火	5	20. 中轻型商用客车	5

【例题 3-7】某化妆品公司将一批自产的化妆品用作职工福利，化妆品的成本 4 000 元，该化妆品无同类产品市场销售价格，但已知其成本利润率为 5%，消费税税率为 30%。

要求：计算该批化妆品应缴纳的消费税税额。

解：

（1）组成计税价格 = 4 000 ×（1 + 5%）÷（1 − 30%）= 4 200 ÷ 0.7 = 6 000（元）

（2）应纳税额 = 6 000 × 30% = 1 800（元）

二、委托加工环节应税消费品应纳税额的计算

（一）委托加工应税消费品的确定

委托加工的应税消费品，是指由委托方提供原料和主要材料，受托方只收取加工费和代垫部分辅助材料加工的应税消费品。作为委托加工的应税消费品，必须具备两个条件：其一是由委托方提供原料和主要材料；其二是受托方只收取加工费和代垫部分辅助材料。对于由受托方提供原材料生产的应税消费品，或者受托方先将原材料卖给委托方，然后再接受加工的应税消费品，以及由受托方以委托方名义购进原材料生产的应税消费品，不论纳税人在财务上是否作销售处理，都不得作为委托加工应税消费品，而应当按照销售自制应税消费品缴纳消费税。

（二）代收代缴税款

委托加工业务中，受托方是法定的代收代缴义务人，由受托方在向委托方交货时代收代缴消费税。如果受托方没有按有关规定代收代缴消费税，或没有履行代收代缴义务，就要按照《税收征管法》的有关规定，承担补税或罚款的法律责任。纳税人委托个体经营者加工应税消费品，一律于委托方收回后在委托方所在地缴纳消费税。

委托加工的应税消费品，受托方在交货时已代收代缴消费税，委托方收回后直接销售的，不再征收消费税。

（三）委托加工应税消费品组成计税价格的计算

委托加工的应税消费品，按照受托方的同类消费品的销售价格计算纳税；没有同类消费品销售价格的，按照组成计税价格计算纳税。

1. 有同类消费品销售价格的，其应纳税额的计算公式

应纳税额 = 同类消费品销售单价 × 委托加工数量 × 适用税率

2. 没有同类消费品销售价格的，按组成计税价格计税

① 实行从价定率办法计算纳税的组成计税价格计算公式为：

组成计税价格 =（材料成本 + 加工费）÷（1 - 比例税率）

② 实行复合计税办法计算纳税的组成计税价格计算公式为：

组成计税价格 =（材料成本 + 加工费 + 委托加工数量 × 定额税率）÷（1 - 比例税率）

“材料成本”，按照《消费税暂行条例实施细则》的解释，是指委托方所提供加工材料的实际成本。“加工费”，按照《消费税暂行条例实施细则》的解释，是指受托方加工应税消费品向委托方所收取的全部费用，包括代垫辅助材料的实际成本。

【例题 3 - 8】 某鞭炮企业 2009 年 8 月受托为某单位加工一批鞭炮，委托单位提供的原材料金额为 30 万元，收到委托单位不含增值税的加工费 4 万元，鞭炮企业当地无加工鞭炮的同类产品市场价格。鞭炮的适用税率 15%。

要求：计算该鞭炮企业应代收代缴的消费税。

解：

组成计税价格 =（30 + 4）÷（1 - 15%）= 40（万元）

应代收代缴消费税 = 40 × 15% = 6（万元）

三、进口环节应纳消费税的计算

进口的应税消费品，按照组成计税价格计算纳税。

（一）实行从价定率办法的应税消费品应纳税额的计算

组成计税价格 =（关税完税价格 + 关税）÷（1 - 消费税比例税率）

应纳税额 = 组成计税价格 × 适用税率

公式中的“关税完税价格”，是指海关核定的关税计税价格。

（二）实行从量定额办法的应税消费品应纳税额的计算

应纳税额 = 应税消费品数量 × 消费税单位税额

这里的“应税消费品数量”，是指海关核定的应税消费品进口征税数量。

（三）实行复合计税办法的应税消费品应纳税额的计算

组成计税价格 =（关税完税价格 + 关税 + 进口数量 × 消费税定额税率）÷（1 - 消费税比例税率）

应纳税额 = 应税消费品数量 × 消费税单位税额 + 组成计税价格 × 适用税率

四、已纳消费税的扣除

为了避免重复征税，将外购应税消费品和委托加工收回的应税消费品继续生产应税消费品销售的，可以将外购应税消费品和委托加工收回应税消费品已缴纳的消费税给予扣除。

（一）外购应税消费品已纳税款的计算

根据《国家税务总局关于印发〈消费税若干具体问题的规定〉的通知》（国税发［1993］156号）和《财政部国家税务总局关于调整和完善消费税政策的通知》（财税［2006］33号）的规定，下列应税消费品准予从消费税应纳税额中扣除原料已纳的消费税税款后的余额计征消费税：

（1）以外购已税烟丝生产的卷烟；

（2）以外购已税化妆品生产的化妆品；

（3）以外购税珠宝玉石生产的贵重首饰及珠宝玉石；

（4）以外购已税鞭炮焰火生产的鞭炮焰火；

（5）以外购已税汽车轮胎（内胎或外胎）生产的汽车轮胎；

（6）以外购已税摩托车生产的摩托车；

（7）以外购已税杆头、杆身和握把为原料生产的高尔夫球杆；

（8）以外购已税木制一次性筷子为原料生产的木制一次性筷子；

（9）以外购已税实木地板为原料生产的实木地板；

（10）以外购已税石脑油为原料生产的应税消费品；

（11）以外购已税润滑油为原料生产的润滑油。

上述实行从价定率办法计算应纳税额的公式为：

当期准予扣除外购应税消费品已纳税款 = 当期准予扣除外购应税消费品买价 × 外购应税消费品适用税率

当期准予扣除外购应税消费品买价 = 期初库存外购应税消费品买价 + 当期购进的外购应税消费品买价 - 期末库存的外购

纳税人用外购的已税珠宝玉石生产的改在零售环节征收消费税的金银首饰（镶嵌首饰），在计税时一律不得扣除外购珠宝玉石的已纳税款。

【例题3-9】某卷烟厂用外购已税烟丝生产卷烟，当月销售额为180万元（每标准条不含增值税调拨价格为180元，共计40标准箱），当月月初库存烟丝账面余额70万元，当月委托加工收回烟丝30万元，月末库存委托加工收回烟丝账面余额为50万元。卷烟适用比例税率为45%，定额税率150元/每标准箱，烟丝适用比例税率30%。上述款项均不含增值税。

要求：计算该厂当月销售卷烟应纳消费税税款。

解：

（1）当月应纳消费税税额 = 180 × 45% + 40 × 0.015 = 81.6（万元）

（2）当月准予扣除委托加工收回烟丝已纳税款 =（70 + 30 − 50）× 30% = 15（万元）

（3）当月销售卷烟实际应交纳消费税 = 81.6 − 15 = 66.6（万元）

（二）委托加工收回的应税消费品已纳税款的扣除

委托加工应税消费品已纳税款为代扣代收税款凭证注明的受托方代收代缴的消费税。委托加工的应税消费品因为已由受托方代收代缴消费税，因此，委托方收回货物后用于连续生产应税消费品的，其已纳税款准予按照规定从连续生产的应税消费品应纳消费税税额中抵扣。按照国家税务总局的规定，从1995年6月1日起，下列用于连续生产的应税消费品，准予从其应纳消费税税额中按当期生产领用数量计算扣除委托加工收回的应税消费品已纳的消费税税款：

（1）以委托加工收回的已税烟丝生产的卷烟；

（2）以委托加工收回的已税化妆品生产的化妆品；

（3）以委托加工收回的税珠宝玉石生产的贵重首饰及珠宝玉石；

（4）以委托加工收回的已税鞭炮焰火生产的鞭炮焰火；

（5）以委托加工收回的已税汽车轮胎（内胎或外胎）生产的汽车轮胎；

（6）以委托加工收回的已税摩托车生产的摩托车；

（7）以委托加工收回的已税杆头、杆身和握把为原料生产的高尔夫球杆；

（8）以委托加工收回的已税木制一次性筷子为原料生产的木制一次性筷子；

（9）以委托加工收回的已税实木地板为原料生产的实木地板；

（10）以委托加工收回的已税石脑油为原料生产的应税消费品；

（11）以委托加工收回的已税润滑油为原料生产的润滑油。

上述当期准予扣除委托加工收回的应税消费品已纳消费税税款的计算公式是：

当期准予扣除的委托加工应税消费品已纳税款 = 期初库存的委托加工应税消费品已纳税款 + 当期收回的委托加工应税

消费品已纳税款－期末
库存的委托加工应税消
费品已纳税款

需要说明的是，纳税人用委托加工收回的已税珠宝玉石生产的改在零售环节征收消费税的金银首饰，在计税时一律不得扣除委托加工收回的珠宝玉石的已纳消费税税款。

【例题3－10】 某化妆品公司长期委托某日用化工厂加工某种化妆品，收回后以其为原料继续生产护发品销售。一年来受托方一直按同类护发品每千克60元的销售价格代收代缴消费税。本月公司收回加工好的化妆品3 000千克，当月销售连续生产的化妆品800箱，每箱销售价格600元。月底结算时，账面反映月初库存的委托加工的化妆品2 000千克，价款120 000元，月底库存委托加工化妆品1 000千克，价款600 000元。化妆品消费税率为30%。上述销售价格均为不含增值税价格。

要求： 计算当月该公司销售化妆品应纳消费税额。

解：

（1）当月应纳消费税额＝600×800×8%＝38 400（元）

（2）当月准予抵扣的委托加工护发品已纳税款＝（120 000＋3 000×60－60 000）×8%＝19 200（元）

（3）当月实际交纳消费税＝38 400－19 200＝19 200（元）

五、税额减征

为保护生态环境，促进替代污染排放汽车的生产和消费，推进汽车工业技术进步，对生产销售达到低污染排放值的小轿车、越野车和小客车，减征30%的消费税。计算公式为：

减征税额＝按法定税率计算的消费税额×30%

应征税额＝按法定税率计算的消费税额－减征税额

目前，上海通用汽车有限公司生产的别克、赛欧系列小汽车，上海大众汽车有限公司生产的桑塔纳、帕萨特系列小汽车，一汽大众有限公司生产的奥迪、捷达、宝来系列小汽车，沈阳金杯客车制造有限公司生产的金环系列轻型客车，广州本田汽车有限公司生产的雅阁牌轿车，一汽海南汽车有限公司生产的海马牌轿车等，经国家认定的检验中心和专家审查，达到规定的要求。按财税［2000］26号文件的规定，对上述小汽车准予按应纳税额减征30%的消费税。

第六节　出口应税消费品退（免）税

纳税人出口应税消费品与已纳增值税出口货物一样，国家都是给予退（免）税优惠的。出口应税消费品同时涉及退（免）增值税和消费税，且退（免）消费税与出口货物退（免）增值税在退（免）税范围的限定、退（免）税办理程序、退（免）税审核及管理上都有许多一致的地方。

一、出口应税消费品退（免）税政策

出口应税消费品退（免）消费税在政策上分为以下三种情况：

（一）出口免税并退税

适用这个政策的是：有出口经营权的外贸企业购进应税消费品直接出口，以及外贸企业受其他外贸企业委托代理出口应税消费品。这里需要注意的是，外贸企业只有受其他外贸企业委托，代理出口应税消费品才可办理退税；外贸企业受其他企业（主要是非生产性的商贸企业）委托，代理出口应税消费品是不予退（免）税的。这个政策限定与前述出口货物退（免）增值税政策的规定是一致的。

（二）出口免税但不退税

有出口经营权的生产性企业自营出口或生产企业委托外贸企业代理出口自产的应税消费品，依据其实际出口数量免征消费税，但不予退还消费税。这里的免征消费税是指对生产性企业按其实际出口数量免征生产环节的消费税。不予办理退还消费税，是指因已免征生产环节的消费税，该应税消费品在出口时，已不含有消费税，所以也无须再办理退还消费税了。这项政策规定与前述生产性企业自营出口或委托代理出口自产货物退（免）增值税的规定是不一样的。其政策区别的原因在于，消费税仅在生产企业的生产环节征收，生产环节免税了，出口的应税消费品就不含有消费税了，而增值税却在货物销售的各个环节征收，生产企业出口货物时，已纳的增值税就需退还。

（三）出口不免税也不退税

适用这个政策的是：除生产企业、外贸企业外的其他企业，具体是指一般商贸企业，这类企业委托外贸企业代理出口应税消费品一律不予退（免）税。

二、出口应税消费品退税额的计算

（一）出口应税消费品退税税率的确定

计算应税消费品应退消费税的税率或单位税额，严格按照《消费税暂行条例》所附《消费税税目税率（税额）表》执行。这意味着消费税出口退税的退税率与该应税消费品所适用的征税率是一致的。当出口的货物是应税消费品时，其退还增值税要按规定的退税率计算，而其退还消费税则按应课消费税品所适用的消费税税率计算。企业应将不同消费税税率的出口应税消费品分开核算和申报、凡划分不清适用税率的，一律从低适用税率计算应退消费税税额。

（二）出口应税消费品退税的计算

1. 退税的计算依据

对采用比例税率征税的消费品，其退税依据是从工厂购进货物时，计算征收消费税的价格。对含增值税的购进金额，应当换算成不含增值税的金额，然后作为计算退税的依据。计算公式为：

不含增值税的购进金额 = 含增值税的购进金额 ÷（1 + 增值税税率或征收率）

对采用固定税率征收消费税的消费品，其退税依据是出口报关的数量。

2. 退税的计算

外贸企业从生产企业购进货物直接出口或受其他外贸企业委托代理出口应税消费品的应退消费税税款，分两种情况处理：

（1）属于从价定率计征消费税的应税消费品，应依照外贸企业从工厂购进货物时征收消费税的价格计算应退消费税税款，其公式为：

应退消费税税款 = 出口货物的工厂销售额 × 税率

（2）属于从量定额计征消费税的应税消费品，应以货物购进和报关出口的数量计算应退消费税税款。其公式为：

应退消费税税款 = 出口数量 × 单位税额

【例题 3－11】某外贸公司为增值税一般纳税人，从摩托车厂购进摩托车 1 000 辆，直接报关离境出口；取得的增值税专用发票注明的单价是每辆 5 000 元，支付从摩托车厂到出境口岸的运费 160 000 元，装卸费 40 000 元，离岸价每辆 720 美元（美元与人民币汇率 1∶8.3）。摩托车消费税税率为 10%。

要求：计算该公司应退消费税税款。

解：应退消费税税款 = 5 000 × 1 000 × 10% = 500 000（元）

三、出口应税消费品办理退（免）税后的管理

出口的应税消费品办理退税后，发生退关或者国外退货进口时予以免税的，报关出口者必须及时向其机构所在地或者居住地主管税务机关申报补缴已退的消费税税款。

纳税人直接出口的应税消费品办理免税后，发生退关或者国外退货，进口时已予以免税的，经机构所在地或者居住地主管税务机关批准，可暂不办理补税，待其转为国内销售时，再申报补缴消费税。

纳税人销售的应税消费品，如因质量等原因由购买者退回时，经机构所在地或者居住地主管税务机关审核批准后，可退还已缴纳的消费税税款。

第七节　征收管理

一、纳税义务发生时间

纳税人生产的应税消费品于销售时纳税，进口消费品应当于应税消费品报关进口环节纳税，但金银首饰钻石及钻石饰品在零售环节纳税。消费税纳税义务发生的时间，以货款结算方式或行为发生时间分别确定。

第一，纳税人销售应税消费品的，按不同的销售结算方式分别为：

(1) 采取赊销和分期收款结算方式的，为书面合同约定的收款日期的当天，书面合同没有约定收款日期或者无书面合同的，为发出应税消费品的当天；

(2) 采取预收货款结算方式的，为发出应税消费品的当天；

(3) 采取托收承付和委托银行收款方式的，为发出应税消费品并办妥托收手续的当天；

(4) 采取其他结算方式的，为收讫销售款或者取得索取销售款凭据的当天。

第二，纳税人自产自用应税消费品的，为移送使用的当天。

第三，纳税人委托加工应税消费品的，为纳税人提货的当天。

第四，纳税人进口应税消费品的，为报关进口的当天。

二、纳税期限

消费税的纳税期限分别为 1 日、3 日、5 日、10 日、15 日、1 个月或者 1 个

季度。纳税人的具体纳税期限，由主管税务机关根据纳税人应纳税额的大小分别核定；不能按照固定期限纳税的，可以按次纳税。

纳税人以 1 个月或者 1 个季度为 1 个纳税期的，自期满之日起 15 日内申报纳税；以1 日、3 日、5 日、10 日或者 15 日为1 个纳税期的，自期满之日起5 日内预缴税款，于次月 1 日起 15 日内申报纳税并结清上月应纳税款。

纳税人进口应税消费品，应当自海关填发海关进口消费税专用缴款书之日起 15 日内缴纳税款。

三、纳税地点

（一）销售或自产自用应税消费品的纳税地点

纳税人销售的应税消费品，以及自产自用的应税消费品，除国家另有规定者外，应当向纳税人核算地主管税务机关申报纳税；

纳税人到外（县）市销售或委托外（县）市代销自产应税消费品的，于应税消费品销售后，回纳税人核算地或所在地缴纳消费税；

纳税人的总机构与分支机构不在同一（县）市的，应在生产应税消费品和分支机构所在地缴纳消费税。但经国家税务总局及所属税务分局批准，纳税人分支机构应纳消费税税款也可由总机构汇总向总机构所在地主管税务机关缴纳。

对纳税人的总机构与分支机构不在同一省（自治区、直辖市）的，如需改由总机构汇总在总机构所在地纳税的，需报经国家税务总局批准，对纳税人的总机构与分支机构在同一省（自治区、直辖市）内，而不在同一县（市）的，如需改由总机构汇总在总机构所在地纳税的，需报经国家税务总局所属分局批准。

（二）委托加工的应税消费品的纳税地点

委托加工的应税消费品，由受托方向所在地主管税务机关解缴消费税税款；

对纳税人委托个体经营者加工的应税消费品，一律于委托方收回后在委托方所在地缴纳消费税。

（三）进口应税消费税的纳税地点

进口的应税消费品，由进口人或者其代理人向报关地海关申报纳税。

本章小结

1. 我国现行消费税是对在我国境内从事生产、委托加工和进口应税消费品的单位和个人就其应税消费品征收的一种税。它是对特定的消费品和消费行为在特定环节征收的一种间接税，可以转嫁。税务机关往往并不直接向消费者征税，而是向消费品制造商或销售商征税，但税额内含于消费品价格之中或作为消费品的价格附加，最终由消费者承担。

2. 一般来说，消费税的征税对象主要是与居民消费相关的最终消费品和消费行为。与其他税种比较，消费税具有如下几个特点：（1）征收范围具有选择性；（2）征税环节具有单一性；（3）征收方法具有多样性；（4）平均税率水平较高且税负差异大；（5）税负具有转嫁性。

3. 消费税纳税人具体包括：生产应税消费品的单位和个人；进口应税消费品的单位和个人；委托加工应税消费品的单位和个人。其中委托加工的应税消费品由受托方提货时代扣代缴，但受托方如为个体经营者，则应由委托方回委托方所在地申报纳税。自产自用的应税消费品，由自产自用单位和个人在移送使用时缴纳消费税。

4. 计税依据是计算应纳税额的根据，是征税对象量的表现，正确掌握计税依据，可以使企业减少不必要的损失，合理合法地承担税负。我国现行的消费税，计税依据分为销售额和销售数量两种类型，即实行从价定率和从量定额以及从价和从量复合计征三种征税办法。

5. 一般情况下，计算消费税的销售额与计算增值税销项税的销售额是一致的数字，即为不含增值税，而含消费税税款的销售额，即纳税人销售应税消费品向购买方收取的除增值税税款以外的全部价款和价外费用。如果纳税人应税消费品的销售额中未扣除增值税税款或者因不得开具增值税专用发票而发生价款和增值税税款合并收取的，在计算消费税时，应当换算为不含增值税税款的销售额。其换算公式为：应税消费品的销售额 = 含增值税的销售额 ÷（1 + 增值税税率或者征收率）。

6. 直接对外销售应纳消费税的计算：（1）从价定率计算征税：应纳税额 = 应税消费品的计税销售额 ×（适用）税率；（2）从量定额计算征税：应纳税额 = 应税消费品的计税数量 ×（适用）单位税额；（3）从价定率与从量定额复合计算征税：应纳税额 = 应税消费品的计税销售额 × 消费税比例税率 + 应税消费品数量 × 消费税单位税额。

7. 纳税人出口应税消费品与已纳增值税出口货物一样，国家都是给予退（免）税优惠的。出口应税消费品同时涉及退（免）增值税和消费税，且退（免）消费税与出口货物退（免）增值税在退（免）税范围的限定、退（免）税办理程序、退（免）税审核及管理上都有许多一致的地方。

思考题

1. 简述消费税的征税范围。
2. 简述消费税的特点。
3. 简述自产自用应税消费品的税务处理。
4. 简述消费税的出口退税政策。

第四章

营业税法

第一节　营业税概述

一、营业税的概念

营业税是对在我国境内提供应税劳务、转让无形资产或销售不动产的单位和个人，就其所取得的营业额征收的一种税。营业税属于流转税中的一个主要税种。

二、营业税的发展

营业税是一个十分古老的税种，也是中外税收史上出现较早的一种流转税。比如周朝出现的“关市之赋”及“山泽之赋”，均具有营业税的性质。

我国于1928年，由国民党政府颁布《营业税办法大纲》，正式开征营业税。新中国成立以后，营业税在我国的税制中一直占有重要地位。1973年全国试行工商税，将工商统一税并入其中。为了适应经济发展的要求，改变税制过于简单的状况，充分发挥不同税种的特定作用，1984年第二步利改税将工商税中的商业和服务业等行业划分出来单独征收营业税。1993年进行的税制改革，根据社会主义市场经济要求，以建立规范的税制为基本目标，将商品批发、零售改征增值税，同时也将加工、修理修配行为改征增值税，重新修订颁布了《中华人民共和国营业税暂行条例》（以下简称《营业税暂行条例》）。2008年11月5日国务院第34次常务会议再一次修订了《营业税暂行条例》，并自2009年1月1日起施行。

三、营业税的特点

（一）征税范围广，税源普遍

营业税的征税范围具有广泛性和普遍性。营业税的征税范围包括在我国境内提供应税劳务、转让无形资产和销售不动产的经营行为，涉及国民经济中第三产业这一广泛的领域。不论纳税人的经济性质、经营方式，凡是从事法律规定的经营活动，都要对其经营成果征收营业税。

（二）以营业额为计税依据

营业税属于商品劳务税，计税依据为营业额全额，税额的计算不受成本、费用高低的影响，从而有利于保证国家财政收入的稳定增长。

（三）按行业设计税率

营业税与其他流转税税种不同，它是从应税劳务的综合性经营特点出发，按照不同经营行业设计不同的税率，即行业相同，税率相同；行业不同，税率不同。对一些有利于社会稳定、发展的福利单位和教育、卫生部门给予免税；对一些关系国计民生的行业采用低税率，如交通运输业、邮电通信业、文化体育业和建筑业适用3%的税率；对一些收入较高的歌厅、舞厅、高尔夫球等娱乐行业适用5%～20%的高税率等。对不同行业适用不同的税率，体现了国家的政策，有利于促进各行业的协调发展。

四、营业税的作用

营业税是我国现行税制的主体税种之一，其收入规模仅次于增值税，为我国第二大税种。营业税征收范围广泛，在调节社会收入分配和体现国家产业政策方面发挥着极大的作用。营业税的作用主要具体体现在以下几个方面：

第一，能适应经济搞活的新形势，更好地发挥税收对一切营业收入的调节作用，贯彻合理负担政策，保证财政收入。

第二，有利于指导流通，促进产品合理流向，减少不必要的某些中间流转环节，改善经营管理，提高经济效益。同时营业税按照行业设计税率，同一行业同一税率，税负公平。

第三，按商业流通环节征税，有利于促进多渠道、少环节、开放式的流通体系的发展，搞活经济。

五、营业税与增值税的区别

增值税与营业税是两个独立而不能交叉的税种，即交增值税时不交营业税，交营业税时不交增值税。

(一) 征收范围不同

凡是销售不动产，提供劳务（不包括加工修理修配），转让无形资产的交营业税。凡是销售动产，提供加工修理修配劳务的交纳增值税。

(二) 计税依据不同

增值税是价外税，营业税是价内税。在计算增值税时应当先将含税收入换算成不含税收入，即计算增值税的收入应当为不含税的收入。而营业税的计算是用含税的营业额乘以税率，不需要进行换算。

第二节　纳税义务人与扣缴义务人

一、纳税义务人

在中华人民共和国境内提供应税劳务、转让无形资产、销售不动产的单位和个人，为营业税的纳税义务人。

首先，在中华人民共和国境内是指税收行政管辖权的区域，具体情况为：

(1) 所提供的劳务发生在境内；

(2) 在境内载运旅客或货物出境；

(3) 在境内组织旅客出境旅游；

(4) 转让的无形资产在境内使用；

(5) 所销售的不动产在境内；

(6) 在境内提供保险劳务。

其次，上述应税劳务是指属于交通运输业、建筑业、金融保险业、邮电通信业、文化体育业、娱乐业、服务业等税目下属于征收范围的劳务。对中国进出口银行办理的出口信用保险业务，不作为境内提供保险，不征营业税。境内保险机构为出口货物提供保险，及境外保险机构以在境内的物品为标志的提供的保险劳务，不征收营业税。保险公司办理的出口信用保险业务，也不征营业税。

最后，提供应税劳务、转让无形资产或销售不动产是指有偿提供应税劳务、有偿转让无形资产或有偿销售不动产的行为。“有偿”是指通过提供应税劳务、转让无形资产、销售不动产的行为而取得货币、货物的经济行为。

二、扣缴义务人

为了加强税收的源泉控制、简化征税手续、减少税款损失，《营业税暂行条例》及其实施细则规定了扣缴义务人，具体有以下几种：

(1) 建筑安装业务实行分包或者转包的，其应纳税额以总承包人为扣缴义务人；

(2) 委托金融机构发放贷款的，以受托发放贷款的金融机构为扣缴义务人；

(3) 分保险业务，其应纳税额以初保人为扣缴义务人；

(4) 雇员或非雇员从聘用的企业取得收入的，以该企业为雇员或非雇员应纳税款的扣缴义务人；

(5) 单位或个人进行演出，有他人售票的，以售票者为扣缴义务人；演出经纪人为个人的，其办理的演出业务的应纳税款也以售票者为扣缴义务人；

(6) 个人转让专利权、非专利技术、商标权、著作权、商誉的，其应纳税款以受让者为扣缴义务人；

(7) 境外单位或个人在境内发生应税行为而在境内未设有机构的，其应纳税款以代理人为扣缴义务人；没有代理人的，以受让人或者购买者为扣缴义务人。

第三节　税目与税率

一、税目

营业税的税目按照行业、类别的不同分别设置，现行营业税共设置9个税目。

(一) 交通运输业

交通运输业是指使用运输工具或人力，畜力将货物或旅客送达目的地，使其空间位置得到转移的业务活动。

本税目的征收范围包括陆路运输、水路运输、航空运输、管道运输和装卸搬运五大类。凡与运营业务有关的各项劳务活动，均属本税目的征税范围。

(1) 陆路运输是指通过陆路（地上或地下）运送货物或旅客的运输业务，包括铁路运输、公路运输、缆车运输、索道运输及其他陆路运输。

(2) 水路运输是指通过江、河、湖、川等天然、人工水道或海洋航道运送货物或旅客的运输业务。

(3) 航空运输是指通过空中航线运送货物或旅客的运输业务。与航空有关的通用航空业务、航空地面服务业务比照航空运输征税。

(4) 管道运输是指通过管道设施输送气体、液体、固体物质的运输业务。

(5) 装卸搬运是指使用装卸搬运工具或人力、畜力将货物在运输工具之间，装卸现场之间或运输工具与装卸现场之间进行装卸和搬运的业务。搬家业务收入，应按“交通运输业”税目中的“装卸搬运”征收营业税。

(6) 对远洋运输企业从事程租、租期业务和航空运输企业从事湿租业务取得的收入，按“交通运输业”税目征收营业税。

程租业务是指远洋运输企业为租船人完成某一特定航次的运输任务并收取租赁费的业务。

期租业务是指远洋运输企业将配备有操作人员的船舶承租给他人使用一定期限，承租期内听候承租方调遣，不论是否经营，均按天向承租方收取租赁费，发生的固定费用（如人员工资、维修费用等）均由船东负担的业务。

湿租业务是指航空运输企业将配备有机组人员的飞机承租给他人使用一定期限，承租期内听候承租方调遣，不论是否经营，均按一定标准向承租方收取租赁费，发生的固定费用（如人员工资、维修费用等）均由承租方负担的业务。

（二）建筑业

建筑业是指建筑安装工程作业。本税目的征收范围包括：建筑、安装、修缮、装饰、其他工程作业。

(1) 建筑是指新建、改建、扩建各种建筑物、构筑物的工程作业，包括与建筑物相连的各种设备或支柱、操作平台的安装或装设工程作业，以及各种窑炉和金属结构工程作业在内。

(2) 安装是指生产设备、动力设备、起重设备、运输设备、传动设备、医疗实验设备及其他各种设备的装配，安置工程作业，包括与设备相连的工作台、梯子、栏杆的装设工程作业和被安装设备的绝缘、防腐、保温、油漆等工程作业在内。

(3) 修缮是指对建筑物、构筑物进行修补、加固、养护、改善，使之恢复原来的使用价值或延长其使用期限的工程作业。

(4) 装饰是指对建筑物、构筑物进行修饰，使之美观或具有特定用途的工程作业。

(5) 其他工程作业是指上列工程作业以外的各种工程作业，如代办电信工程、水利工程、道路修建、疏浚、钻井（打井）、拆除建筑物或构筑物、平整土地、搭脚手架、爆破等工程作业。

(6) 油气田下设的非独立核算单位，为本油气田提供油气勘探开发劳务，不征收营业税；下设的独立核算单位，为本油气田提供油气勘探开发劳务，应当征收营业税。油气田下设的非独立核算单位，为本油气田提供油气勘探开发劳务以外的其他劳务，以及对外提供劳务（包括油气勘探开发劳务在内，下同）或向本油气田下设独立核算单位提供劳务，凡属营业税应税劳务并向对方收取货币、货物或其他经济利益的，均应当征收营业税。

（三）金融保险业

金融保险业是指经营金融、保险的业务，包括金融业和保险业。

（1）金融业是指经营货币资金融通活动的业务，包括贷款、融资租赁、金融商品转让、金融经纪业和其他金融业务。金融商品转让，是指转让外汇、有价证券或非货物期货的所有权的行为，具体包括股票转让、债券转让、外汇转让、其他金融商品转让等。金融经纪业务和其他金融业务，是指受托代他人经营金融活动的中间业务，如委托业务、代理业务、咨询业务等。

对金融机构当期实际收到的结算罚款、罚息、加息等收入，应当并入营业额中征收营业税。对金融机构办理贴现、押汇业务按“其他金融业务”征收营业税。金融机构从事再贴现、转贴现业务取得的收入，属于金融机构往来，暂不征收营业税。

金融机构在提供金融劳务的同时，销售账单凭证、支票等属于应征收营业税的混合销售行为，应将此项销售收入并入营业额中征收营业税。金融机构提供金融保险业劳务时代收的邮电费也应并入营业额中征收营业税。

对经对外贸易经济合作部批准的经营融资租赁业务的外商投资企业和外国企业开发的融资租赁业务，也按金融业征收营业税。

（2）保险业，是指将通过契约形式集中起来的资金，用以补偿被保险人的经济利益的业务。

（3）我国境内外资金融机构从事离岸银行业务，属于在我国境内提供的劳务，征收营业税。

（4）对农村合作基金会收取的资金占用费按“金融保险业”征收营业税。

（5）住房资金管理中心将所管理的职工住房公积金、售房资金及其他住房资金，通过金融机构贷与他人使用取得的贷款利息收入，属于“金融保险业”的征税范围。

（四）邮电通信业

邮电通信业，是指专门办理信息传递的业务，包括邮政和电信。

1. 邮政

邮政是指传递实物信息的业务，包括传递函件或包件、邮汇、报刊发行、邮务物品销售、邮政储蓄及其他邮政业务。

2. 电信

电信是指用各种电传设备传输电信号来传递信息的业务，包括电报、电传、电话、电话机安装、电信物品销售及其他电信业务。

（五）文化体育业

文化体育业是指经营文化、体育活动的业务，具体包括文化业和体育业。

1. 文化业

文化业是指经营文化活动的业务，包括表演、播映、其他文化业。表演是指进行戏剧、歌舞、时装、健美、杂技、民间艺术、武术、体育等表演活动的业务。播映是指通过电台、电视台、音响系统、闭路电视、卫星通信等无线或有线装置传播作品以及在电影院、影剧院、有线电视付费频道、录像厅及其他场所放映各种节目的业务。广告的播映不按本税目征税，按“服务业—广告业”征税。经营游览场所的业务，比照文化业征税。

2. 体育业

体育业是指举办各种体育比赛和为体育比赛或体育活动提供场所的业务。以租赁方式为文化活动、体育比赛提供场所，不按本税目征税，而按服务业中的租赁业征税。

（六）娱乐业

娱乐业是指为娱乐活动提供场所和服务的业务。本税目征收范围包括：经营歌厅、舞厅、卡拉 OK 歌舞厅、音乐茶座、台球、高尔夫球、保龄球场、游艺场等娱乐场所，以及娱乐场所为顾客进行娱乐活动提供服务的业务。

（七）服务业

服务业是指利用设备、工具、场所、信息或技能为社会提供服务的业务。

本税目的征收范围包括：代理业、旅店业、饮食业、旅游业、仓储业、租赁业、广告业、其他服务业。

1. 代理业

（1）代理业是指代委托人办理受托事项的业务，包括代购代销货物、代办进出口、介绍服务，其他代理服务。

（2）代购代销货物是指受托购买货物或销售货物，按实购或实销额进行结算并收取手续费的业务。

（3）代办进出口是指受托办理商品或劳务进出口的业务。

（4）介绍服务是指中介人介绍双方商谈交易或其他事项的业务。

（5）其他代理服务是指受托办理上列事项以外的其他事项的业务。

（6）邮政部门的报刊发行业务，不按本税目征税。

(7) 外事服务单位为外国常驻机构、三资企业和其他企业提供人力资源服务，属于代理业。

(8) 服务性单位从事的是餐饮中介服务，应按“代理业征收营业税。

2. 旅店业

旅店业，是指提供住宿服务的业务。

3. 饮食业

饮食业，是指通过同时提供饮食和饮食场所的方式为顾客提供饮食消费服务的业务。饭馆、餐厅及其他饮食服务场所，为顾客在就餐的同时进行的自娱自乐形式的歌舞活动所提供的服务，按“娱乐业”税目征税。

4. 旅游业

旅游业，是指为旅游者安排食宿、交通工具和提供导游等旅游服务的业务。

5. 仓储业

仓储业，是指利用仓库、货场或其他场所代客贮放、保管货物的业务。

6. 租赁业

租赁业，是指在约定的时间内将场地、房屋、物品、设备或设施等转让他人使用的业务。

7. 广告业

广告业，是指利用图书、报纸、杂志、广播、电视、电影、幻灯、路牌、招贴、橱窗、霓虹灯、灯箱等形式为介绍商品、经营服务项目、文体节目或通告，声明等事项进行宣传和提供相关服务的业务。

8. 其他服务业

(1) 自 2002 年 1 月 1 日起执行，福利彩票机构发行销售福利彩票取得的收入不征收营业税。对福利彩票机构以外的代销单位销售福利彩票取得的手续费收入应按规定征收营业税。

(2) 双方签订承包、租赁合同（协议，下同)，将企业或企业部分资产出包、租赁，出包、出租者向承包、承租方收取的承包费、租赁费（承租费，下同）按“服务业”税目征收营业税。出包方收取的承包费凡同时符合以下三个条件的，属于企业内部分配行为不征收营业税：

① 承包方以出包方名义对外经营，由出包方承担相关的法律责任；

② 承包方的经营收支全部纳入出包方的财务会计核算；

③ 出包方与承包方的利益分配是以出包方的利润为基础。

(3) 单位和个人在旅游景点经营索道取得的收入按“服务业”税目中的“旅游业”项目征收营业税。

(4) 公用电话无论采取哪种经营形式，对邮电部门取得的话费、管理费收入，均依全额按“邮电通信业”税目征收营业税。

(5) 对动物检疫站对宰杀后的动物肉品进行检验鉴定而收取的检疫费应当征收营业税。

(八) 转让无形资产

转让无形资产是指转让无形资产的所有权或使用权的行为。

(1) 以无形资产投资入股，与投资方不共同承担风险，收取固定利润的行为，应区别以下两种情况征收营业税：以不动产、土地使用权投资入股，收取固定利润的，属于将场地、房屋等转让他人使用的业务，应按“服务业”税目中“租赁业”项目征收营业税；以商标权、专利权、非专利技术、著作权、商誉等投资入股，收取固定利润的，属于转让无形资产使用权的行为，应按“转让无形资产”税目征收营业税。

(2) 以无形资产投资入股，参与接受投资方的利润分配、共同承担投资风险的行为，不征收营业税。在投资后转让其股权的也不征收营业税。

(3) 单位和个人将其拥有的人工用材林使用权转让给其他单位和个人并取得货币、货物或其他经济利益的行为，应按“转让无形资产”税目中“转让土地使用权”项目征收营业税。如果转让的人工用材林是转让给农业生产者用于农业生产的，可免征营业税。

(九) 销售不动产

(1) 销售不动产是指有偿转让建筑物、构造物和其他土地附着物的所有权的行为。以转让有限产权或永久使用权方式销售建筑物，视同销售建筑物。在销售不动产时连同不动产所占土地的使用权一并转让的行为，视同销售不动产征收营业税。

(2) 单位将不动产无偿赠与他人，视同销售不动产。对个人无偿赠送不动产的行为，不征收营业税。纳税人自建住房销售给本单位职工，属于销售不动产行为，应照章征收营业税。

(3) 以不动产投资入股，参与接受投资方利润分配，共同承担投资风险的行为，不征营业税。在投资后转让该项股权的，也不征收营业税。

二、税率

营业税对不同的行业采用不同的比例税率，具体可以分为以下三类：

(1) 交通运输业、建筑业、邮电通信业、文化体育业，税率为3%；

(2) 金融保险业、服务业、转让无形资产、销售不动产，税率为5%；

（3）娱乐业实行5% ~20%的税率，具体适用的税率，由各省、自治区、直辖市人民政府根据当地的实际情况在此幅度内决定。从2001年5月1日起，对夜总会、歌厅、舞厅、射击、狩猎、跑马、高尔夫球、游艺、电子游戏厅等娱乐场所，一律实行20%的税率。从2004年7月1日起，台球、保龄球场减按5%的税率征收营业税。

第四节 计税依据

一、计税依据的一般规定

营业税的计税依据是营业额，营业额为纳税人提供应税劳务、转让无形资产或销售不动产向对方收取的全部价款和价外费用。价外费用包括向对方收取的手续费、基金、集资款、代收款项、代垫款项及其他各种性质的价外费用。但不包括同时符合以下条件的代为收取的政府性基金或者行政事业性收费：第一，由国务院或者财政部批准设立的政府性基金，由国务院或者省级人民政府及其财政、价格主管部门批准设立的行政事业性收费；第二，收取时开具省级以上财政部门印制的财政票据；第三，所收款项全额上缴财政。需要强调的是，只有同时符合上述三个条件的代收政府性基金或者行政事业性收费，才可以不作为营业税计税依据，除此以外的任何代收项目的代收费用都应申报缴纳营业税。

二、计税依据的具体规定

（一）交通运输业

（1）纳税人的营业额为纳税人提供应税劳务向对方收取的全部价款和价外费用。凡属价外费用，无论会计制度规定如何核算，均应并入营业额计算应纳税额。

（2）企业运输自中华人民共和国境内的旅客或货物出境，在境外改由其他运输企业承运旅客或货物，以全程运费减去付给该承运企业的运费后的余额为营业额。

（3）运输企业从事联运业务的，以其实际取得的收入为营业额，即运输企业开展联运业务时，以收到的收入扣除支付给以后的承运者的运费、装卸费、换装费等费用后的余额为营业额。

（4）对航空运输企业从事包机业务向包机公司收取的包机费，按“交通运输业”税目征收营业税；对包机公司向旅客或货主收取的运营收入，应按服务业中的代理业项目征收营业税，其营业额为向旅客或货主收取的全部价款和价外费用减除支付给航空运输企业的包机费后的余额。

(5) 经地方税务机关批准使用运输企业发票，按“交通运输业”税目征收营业税的单位将承担的运输业务分给其他运输企业并由其统一收取价款的，以其取得的全部收入减去支付给其他运输企业的运费后的余额为营业额。

(二) 建筑业

(1) 纳税人从事建筑、修缮、装饰工程作业，无论与对方如何结算，其营业额均应包括工程所用原材料及其他物资和动力的全部价款。纳税人从事安装工程作业，凡所安装的设备的价值作为安装工程产值的，其营业额应包括设备价款在内。

(2) 建筑业的总承包人将工程分包或转包给他人的，以工程的全部承包额减去付给分包人或者转包人的价款后的余额为营业额。工程承包公司承包建筑安装工程业务，即工程承包公司与建设单位签订承包合同的建筑安装工程业务，无论其是否参与施工，均应按“建筑业”税目征收营业税。

(3) 纳税人采用清包工形式提供的装饰劳务，按照其向客户实际收取的人工费、管理费和辅助材料费等收入（不含客户自行采购的材料价款和设备价款）确认计税营业额。

(4) 境外单位或者个人在境内发生应税行为而在境内未设有经营机构的，其应缴税款以代理者为扣缴义务人；没有代理人的，以受让者或购买者为扣缴义务人。

(5) 纳税人自建自用的房屋不纳税，纳税人将自建房屋对外出售，其行为应先按“建筑业”缴纳营业税，再按“销售不动产”缴纳营业税。

(6) 有线电视安装费，是指有线电视台为用户安装有线电视接受装置，一次性向用户收取的安装费，也称之为“初装费”。对有线电视安装费，应按“建筑业”税目征税。

(三) 金融保险业

1. 一般贷款业务的营业额为贷款利息收入，包括基准利率计算的利息和加息。

2. 汇转贷业务营业额包括：

(1) 中国银行系统从事的外汇转贷业务，如上级行借入外汇资金后转给下级行贷给国内用户的，在下级行以其向借款方收取的全部利息收入全额为营业额（包括基准利率计算的利息和加息）。在借入外汇的上级行，以贷款利息收入和其他应纳营业税的收入减去支付给境外的借款利息支出后的余额为营业额。

（2）其他银行从事的外汇转贷业务，如上级行借入外汇资金后转给下级行贷给国内用户的，在下级行以其向借款方收取的全部利息收入减去上级行核定的借款利息支出额后的余额为营业额。

（3）经中国人民银行、商务部等批准经营融资租赁业务的单位，融资租赁以其向承租者收取的全部价款和价外费用（包括残值）减去出租方承担的出租货物的实际成本后的余额，以直线法折算出本期的营业额。

本期营业额＝（应收取的全部价款和价外费用－实际成本）×（本期天数/总天数）

实际成本＝货物购入原价＋关税＋增值税＋消费税＋运杂费＋安装费＋保险费＋支付给境外的外汇借款利息支出和人民币借款利息

3. 金融经纪业务和其他金融业务（中间业务）营业额为手续费（佣金）类的全部收入，包括价外收取的代垫、代收代付费用（如邮电费、工本费）及加价等，而且不得从中作任何扣除。

4. 金融企业从事股票、债券买卖业务，以股票、债券的卖出价减去买入价后的余额为营业额。

5. 保险业务营业额包括：

（1）初保业务。初保业务的营业额为纳税人经营保险业务向对方收取的全部价款，即向被保险人收取的全部保险费。

（2）储金业务。储金业务是指以被保险人所交保险资金的利息收入作为保费收入，保险期满后将保险资金本金返还被保险人的保险业务。保险公司如采用收取储金方式取得经济利益的，其储金业务的营业额，为纳税人在纳税期内的储金平均余额乘以中国人民银行公布的一年期存款的月利率。储金平均余额为纳税期期初储金余额与期末余额之和乘以50%。

（3）保险企业已征收过营业税的应收未收保费，凡在财务会计制度规定的核算期限内未收回的，允许从营业额中减除。在会计核算期限以后收回的已冲减的应收未收保费，再并入当期营业额中。

（4）保险企业取得的追偿款不征收营业税。

（5）保险企业开展无赔偿奖励业务的，以向投保人实际收取的保费为营业额。

（6）中华人民共和国境内的保险人将其承保的以境内标的物为保险标的的

保险业务向境外再保险人办理分保的，以全部保费收入减去分保保费后的余额为营业额。

再保险也叫分保险，是指保险人将其承担的保险业务，以承保形式，部分转移给其他保险人。进行再保险，可以分散保险人的风险，有利于其控制损失，稳定经营。在再保险关系中，直接接受保险业务的保险人称为原保险人，也叫初保人；接受分出保险责任的保险人称为再保险接受人，也叫再保险人。

(7) 保险业实行分保险的，初保业务以全部保费收入减去付给分保人的保费后的余额为营业额。

6. 金融保险业以外汇结算营业额的，应将外币折合成人民币后计算营业税。金融业按其收到的外汇的当天或当季末中国人民银行公布的基准汇价折合营业额，保险业按其收到的外汇的当天或当月最后一天中国人民银行公布的基准汇价折合营业额，并计算营业税。纳税人选择何种折合率后，一年之内不得变动。

(四) 邮电通信业

(1) 中国移动通信集团公司通过手机短信公益特服号“8858”为中国儿童少年基金会接受捐款业务，以全部收入减去支付给中国儿童少年基金会的价款后的余额为营业额。

(2) 邮政电信单位与其他单位合作，共同为用户提供邮政电信业务及其他服务并由邮政电信单位统一收取价款的，以全部收入减去支付给合作方价款后的余额为营业额。

(3) 公用电话无论采取哪种经营形式，对邮电部门取得的话费、管理费收入，均依全额按“邮电通信业”税目征收营业税。对代办人取得的劳务费（或手续费等）应按“服务业”税目中的“代理业”项目征收营业税。对兼办人取得的收入也按照“服务业”税目中的“代理业”项目征收营业税，其营业额为向用户收取的全部价款和价外费用减去支付给邮电部门的管理费和电话费的余额。

(五) 文化体育业

单位或个人进行演出，以全部票价收入或者包场收入减去付给提供演出场所的单位、演出公司或者经纪人的费用后的余额为营业额。

(六) 娱乐业

娱乐业的营业额为经营娱乐业向顾客收取的各项费用，包括门票收费、台位费、点歌费、烟酒和饮料收费及经营娱乐业的其他各项收费。

（七）服务业

（1）代理业的营业额为纳税人从事代理业务向委托方实际收取的报酬。

（2）广告代理业的营业额为代理者向委托方收取的全部价款和价外费用减去付给广告发布者的广告发布费后的余额。

（3）物业管理企业代有关部门收取水费、电费、燃（煤）气费、维修基金、房租的行为，属于营业税“服务业”税目中的“代理业”项目，对其从事此项代理业务取得的手续费收入应当征收营业税。

（4）对拍卖行向委托方收取的手续费征收营业税。

（5）企业组织旅游团到中华人民共和国境外旅游，在境外改由其他旅游企业接团的，以全程旅游费减去付给该接团企业的旅游费的余额为营业额。

（6）企业组织旅游团在中国境内旅游的，以收取的全部旅游费减去替旅游者支付给其他单位的房费、餐费、交通、门票或支付给其他接团旅游企业的旅游费后的余额为营业额。

（7）境内单位派出本单位的员工赴境外，为境外企业提供劳务服务，不属于在境内提供应税劳务。对境内企业外派本单位员工赴境外从事劳务服务取得的各项收入，不征营业税。

（8）服务性单位从事餐饮中介服务的营业额为向委托方和餐饮企业实际收取的中介服务费，不包括其代委托方转付的就餐费用。

（9）对律师事务所在办案过程中向委托人收取的一切费用，包括办案费等，无论其收费的名称如何，也不论财务会计如何核算，均应并入营业额中计算应纳税额。

（10）只从事电梯保养和维修的专业公司对安装运行后的电梯进行的保养、维修取得的收入，征收营业税。

（八）销售不动产、转让无形资产

1. 单位和个人销售或转让其购置的不动产或受让的土地使用权，无论该不动产或土地使用权上一环节是否已缴纳营业税，以全部收入减去该不动产或土地使用权的购置或受让原价后的余额为计税营业额。

2. 对于纳税人提供劳务、转让无形资产或销售不动产价格明显偏低而无正当理由的，税务机关按下列顺序核定其营业额：

（1）按纳税人当月提供的同类应税劳务或者销售的同类不动产的平均价格核定。

（2）按纳税人最近时期提供的同类应税劳务或者销售的同类不动产的平均价格核定。

(3) 按公式核定计税价格：

组成计税价格 = 计税营业成本或工程成本 ×（1 + 成本利润率）÷（1 - 营业税税率）

成本利润率由省、自治区、直辖市人民政府所属地方税务机关确定。

(九) 营业额的其他规定

(1) 单位和个人在提供营业税应税劳务、转让无形资产、销售不动产时，如果将价款与折扣额在同一张发票上注明的，以折扣后的价款为营业额；如果将折扣额另开发票的，不论其在财务上如何处理，均不得从营业额中减除。

(2) 单位和个人提供营业税应税劳务、转让无形资产和销售不动产发生退款，凡该项退款已征收过营业税的，允许退还已征税款，也可以从纳税人以后的营业额中减除。

(3) 电信单位销售的各种有价电话卡，由于其计费系统只能按有价电话卡面值出账并按有价电话卡面值确认收入，不能直接在销售发票上注明折扣折让额，以按面值确认的收入减去当期财务会计上体现的销售折扣折让后的余额为营业额。

(4) 单位和个人因财务会计核算办法改变将已缴纳过营业税的预收性质的价款逐期转为营业收入时，允许从营业额中减除。

(5) 劳务公司接受用工单位的委托，为其安排劳动力，凡用工单位将其应支付给劳动力的工资和为劳动力上交的社会保险（包括养老保险金、医疗保险、失业保险、工伤保险等，下同）以及住房公积金统一交给劳务公司代为发放或办理的，以劳务公司从用工单位收取的全部价款减去代收转付给劳动力的工资和为劳动力办理社会保险及住房公积金后的余额为营业额。

(6) 对黄金交易所收取的手续费等收入征收营业税。

(7) 自 2004 年 12 月 1 日起，营业税纳税人购置税控收款机，经主管税务机关审核批准后，可凭购进税控收款机取得的增值税专用发票，按照发票上注明的增值税税额，抵免当期应纳增值税或营业税税额，或者按照购进税控收款机取得的普通发票上注明的价款，依下列公式计算可抵免税额：

可抵免税额 = 价款 ÷（1 + 17%）× 17%

当期应纳税额不足抵免的，未抵免部分可在下期继续抵免。

第五节　应纳税额的计算

纳税人提供应税劳务、转让无形资产或者销售不动产，按营业额和规定的税率计算应纳税额。应纳税额计算公式为：

应纳税额 = 营业额 × 税率

应纳税额按人民币计算。纳税人按外汇结算营业额的，应折合成人民币计算应纳税额。其折合人民币的折合率，可以选择营业额发生的当天的国家外汇牌价（原则为中间价），或者当月 1 日的国家外汇牌价，金融企业按其收到外汇当天或当季末中国人民银行公布的基准汇价折算，保险企业按其收到外汇当天或当月末中国人民银行公布的基准汇价折算。纳税人应在事先确定选择采用何种折合率，确定后一年内不得变更。

【例题 4－1】某旅游公司组织 80 人去某地旅游，向每人收取费用 3 000 元，在旅游过程中，为每人支付房费 600 元，餐费 500 元，交通费 900 元，门票等费用 250 元。

要求：计算营业税应纳税额。

解：应纳税额 =（3 000 − 600 − 500 − 900 − 250）× 5% × 80 = 3 000（元）

【例题 4－2】① 某温泉度假酒店是一家集餐饮、住宿和娱乐为一体的综合性餐饮企业，酒店设有餐饮部、客房部、娱乐部等经营部门，各经营部门业务实行独立核算。2008 年 6 月酒店取得以下收入：

（1）餐饮收入 150 万元。

（2）住宿收入 86 万元。

（3）出租商业用房租金收入 9 万元。

（4）卡拉 OK 门票收入 17 万元、点歌费收入 6 万元、台位费收入 23 万元、烟酒和饮料费收入 71 万元。

已知：服务业适用的营业税税率为 5%，娱乐业适用的营业税税率为 20%.

要求：

（1）计算该酒店当月餐饮收入应缴纳的营业税税额。

（2）计算该酒店当月住宿收入应缴纳的营业税税额。

---

① 此例题为 2009 年会计职称考试《经济法基础》试题。

(3) 计算该酒店当月租金收入应缴纳的营业税税额。

(4) 计算该酒店当月娱乐收入应缴纳的营业税税额。

解:

(1) 当月餐饮收入应缴纳的营业税 =150 ×5% =7.5 (万元)

(2) 当月住宿收入应缴纳的营业税 =86 ×5% =4.3 (万元)

(3) 当月租金收入应缴纳的营业税 =9 ×5% =0.45 (万元)

(4) 当月娱乐收入应缴纳的营业税 =(17 +6 +23 +71) ×20% =117 ×20% =23.4 (万元)

【例题4 -3】① 甲建筑工程公司2006年1月份承建一项住宅工程，全部工程于2006年12月份竣工并通过验收，取得工程总价款7 860万元。另外，由于工程保质保量提前完工，获得建设单位额外奖励10万元。在施工期间，甲公司将建筑工程的装饰装修部分转包给乙公司来完成，按合同支付给乙公司1 800万元的装饰装修工程款。甲公司承建住宅工程期间，支付工程原料价款3 782万元，支付员工劳动保护费、工资和过节补助费等173万元，建筑储料场、员工宿舍、食堂等临时设施支出28万元，发放优秀员工奖金4万元，支付业务招待费24万元，支出水、电、暖和施工现场管理费64万元。

已知：建筑业适用的营业税税率为5%，甲公司承建住宅工程已预缴营业税273万元。

要求:

(1) 计算甲公司承建住宅工程的营业额。

(2) 计算甲公司承建住宅工程应缴纳的营业税税额。

(3) 计算甲公司应代扣代缴乙公司的营业税税额。

(4) 计算甲公司承建住宅工程应补缴的营业税税额。

解:

(1) 甲公司的营业额 =7 860 +10 -1 800 =6 070 (万元)

根据规定，建筑业的总承包人将工程分包或者转包给他人的，以工程的全部承包额减去付给分包人或者转包人的价款后的余额为营业额。

(2) 甲公司承建住宅工程应缴纳的营业税税额 =6 070 ×5% =303.5 (万元)

(3) 甲公司应代扣代缴乙公司的营业税税额 =1 800 ×5% =90 (万元)

(4) 甲公司承建住宅工程应补缴的营业税税额 =303.5 -273 =30.5 (万元)

---

① 此例题为2007年会计职称考试《经济法基础》试题。

第六节　几种特殊经营行为的税务处理

一、混合销售行为

一项销售行为如果既涉及货物又涉及非应税劳务，为混合销售行为。从事货物的生产、批发或零售的企业、企业性单位及个体经营者的混合销售行为，视为销售货物，应当征收增值税；其他单位和个人的混合销售行为，视为销售非应税劳务，不征收增值税，征收营业税。

纳税人的销售行为是否属于混合销售行为，由国家税务总局所属征收机关确定。

二、兼营不同税目的应税行为

纳税人兼有不同税目应税行为的，应当分别核算不同税目的营业额，按各自的适用税率计算应纳税额；未分别核算营业额的，从高适用税率。

三、兼营应税劳务与货物或非应税劳务

纳税人兼营非应税劳务的，应分别核算货物或应税劳务和非应税劳务的销售额。不分别核算或者不能准确核算的，其非应税劳务应与货物或应税劳务一并征收增值税。纳税人兼营的非应税劳务是否应当一并征收增值税，由国家税务总局所属征收机关确定。

四、营业税与增值税征税范围的划分

营业税与增值税都是流转税，各自征收领域不同，理论上是可以划分清楚的。但在实际操作上存在一些具体区别的问题，对此，我国税法作了一些具体规定。

（一）建筑业征税问题

（1）基本建设单位和从事建筑安装业务的企业附设的工厂、车间生产的水泥预制构件、其他构件或建筑材料，用于本单位或本企业的建筑工程的，应在移送使用时征收增值税。

（2）纳税人从事建筑、修缮、装饰工程作业，无论与对方如何结算，其营业额均应包括工程所用原材料及其他物资和动力的全部价款。

（3）对铁道部建设前期勘测设计工作费，不应征收营业税。

(二) 邮电业务征税问题

(1) 集邮商品的生产、调拨征收增值税。邮政部门销售集邮商品，征收营业税；邮政部门以外的其他单位与个人销售集邮商品，征收增值税。

(2) 邮政部门发行报刊，征收营业税；邮政部门以外的其他单位和个人发行报刊，征收增值税。

(3) 电信单位自己销售无线寻呼机、移动电话，并为客户提供有关的电信劳务服务的，属于混合销售，征收营业税；对单纯销售无线寻呼机、移动电话，不提供有关的电信劳务服务的，征收增值税。

(三) 服务业的征税问题

1. 代购代销业务处理

营业税对代购代销货物征税，不是针对货物有偿转让这个过程的经营业务，而是对代理者为委托方提供的代购或代销货物的劳务行为征税。

代购货物是指受托方按照协议或委托方的要求，从事商品的购买，并按发票的购进价格与委托方结算（原票转交）。受托方为委托方提供劳务而取得的报酬，属于营业税规定要征税的范围。代购货物行为，凡同时具备以下条件的，不征收增值税，征收营业税；不同时具备以下条件的，无论会计制度规定如何核算，均征收增值税：

(1) 受托方不垫付资金；

(2) 销货方将发票开具给委托方，并由受托方将该项发票转交给委托方；

(3) 受托方按销售方实际收取的销售额和增值税额与委托方结算货款，并另外收取手续费。

代销是指受托方按委托方的要求销售委托方的货物，并收取手续费的经营活动。营业税是对受托方提供代销货物业务的劳务所取得的手续费征税。代销货物具有以下三个特点：

(1) 代销的货物，其所有权属于委托方；

(2) 受托方按委托方规定的条件（如价格）出售；

(3) 货物的销售收入为委托方所有，受托方只收取手续费。

2. 随汽车销售提供的汽车按揭服务和代办服务业务征收增值税，单独提供按揭、代办服务业务，并不销售汽车的，应征收营业税。

3. 对黄金交易所收取的手续费等收入征收营业税。

第七节 税收优惠

一、起征点

营业税起征点，是指纳税人营业额合计达到起征点。营业税起征点的适用范围限于个人。营业额达到或超过起征点即照章全额计算纳税，营业额低于起征点则免予征收营业税。税法规定营业税的起征幅度规定如下：

（1）按期纳税的起征点为月营业额1 000元~5 000元；

（2）按次纳税的起征点为每次（日）营业额100元。

各省、自治区、直辖市人民政府所属地方税务机关可以在规定的幅度内，根据当地实际情况确定本地区适用的起征点，并报国家税务总局备案。

二、税收优惠规定

（一）根据《营业税暂行条例》的规定，下列项目免征营业税：

（1）托儿所、幼儿园、养老院、残疾人福利机构提供的育养服务，婚姻介绍，殡葬服务；

（2）残疾人员个人提供的劳务；

（3）医院、诊所和其他医疗机构提供的医疗服务；

（4）学校和其他教育机构提供的教育劳务，学生勤工俭学提供的劳务；

（5）农业机耕、排灌、病虫害防治、植物保护、农牧保险以及相关技术培训业务，家禽、牲畜、水生动物的配种和疾病防治；

（6）纪念馆、博物馆、文化馆、文物保护单位管理机构、美术馆、展览馆、书画院、图书馆举办文化活动的门票收入，宗教场所举办文化、宗教活动的门票收入；

（7）境内保险机构为出口货物提供的保险产品。

除前款规定外，营业税的免税、减税项目只能由国务院规定，任何地区、部门均不得规定免税、减税项目。

（二）根据其他规定，下列项目免征或减征营业税：

1. 金融业

（1）对中国人民银行的贷款业务不征税，中国人民银行的贷款是指中国人民银行对金融机构的贷款业务；中国人民银行对企业贷款或委托金融机构贷款的业务应当征收营业税。

(2) 对金融机构往来业务暂不征收营业税。金融机构往来，是指金融企业联行、金融企业与人民银行及同业之间的资金往来业务。

(3) 货物期货、非金融机构和个人买卖外汇、有价证券或期货，不征收营业税。

(4) 对金融机构的出纳长款收入，不征收营业税。①

2. 保险业

(1) 对保险公司开办的普通人寿保险、养老年金保险、健康保险的具体险种，凡经财政部、国家税务总局审核并列入免税名单的可免征营业税，未列入免税名单的一律征收营业税。

(2) 保险企业取得的追偿款不征收营业税。

(3) 对保险公司新开办的一年期以上（包括一年期，下同）返还本利的普通人寿保险、养老年金保险，以及一年期以上健康保险险种免征营业税。

(4) 中国人民保险公司办理的出口信用保险业务，不作为境内提供保险，为非应税劳务，不征营业税。

3. 转让无形资产

(1) 个人转让著作权，免征营业税。

(2) 将土地使用权转让给农业生产者用于农业生产，免征营业税。

(3) 对单位和个人，包括外商投资企业、外商投资设立的研究开发中心、外国企业和外籍个人，从事技术转让、技术开发业务和与之相关的技术咨询、技术服务业务取得的收入，免征营业税。

(4) 科研机构的技术转让收入继续免征营业税，对高等学校的技术转让收入自 1999 年 5 月 1 日起免征营业税。

(5) 非营利性科研机构从事技术开发、技术转让业务和与之相关的技术咨询、技术服务所得的收入，按有关规定免征营业税和企业所得税。

4. 教育单位的免税规定

(1) 对从事学历教育的学校提供教育劳务取得的收入，免征营业税。

(2) 对学生勤工俭学提供劳务取得的收入，免征营业税。

① 出纳长款，是实际现金比账面多出的款项。出纳人员每天要收付多笔现金，当日结账难免会出现账实不符。现金实存数大于账面数即为长款，现金实存数小于账面数即为短款。根据财政部和国家税务总局《关于转发〈国务院关于调整金融保险业税收政策有关问题的通知〉的通知》的规定，对金融机构的出纳长款收入，不征收营业税。

（3）对政府举办的职业学校设立的主要为在校学生提供实习场所，并由学校出资自办、由学校负责经营管理、经营收入归学校所有的企业，对其从事《营业税暂行条例》“服务业”税目规定的服务项目（广告业、桑拿、按摩、氧吧等除外）取得的收入，免征营业税和企业所得税。

（4）对托儿所、幼儿园提供养育服务取得的收入，免征营业税。

（5）对政府举办的高等、中等和初等学校（不含下属单位）举办进修班、培训班取得的收入，收入全部归学校所有的，免征营业税和企业所得税。

（6）对学校从事技术开发、技术转让业务和与之相关的技术咨询、技术服务业务取得的收入，免征营业税。

（7）对从原高校后勤管理部门剥离出来而成立的进行独立核算并有法人资格的高校后勤经济实体，经营学生公寓和教师公寓及为高校教学提供后勤服务而获得的租金和服务性收入，免征营业税。

5. 医疗卫生机构的税收优惠

对非营利性医疗机构按照国家规定的价格取得的医疗服务收入，免征各项税收。对疾病控制机构和妇幼保健机构等卫生机构按照国家规定的价格取得的卫生服务收入，包括疫苗接种和调拨、销售收入，免征各项税收。

6. 行政事业性收费（基金）的税收优惠

凡经中央及省级财政部门批准纳入预算管理或财政专户管理的行政事业性收费、基金，均不征收营业税。

7. 立法机关、司法机关、行政机关的收费的税收优惠

立法机关、司法机关、行政机关的收费，同时具备下列条件的，不征收营业税：一是国务院、省级人民政府或其所属财政、物价部门以正式文件允许收费，而且收费标准符合文件规定的；二是所收费用由立法机关、司法机关、行政机关自己直接收取的。

8. 对社会团体收取的会费收入的规定

社会团体按财政部门或民政部门规定标准收取的会费，是非应税收入，不属于营业税的征收范围，不征收营业税。

9. 住房租赁市场税收优惠

对按政府规定价格出租的公有住房和廉租住房，包括企业和自收自支事业单位向职工出租的单位自有住房；房管部门向居民出租的公有住房，暂免征收房产税、营业税。对个人按市场价格出租的居民住房，其应缴纳的营业税暂减按3%的税率征收。

10. 个人向他人无偿赠与不动产，包括继承、遗产处分及其他无偿赠与不动

产等三种情况，可以免征营业税。

11. 个人购买住房对外销售的规定

根据《财政部、国家税务总局关于调整房地产营业税有关政策的通知》（财税〔2006〕75号）的规定，2006年6月1日后，个人将购买不足5年的住房对外销售的，全额征收营业税；个人将购买超过5年（含5年）的普通住房对外销售的，免征营业税；个人将购买超过5年（含5年）的非普通住房对外销售的，按其销售收入减去购买房屋的价款后的余额征收营业税。

2008年12月17日，为应对金融危机，国务院出台促进房地产市场健康发展措施，对上述优惠政策进行了调整，具体调整为：自2009年1月1日至12月31日，个人将购买不足2年的非普通住房对外销售的，全额征收营业税；个人将购买超过2年（含2年）的非普通住房或者不足2年的普通住房对外销售的，按照其销售收入减去购买房屋的价款后的差额征收营业税；个人将购买超过2年（含2年）的普通住房对外销售的，免征营业税；个人将购买的普通住房不足2年转让的，按其转让收入减去购买住房原价的差额征收营业税。

2010年1月1日起，2009年的以2年为基础的优惠政策终止，恢复采用之前的以5年为基础的优惠政策。

至于普通住房及非普通住房的划分标准，根据《国务院办公厅转发建设部等部门关于做好稳定住房价格工作意见的通知》（国办发〔2005〕26号）的规定，享受优惠政策的普通住房原则上应同时满足以下条件：住宅小区建筑容积率在1.0以上、单套建筑面积在120平方米以下、实际成交价格低于同级别土地上住房平均交易价格1.2倍以下。各省、自治区、直辖市可根据实际情况，制定本地区享受优惠政策普通住房的具体标准，并允许单套建筑面积和价格标准适当浮动，但向上浮动的比例不得超过上述标准的20%。①

12. 下岗职工从事社区居民服务业享受的税收优惠

下岗职工从事社区居民服务业取得的营业收入，个人自其持下岗证明在当地主管税务机关备案之日起、个体工商户或者下岗职工人数占企业总人数60%以上的企业自其领取税务登记证之日起，3年内免征营业税。

13. 公司从事金融资产处置业务时，出售、转让股权，不征收营业税；出

---

① 例如，根据京建住［2006］267号《关于公布北京市2006年不同级别土地上普通住房平均交易价格的通知》，北京市享受优惠政策普通住房标准应同时满足以下三个条件：住宅小区建筑容积率在1.0（含）以上；单套建筑面积在140（含）平方米以下；实际成交价低于同级别土地上住房平均交易价格1.2倍以下。

售、转让债权或将其持有的债权转为股权，也不征收营业税；销售、转让不动产或土地使用权，按照有关规定，征收营业税。

14. 转让企业产权的税收优惠

转让企业产权的行为不属于营业税征收范围，不应征收营业税。

第八节 征收管理

一、纳税义务发生时间

营业税纳税义务发生时间为纳税人提供应税劳务、转让无形资产或者销售不动产并收讫营业收入款项或者取得索取营业收入款项凭据的当天，国务院财政、税务主管部门另有规定的，从其规定。收讫营业收入款项，是指纳税人应税行为发生过程中或者完成后收取的款项。取得索取营业收入款项凭据的当天，为书面合同确定的付款日期的当天；未签订书面合同或者书面合同未确定付款日期的，为应税行为完成的当天。

二、纳税期限

营业税的纳税期限分别为 5 日、10 日、15 日、1 个月或者 1 个季度。纳税人的具体纳税期限，由主管税务机关根据纳税人应纳税额的大小分别核定；不能按照固定期限纳税的，可以按次纳税。但是，金融业的纳税期限统一规定为 1 个月，保险业的纳税期限统一规定为 1 个季度。以 1 个月或者 1 个季度为一个纳税期的，自期满之日起 15 日内申报纳税；以 5 日、10 日或者 15 日为一个纳税期的，自期满之日起 5 日内预缴税款，于次月 1 日起 15 日内申报纳税并结清上月应纳税款。

三、纳税地点

营业税的纳税地点原则上采取属地征收的方法，具体规定如下：

(1) 纳税人提供应税劳务，应当向应税劳务发生地主管税务机关申报纳税。纳税人从事运输业务，应当向其机构所在地主管税务机关申报纳税。

(2) 纳税人转让土地使用权，应当向土地所在地主管税务机关申报纳税。纳税人转让其他无形资产，应当向其机构所在地主管税务机关申报纳税。

(3) 单位和个人出租土地使用权、不动产的营业税纳税地点为土地、不动产所在地；单位和个人出租物品、设备等动产的营业税纳税地点为出租单位机构所在地或个人居住地。

(4) 纳税人销售不动产，应向不动产所在地主管税务机关申报纳税。

(5) 纳税人承包的工程跨省、自治区、直辖市的，向其机构所在地主管税务机关申报纳税。

(6) 建筑安装工程业务的总承包人，扣缴分包或者转包的非跨省（自治区、直辖市）工程的营业税税款，应当向分包或转包工程的劳务发生地主管税务机关解缴。

(7) 纳税人提供的应税劳务发生在外县（市），应向劳务发生地主管税务机关申报纳税而未申报纳税的，由其机构所在地或者居住地主管税务机关补征税款。

(8) 纳税人在本省，自治区、直辖市范围内发生应税行为，其纳税地点需要调整的，由省、自治区、直辖市人民政府所属税务机关确定。

本章小结

1. 营业税是对在我国境内提供应税劳务、转让无形资产或销售不动产的单位和个人，就其所取得的营业额征收的一种税。营业税属于流转税制中的一个主要税种。

2. 营业税与增值税的区别：(1) 征收范围不同：凡是销售不动产，提供劳务（不包括加工修理修配），转让无形资产的交纳营业税。凡是销售动产，提供加工修理修配劳务的交纳增值税。(2) 计税依据不同：增值税是价外税，营业税是价内税，所以在计算增值税时应当先将含税收入换算成不含税收入，即计算增值税的收入应当为不含税的收入。而营业税则是直接用收入乘以税率即可。

3. 营业税的计税依据是营业额，营业额为纳税人提供应税劳务、转让无形资产或销售不动产向对方收取的全部价款和价外费用。价外费用包括向对方收取的手续费、基金、集资款、代收款项、代垫款项及其他各种性质的价外费用。

4. 纳税人提供应税劳务、转让无形资产或者销售不动产，按营业额和规定的税率计算应纳税额。应纳税额计算公式为：应纳税额 = 营业额 × 税率。

5. 营业税起征点，是指纳税人营业额合计达到起征点。营业税起征点的适用范围限于个人。营业额达到或超过起征点即照章全额计算纳税，营业额低于起征点则免予征收营业税。税法规定营业税的起征幅度规定如下：(1) 按期纳税的起征点为月营业额 1 000 元 ~5 000 元；（2）按次纳税的起征点为每次（日）营业额 100 元。

6. 营业税纳税义务发生时间为纳税人提供应税劳务、转让无形资产或者销售不动产并收讫营业收入款项或者取得索取营业收入款项凭据的当天。国务院财政、税务主管部门另有规定的，从其规定。收讫营业收入款项，是指纳税人应税行为发生过程中或者完成后收取的款项。取得索取营业收入款项凭据的当天，为书面合同确定的付款日期的当天；未签订书面合同或者书面合同未确定付款日期的，为应税行为完成的当天。

7. 营业税的纳税期限分别为 5 日、10 日、15 日、1 个月或者 1 个季度。纳税人的具体纳税期限，由主管税务机关根据纳税人应纳税额的大小分别核定；不能按照固定期限纳税的，可以按次纳税。

思考题

1. 简述营业税的扣缴义务人。
2. 营业税的税率有哪些？
3. 简述营业税的计税依据。
4. 简述现行的个人购买住房对外销售的营业税优惠规定。

第五章

关 税 法

关税法是指国家制定的调整关税征收与缴纳权利义务关系的法律规范。现行关税法律规范以全国人民代表大会于 2000 年 7 月修正颁布的《中华人民共和国海关法》（以下简称《海关法》）为法律依据，以国务院于 2003 年 11 月发布的《中华人民共和国进出口关税条例》（以下简称《关税条例》），以及由国务院关税税则委员会审定并报国务院，作为条例组成部分的《中华人民共和国海关进出口税则》和《中华人民共和国海关入境旅客行李物品和个人邮递物品征收进口税办法》为基本法规，由负责关税政策制定和征收管理的主管部门依据基本法规拟定的管理办法和实施细则为主要内容。

第一节 关税概述

一、关税的概念

关税是对进出关境或国境的货物和物品征收的一种税。关境是指全面实施统一海关法令的境域。国境是指一个主权国家的领土范围。一般情况下，一个国家的关境与国境领域范围是统一的，但两者也有不一致的时候。当存在关税同盟国的时候，几个国家组成共同关境，实施统一的关税法和共同对外税则时，由于同盟国之间彼此货物进出国境不征关税，仅对来自或运往非同盟国的货物进出共同关境才征收关税，这时关境就大于其成员国的各自国境；而当一国的国境内设有自由港或自由贸易区时，虽然它们处于其国境内，但从课税的角度考察，由于进出自由港或自由贸易区的货物依法免于征税，这时，其关境就小于国境。我国实行改革开放以后，1987 年的《海关法》中第一次使用关境的概念。在 1997 年 7

月1日香港回归和1999年12月20日澳门回归后，由于它们继续保持自由港的地位，因而我国的国境大于关境。

二、关税的起源与发展

早期关税的界定，英语中有两个专用名词，即“Customs”和“Tariff”。“Customs”一词原意为习惯、惯例、例行。据《大英百科全书》的解释，古时欧洲商人进入市场交易时要向当地领主交纳一种例行的、常规的入市税（Customary Tolls），其后 Customs 就成了关税的专用名词。这个词有“通行费”或“通行税”的含义。“Tariff”一词原为地名，据说在古代地中海西口，距直布罗陀21英里处，有一个海盗盘踞的港口叫塔利法（Tariffa），那些因往返贸易而进出地中海的商船为了避免被抢劫，不得不向塔利法港口的海盗们缴纳一笔价值可观的买路费。此后“Tariff”就成为关税的另一通用名称了。这里也有“通行费”的含义。

英国17世纪的古典政治经济学家威廉·配第在其代表作《赋税论》中也指出，“关税是对输入或输出君主领土的货物所课征的一种捐税”，“关税最初是为了保护进出口的货物免遭海盗劫掠而送给君主的报酬”。[①] 由此可见，西方国家的关税起源，其最直接的动因就是增加君主的收入，并随着国家形态的成熟和扩大，财政需求日趋迫切，其保护费、买路钱、通行费、使用费等便应运而生，但本质上仍然是一种通过税，这就是西方关税起源的基本轨迹。

我国关税的起源要比西方国家早五六百年，而且形式也比较独特，其基本特征就是与早期的关卡有关。我国早期关卡属于“国家”之间的防御体系，政治军事功能第一。设立关卡的目的只是稽查过往货物有无违禁品，过境而不征税。其后，随着社会经济的发展，关卡开始延伸出财政功能。因此，我国早期的关税实际上也是一种通过税，关卡是公共权力的施政部门，同时也是国家课征关税的权力机关。

从关税的历史发展过程来看，关税的发展可以划分为三个阶段：

（一）使用费时代

因为使用了桥梁、港口等设施，货物和商人受到了保护，向领主缴纳费作为补偿，这是关税的起源时期。

（二）国内关税时代

关税在这个时期逐渐失去其原有的规费性质，封建领主在各自地盘征税，除

① ［英］威廉·配第．赋税论．邱霞，原磊，译．北京：华夏出版社，2006：65.

了具有使用费的意义外，也具有税收的某些特征。

（三）国境或关境关税时代

近代国家出现后，不再征收内地关税，逐渐演变为以进出国境或关境的货物为征税对象。

三、关税的特点

关税除了具有一般税收的特征以外，还具有以下特点：

（一）征收对象的特定性

关税的征收对象是进出境的货物和物品，不进出关境的不征关税。就此而言，关税不同于因商品交换或提供劳务取得收入而课征的流转税，也不同于因取得所得或拥有财产而课征的所得税或财产税。

（二）征收环节的单一性

与增值税的环环征税不同，关税只是在进口或者出口的单一环节征收，此后，货物就可在整个关境内流通，不再另行征收关税。

（三）征收目的的调节性

国家征收关税不单纯是为了满足政府财政上的需要，更重要的是利用关税来调节经济，实现国家的宏观经济目标。在我国现阶段，关税被用来争取实现平等互利的对外贸易，保护并促进国内工农业生产发展，为社会主义市场经济服务。比如，当贸易逆差过大时，通过提高关税或征收进口附加税，以限制商品进口，缩小贸易逆差；当贸易顺差过大时，通过减免关税，缩小贸易顺差，以减缓与有关国家的贸易摩擦。

四、关税的分类

（一）按征税目的分类

按征税的目的不同，关税可以分为财政关税和保护性关税。

1. 财政关税

财政关税是以增加财政收入为主要目的的关税。其基本特征是对进口产品与本国同类产品征同样的税，或者征收的关税既不引导本国生产该种产品，也不引导生产能转移该种产品需求的代用品。

2. 保护性关税

保护性关税是为保护本国工农业生产而征收的关税。保护关税政策始于重商主义。现代各国关税保护的重点则有所不同，发达国家所要保护的通常是国际间竞争性很强的商品，发展中国家则重在保护本国幼稚工业的发展。

（二）按征税对象分类

按征税对象，可将关税分为进口关税、出口关税和过境关税。

1. 进口关税

进口关税是对国外转入本国的货物所征收的一种关税，一般是在货物进入国境（关境）时征收，或在货物从海关保税仓库转出，投入国内市场时征收。进口关税是当前世界各国征关税的最主要的一种，在许多国家已不征出口关税与过境关税的情况下，它成为惟一的关税。

2. 出口关税

出口关税是对本国出口货物在运出国境时征收的一种关税。由于征收出口关税会增加出口货物的成本，不利于本国货物在国际市场的竞争，目前西方发达国家都取消了出口税。目前还在征收出口关税的主要是发展中国家，其目的是取得财政收入及调节市场供求关系。我国目前对少数货物还征收出口关税。

3. 过境关税

过境关税是对外国经过一国国境（关境）、运往另一国的货物所征收的关税。由于过境货物对本国工农业生产和市场不产生影响，而且还可以从交通运输、港口使用、仓储保管等方面获得收入，因而目前绝大多数国家都不征过境关税。

（三）按征税标准分类

按征税标准，可将关税分为从价关税、从量关税、复合关税和选择性关税。

1. 从价关税

以货物的价格作为征税标准而征收的税称为从价关税。从价关税的税率表现为货物价格的百分值。经海关审定作为计征关税依据的价格称为完税价格。目前多数国家以到岸价格作为完税价格。以完税价格乘以税则中规定的税率，就可得出应纳的税额。从价关税的优点是税负较为合理，关税收入随货物价格的升降而增减，其不足之处是完税价格必须严格审定，征税手续比较复杂。从价关税是关税的主要征收形式。

2. 从量关税

按货物的计量单位（重量、长度、面积、容积、数量等）作为征税标准，以每一计量单位应纳的关税金额作为税率，称为从量关税。从量关税的优点是无须审定货物的价格、品质、规格，计税简便，对廉价进口商品有较强的抑制作用。其缺点是对同一税目的商品，在规格、质量、价格相差较大的情况下，按同一定额税率计征，税额不够合理，且在物价变动的情况下，税收的收入不能随之增减。

3. 复合关税

复合税又称混合关税，指在税则的同一税目中，订有从价和从量两种税率，征税时或以从价税为主，加征从量税；或以从量税为主，加征从价税。计征手续较为繁琐，但在物价波动时，可以减少对财政收入的影响。

4. 选择性关税

在税则的同一税目中，有从价和从量两种税率，征税时由海关选择其中一种计征的称为选择性关税。选择性关税的基本原则是，在物价上涨时，使用从价税；在物价下跌时，使用从量税。选择性关税不仅能保证国家的财政收入，还可较好地发挥保护本国产业的作用。但由于选择性关税通常是就高不就低，征税标准不确定，海关计税手续繁杂，而且纳税人也不能预知缴纳多少税额，容易与海关发生摩擦，所以选择性关税往往不利于国际贸易的顺利进行。

(四) 按征税性质分类

按征税性质，关税可分为普通关税、优惠关税和加重关税三种，它们主要适用于进口关税。

1. 普通关税

普通关税又称一般关税，是对与本国没有签署贸易或经济互惠等友好协定的国家原产的货物征收的非优惠性关税。普通关税与优惠关税的税率差别一般较大。

2. 优惠关税

优惠关税一般是互惠性的，即优惠协定的双方互相给对方优惠关税待遇，但也有单向优惠关税，即只对受惠国给予优惠待遇，而没有反向优惠。优惠关税一般有互惠关税、特惠关税、普惠制关税和最惠国关税四种。

(1) 互惠关税，是指两国间相互给予对方比其他国家优惠的税率的一种协定关税。其目的在于发展双方之间的贸易关税，促进双方国家工农业生产的发展。

(2) 特惠关税是特定优惠关税的简称，指某一国家对另一国家或某些国家对另外一些国家的某些方面予以特定优惠关税待遇，而他国不得享受的一种关税制度。特惠关税实际上是殖民主义的产物，最早始于宗主国与殖民地附属国之间的贸易交往中，具有排他性，因此税率低于协定优惠关税税率。

(3) 普惠制关税是普遍优惠制关税的简称，是指发达国家对从发展中国家或地区输入的产品，特别是制成品和半制成品普遍给予的优惠关税待遇。普惠制关税是广大发展中国家长期斗争的结果，它对打破发达国家的关税壁垒，扩大发展中国家货物进入给惠国市场，推动本国经济的发展有积极意义。普惠制关税应该是单向的、非互惠的，即经济发达国家应单方面给予发展中国家关税上的优惠，而不应要求发展中国家给予同等的优惠待遇。① 但在实施中，发达国家为了自身的经济利益对普惠制设置了种种障碍和限制。

（4）最惠国关税，最惠国关税是国际贸易协定中最惠国待遇在关税领域中的重要体现。最惠国待遇是指缔约国双方相互间现在和将来所给予任何第三国的优惠待遇，同样适用于对方。最惠国待遇最初只限于关税待遇，随后范围日益扩大，目前已适用于通商及航海的各个方面，如配额、航运、港口使用、仓储、移民、投资、专利权等。需要特别说明的是，最惠国关税往往不是最优惠的关税待遇，它只是一种非歧视性的关税待遇，并不需给予特别的关税照顾或优待，在最惠国待遇的优惠税率之外还有更低的优惠税率。

3. 加重关税

加重关税，又称歧视性关税，是指对某些输出国、生产国的进口货物，基于保护国内经济及报复出口国等原因，使用比正常税率较高的税率所征收的关税。加重关税主要包括反倾销与反补贴关税、报复性关税及保障性关税等。

（1）反倾销税与反补贴税。反倾销税与反补贴税是指进口国海关对外国的倾销商品，在征收关税的同时附加征收的一种特别关税，其目的在于抵消他国补贴。根据《中华人民共和国反倾销条例》和《中华人民共和国反补贴条例》规定，进口产品经初裁确定倾销或者补贴成立，并由此对国内产业造成损害的，可以采取临时反倾销或反补贴措施，实施期限为自决定公告规定实施之日起，不超过4个月。采取临时反补贴措施在特殊情形下，可以延长至9个月。经终裁确定倾销或者补贴成立，并由此对国内产业造成损害的，可以征收反倾销税和反补贴税，征收期限一般不超过5年，但经复审确定终止征收反倾销税或反补贴税，有可能导致倾销或补贴以及损害的继续或再度发生的，征收期限可以适当延长。

（2）报复性关税。报复性关税是指为报复他国对本国出口货物的关税歧视，而对相关国家的进口货物征收的一种进口附加税。任何国家或者地区对其进口的原产于我国的货物征收歧视性关税或者给予其他歧视性待遇的，我国对原产于该国家或者地区的进口货物都可以征收报复性关税。

（3）保障性关税。当某类商品进口量剧增，对我国相关产业带来巨大威胁或损害时，按照WTO有关规则，可以启动一般保障措施，即在与有实质利益的国家或地区进行磋商后，在一定时期内提高该项商品的进口关税或采取数量限制

① 余劲松，吴志攀．国际经济法．2版．北京：北京大学出版社，高等教育出版社，2005：198.

措施，以保护国内相关产业不受损害。根据《中华人民共和国保障措施条例》的规定，有明确证据表明进口产品数量增加，在不采取临时保障措施将对国内产业造成难以补救的损害的紧急情况下，可以作出初裁决定，并采取临时保障措施。临时保障措施采取提高关税的形式。终裁决定确定进口产品数量增加，并由此对国内产业造成损害的，可以采取保障措施。保障措施可以提高关税、数量限制等形式，针对正在进口的产品实施，不区分产品来源国家或地区。

五、关税的征税对象及纳税义务人

（一）征税对象

关税的征税对象是准许进出境的货物和物品。货物是指贸易性商品；物品指入境旅客随身携带的行李物品、个人邮递物品、各种运输工具上的服务人员携带进口的自用物品、馈赠物品以及其他方式进境的个人物品。

（二）纳税义务人

进口货物的收货人、出口货物的发货人、进出境物品的所有人，是关税的纳税义务人。进出口货物的收、发货人是依法取得对外贸易经营权，并进口或者出口货物的法人或者其他社会团体。进出境物品的所有人包括该物品的所有人和推定为所有人的人。一般情况下，对于携带进境的物品，推定其携带人为所有人；对分离运输的行李，推定相应的进出境旅客为所有人；对以邮递方式进境的物品，推定其收件人为所有人；以邮递或其他运输方式出境的物品，推定其寄件人或托运人为所有人。

第二节　关税完税价格

目前，世界各国海关大多采用以课税对象的价格（或价值）为课税标准对进出境货物征收关税。经海关审核的价格称为海关价格。在将海关价格作为课税标准，凭以计征关税时，海关价格称为完税价格。

一、一般进口货物的完税价格

根据《海关法》的规定，一般进出口货物的完税价格的确定有两种方法：一是由海关以货物的成交价格为基础审查确定，简称为审定价格；二是当成交价格不能确定时，由海关依法估定，简称为估定价格。

(一) 海关审定的完税价格

2006 年 5 月 1 日实施的《中华人民共和国海关审定进出口货物完税价格办法》(以下简称《完税价格办法》) 中规定，进口货物的完税价格由海关以货物的成交价格为基础审查确定并应当包括该货物运抵中华人民共和国境内输入地点起卸前的运输及其相关费用、保险费。进口货物的成交价格，是指卖方向中华人民共和国境内销售该货物时，买方为进口该货物向卖方实付、应付的并按照规定调整后的价款总额，包括直接支付的价款和间接支付的价款。

1. 对进口货物成交价格的要求

(1) 买方对进口货物的处置或使用不受限制，但国内法律、行政法规规定的限制和对货物转售地域的限制，以及对货物价格无实质影响的限制除外;

(2) 货物的价格不得受到使该货物成交价格无法确定的条件或因素的影响;

(3) 卖方不得直接或间接获得因买方转售、处置或使用进口货物而产生的任何收益，除非能够按照《完税价格办法》有关规定作出调整;

(4) 买卖双方之间没有特殊关系，如果有特殊关系，应当符合《完税价格办法》的有关规定。

2. 对进口货物成交价格的调整

(1) 如下列费用或者价值未包括在进口货物的实付或者应付价格中，应当计入完税价格:

① 由买方负担的除购货佣金以外的佣金和经纪费。"购货佣金" 指买方为购买进口货物向自己的采购代理人支付的劳务费用。"经纪费" 指买方为购买进口货物向代表买卖双方利益的经纪人支付的劳务费用。

② 由买方负担的与该货物视为一体的容器费用。

③ 由买方负担的包装材料和包装劳务费用。

④ 与该货物的生产和向中华人民共和国境内销售有关的，由买方以免费或者以低于成本的方式提供并可以按适当比例分摊的料件、工具、模具、消耗材料及类似货物的价款，以及在境外开发、设计等相关服务的费用。

⑤ 与该货物有关并作为卖方向我国销售该货物的一项条件，应当由买方直接或间接支付的特许权使用费。"特许权使用费" 指买方为获得与进口货物相关的、受著作权保护的作品、专利、商标、专有技术和其他权利的使用许可而支付的费用。但是在估定完税价格时，进口货物在境内的复制权费不得计入该货物的实付或应付价格之中。

⑥ 卖方直接或间接从买方对该货物进口后转售、处置或使用所得中获得的收益。

上列所述的费用或价值，应当由进口货物的收货人向海关提供客观量化的数据资料。如界没有客观量化的数据资料，完税价格由海关按《完税价格办法》规定的方法进行估定。

(2) 下列费用，如能与该货物实付或者应付价格区分，不得计入完税价格：

① 厂房、机械、设备等货物进口后的基建、安装、装配、维修和技术服务的费用；

② 货物运抵境内输入地点之后的运输费用、保险费和其他相关费用；

③ 进口关税及其他国内税收。

(二) 海关估定的完税价格

并不是所有进口货物都有实际成交价格的，例如，以寄售、租赁等方式出口到进口国的货物，在进口时就难以确定其实际成交价格。对于进口货物的成交价格不符合规定条件的，或者成交价格不能确定的，在客观上无法采用货物的实际成交价格时，海关经了解有关情况，并与纳税义务人进行价格磋商后，应当依次以相同货物成交价格方法、类似货物成交价格方法、倒扣价格方法、计算价格方法及其他合理方法确定的价格为基础，估定完税价格。

1. 相同或类似货物成交价格方法

这种方法下的成交价格是指以与被估的进口货物同时或大约同时进口的相同或类似货物的成交价格。所谓相同货物，主要指货物的物理特性、质量及产品声誉等方面的相同。采用这种比照价格时，相同货物必须已经在被估价货物进口同时或大约同时向进口国进口时，这时的“同时”是指在海关接受被估货物申报进口之日的前后各45天以内。若有好几批相同货物完全符合条件，应采用其中最低的价格。另外，相同货物与被估货物在商业水平、数量、运输方式、运输距离等贸易上的差别也要作调整。所谓类似货物，是指与被估货物在同一国生产制造，虽然不是在所有方面都相同，但具有相似特征和相似组成材料，从而能起到同样作用，而且在商业上可以互换的货物。选择相似货物时，主要应考虑货物的品质、信誉和现有商标。

2. 倒扣价格方法

倒扣价格方法是指海关以进口货物、相同或者类似进口货物在境内的销售价格为基础，扣除境内发生的有关费用后，审查确定进口货物完税价格的估价方法。

3. 计算价格方法

计算价格方法是指按下列各项的总和计算出的完税价格：(1) 生产该货物所使用的原材料价值和进行装配或其他加工的费用；(2) 与向境内出口销售同等

级或同种类货物的利润和一般费用；（3）货物运抵境内输入地点起卸前的运输及相关费用、保险费。

4. 其他合理方法

在使用上述任何一种估价方法都无法确定海关估价时，海关可以使用其他合理方法。在这种情况下，海关应当根据《完税价格办法》规定的估价原则，以在境内获得的数据资料为基础来确定完税价格，但不得使用以下价格：（1）境内生产的货物在境内的销售价格；（2）可供选择的价格中较高的价格；（3）货物在出口地市场的销售价格；（4）以计算价格方法规定的有关各项之外的价值或费用计算的价格；（5）出口到第三国或地区的货物的销售价格；（6）最低限价或武断虚构的价格。

二、特殊进口货物的完税价格

（一）加工贸易内销货物

加工贸易是一国通过各种不同的方式，进口原料、材料或零件，利用本国的生产能力和技术，加工成成品后再出口，从而获得以外汇体现的附加价值。加工贸易是以加工为特征的再出口业务，其方式多种多样，常见的加工贸易有进料加工、来料加工、来件装配业务和协作生产这四种形式。进料加工，又叫以进养出，指用外汇购入国外的原材料、辅料，利用本国的技术、设备和劳力，加工成成品后，销往国外市场。来料加工，它通常是指加工一方由国外另一方提供原料、辅料和包装材料，按照双方商定的质量、规格、款式加工为成品，交给对方，自已收取加工费。来件装配业务，指由一方提供装配所需设备、技术和有关元件、零件，由另一方装配为成品后交货。协作生产，是指一方提供部分配件或主要部件，而由另一方利用本国生产的其他配件组装成一件产品出口。加工贸易与“三来一补”并不完全相同。通常所说的“三来一补”是指来料加工、来件装配、来样加工和中小型补偿贸易。其中，来样加工属于一般出口贸易，不在加工贸易的范围内。比较而言，在“三来一补”中去掉来样加工，加上进料加工，就是加工贸易的主要内容了。

因为加工贸易能以较低的经济成本为国家创收外汇、创造就业机会，所以我国对其在税收上给予了优惠。根据规定，为境外厂商加工、装配成品和为制造外销产品而进口的原材料、辅料、零件、部件、配套件和包装物料，海关按照实际加工出口的成品数量免征进口关税；或者对进口料、件先征进口关税，再按照实际加工出口的成品数量予以退税。但是，加工贸易进口料件或者其制成品如果没有出口，而在国内销售的，则应当征税，由海关按照以下规定审查完税价格：

(1) 进料加工进口料件或其制成品（包括残次品）申报内销时，海关以料件的原进口成交价格为基础审查确定完税价格。料件的原进口成交价格不能确定的，海关按照接受内销申报的同时或大约同时进口的，与料件相同或类似的货物的进口成交价格为基础审查确定完税价格。

(2) 来料加工进口料件或其制成品（包括残次品）申报内销时，海关按照接受内销申报的同时或大约同时进口的，与料件相同或类似的货物的进口成交价格为基础审查确定完税价格。

(3) 加工贸易企业加工过程中产生的边角料或副产品申报内销时，海关以其内销价格为基础审查确定完税价格。

(4) 海关总署或直属海关可以根据市场行情，定期公布有关边角料和副产品的内销计税参考价格。

加工贸易企业可以选择按照内销价格或者计税参考价格向海关申报。加工贸易企业按照计税参考价格申报时海关按照计税参考价格确定完税价格。

(5) 保税区、出口加工区内的加工贸易企业申报内销加工贸易制成品时，海关按照接受内销申报的同时或大约同时进口的与制成品相同或类似的货物的进口成交价格为基础审查确定完税价格。

保税区内的加工贸易企业内销的进料加工制成品中，如果含有从境内采购的料件，海关以制成品所含从境外购入料件的原进口成交价格为基础审查确定完税价格。料件的原进口成交价格不能确定的，海关按照接受内销申报的同时或大约同时进口的，与料件相同或类似的货物的进口成交价格为基础审查确定完税价格。

保税区内的加工贸易企业内销的来料加工制成品中，如果含有从境内采购的料件，海关按照接受内销申报的同时或大约同时进口的，与制成品所含从境外购入的料件相同或类似的货物的进口成交价格为基础审查确定完税价格。

(6) 加工贸易内销货物的完税价格按照上述规定仍不能确定的由海关按合理的方法审查确定。

(7) 加工贸易企业向海关申报内销时，应当提交原进口报关单或备案清单复印件，海关认为必要时，还应提供与成交价格或内销价格有关的资料。

(二) 运往境外修理的货物

运往境外修理的机械器具、运输工具或其他货物，出境时已向海关报明，并在海关规定期限内复运进境的，应当以海关审定的境外修理费和料件费为完税价格。

（三）运往境外加工的货物

运往境外加工的货物，出境时已向海关报明，并在海关规定期限内复运进境的，应当以海关审定的境外加工费和料件费，以及该货物复运进境的运输及其相关费用、保险费估定完税价格。

（四）暂时进境货物

对于经海关批准的暂时进境的货物，应当按照一般进口货物估价办法的规定，估定完税价格。

（五）租赁方式进口货物

租赁方式进口的货物中，以租金方式对外支付的租赁货物，在租赁期间以海关审定的租金作为完税价格；留购的租赁货物，以海关审定的留购价格作为完税价格；承租人申请一次性缴纳税款的，经海关同意，按照一般进口货物估价办法的规定估定完税价格。

（六）留购的进口货样

对于境内留购的进口货样、展览品和广告陈列品，以海关审定的留购价格作为完税价格。

（七）予以补税的减免税货物

减税或免税进口的货物需予补税时，应当以海关审定的该货物原进口时的价格，扣除折旧部分价值作为完税价格，其计算公式如下：

完税价格＝海关审定的货物原进口时的价格×［1－补税时实际已进口的时间(月)÷(监管年限×12)］

【例题5－1】 某中外合资经营企业免税进口机器一台，海关审定的进口完税价格为人民币60万元，海关监管期5年，该企业使用20个月后转售。假设关税税率为20%。

要求： 计算该企业此业务的应纳关税。

解：

应纳关税＝60×20%×［1－20÷(5×12)］＝8（万元）

三、出口货物的完税价格

（一）以成交价格为基础的审定完税价格

出口货物的完税价格，由海关以该货物向境外销售的成交价格为基础审查确定，并应包括货物运至我国境内输出地点装载前的运输及其相关费用、保险费，但其中包含的出口关税税额，应当扣除。出口货物的成交价格，是指该货物出口销售到我国境外时买方向卖方实付或应付的价格。出口货物的成交价格中含有支付给境外的佣金的，如果单独列明，应当扣除。

（二）海关估定的完税价格

出口货物的成交价格不能确定时，完税价格由海关依次使用下列方法估定：

（1）同时或大约同时向同一国家或地区出口的相同货物的成交价格；

（2）同时或大约同时向同一国家或地区出口的类似货物的成交价格；

（3）根据境内生产相同或类似货物的成本、利润和一般费用；境内发生的运输及其相关费用、保险费计算所得的价格；

（4）按照合理方法估定的价格。

四、进出口货物完税价格中的运输及相关费用、保险费的计算

（一）以一般陆运、空运、海运方式进口的货物

在进口货物的运输及相关费用、保险费计算中，海运进口货物，计算至该货物运抵境内的卸货口岸；如果该货物的卸货口岸是内河（江）口岸，则应当计算至内河（江）口岸；陆运进口货物，计算至该货物运抵境内的第一口岸；如果运输及其相关费用、保险费支付至目的地口岸，则计算至目的地口岸。空运进口货物，计算至该货物运抵境内的第一口岸；如果该货物的目的地为境内的第一口岸外的其他口岸，则计算至目的地口岸。

陆运、空运和海运进口货物的运费和保险费，应当按照实际支付的费用计算。如果进口货物的运费无法确定或未实际发生，海关应当按照该货物进口同期运输行业公布的运费率（额）计算运费；按照“货价加运费”两者总额的0.3%计算保险费。

（二）以其他方式进口的货物

邮运的进口货物，应当以邮费作为运输及其相关费用、保险费；以境外边境口岸价格条件成交的铁路或公路运输进口货物，海关应当按照货价的1%计算运输及其相关费用、保险费；作为进口货物的自驾进口的运输工具，海关在审定完税价格时，可以不另行计入运费。

（三）出口货物

出口货物的销售价格如果包括离境口岸至境外口岸之间的运输、保险费的，该运费、保险费应当扣除。

第三节 关税的税率

一、关税的税率表

关税税率表，即关税税则，是指一国制定和公布的对进出其关境的货物征收关税的目录和税率的分类表。在对进出口商品进行非常细化的分类的基础上，各国关税法律法规都对不同的商品规定了不同的税率。因此，关税的税率与其他税种有很大的不同，关税税率的种类是最多的，也是最为复杂的。关税的税率表包括商品分类目录和税率栏两大部分。

（一）商品分类目录

税则商品分类目录是把种类繁多的商品加以综合，按照其不同的特点分门别类地简化成数量有限的商品类目，分别编号，按序排列，并逐号列出该号中应列入的商品名称。从 1992 年 1 月至今，我国实施了以《商品名称及编码协调制度》为基础的进出口税则。

《商品名称及编码协调制度》（The Harmonized Commodity Description and Coding System，英文简称为 HS，中文简称为《协调制度》）是协调国际上多种商品分类目录而制定的一部多用途的国际贸易商品分类目录。它除了用于海关税则和贸易统计外，还被广泛用于运输商品的计费、统计、计算机数据传递、国际贸易单证简化以及普遍优惠制税号等方面。《商品名称及编码协调制度》是《商品名称及编码协调制度国际公约》的附件。该公约由海关合作理事会（Customs Co-Operation Council，简称 CCC，1994 年 1 月改名为世界海关组织——World Customs Organization，简称 WCO）组织编制。《协调制度》于 1988 年 1 月 1 日正式实施，每 4 年修订 1 次。至今为止，世界上已有 150 多个国家使用《协调制度》，全球贸易总量 90% 以上的货物都是依照《协调制度》的标准进行分类的。我国于 1991 年 12 月 17 日加入《商品名称及编码协调制度国际公约》，并于 1992 年 1 月 1 日起正式实施《协调制度》。

《协调制度》的主要内容有三部分：一是归类总规则，共 6 条，规定了分类原则和方法，以保证对 HS 使用和解释的一致性，使某一具体商品能够始终归入一个惟一编码；二是注释，即类、章、品目和子目的注释，这些注释严格界定了相应的商品范围，阐述专用术语的定义或区分某些商品的技术标准及界限；三是按顺序编排的品目与子目编码及条文，采用六位编码，将所有商品分为 21 类、

97 章（其中 77 章是留做备用的空章），1 097 项品目，各国可在品目下加列子目。《协调制度》的编码共六位，其中，前两位数代表“章”，前四位数代表“品目”，第五位、第六位数代表“子目”。如在第 44 章内，品目 4 403 是原木；4 404 至 4 408 是经简单加工的木材；4 409 至 4 413 是木的半制成品；4 414 至 4 421 是木的制成品。

我国现行税则采用八位编码，前六位采用《协调制度》的编码，第七位、第八位为我国根据中国进出口商品的实际情况，在《协调制度》的基础上延伸的两位编码，也称为增列税目。到目前为止，我国 2007 年版进口税则的总税目数为 7 646 个。

（二）税率栏

税率栏是按商品分类目录逐项订出的税率栏目。关税税率分为单式税率和复式税率两种，大多数国家实行复式税率。① 所谓单式税率，指一个税目只有一个税率，适用于来自任何国家同类商品的进口，没有差别待遇。在垄断前资本主义时期，各国都使用单式税率。进入垄断阶段以后，为了在国际竞争中取得优势，许多国家在关税上实行差别和歧视待遇，大都改用复式税率，只有少数发展中国家还在使用单式税率。复式税率是指一个税目有两个以上税率，对来处不同国家的进口商品，使用不同税率。各国复式税率不同，有二、三、四、五栏不等，设有普通税率、最惠国税率、协定税率、特惠税率等。一般而言，普通税率最高，特惠税率最低。资本主义国家使用复式税率是为了贸易竞争的需要，对不同国家实行差别或歧视待遇，或为获取关税上的互惠，以保证其商品销售市场和原料来源。许多发展中国家为保护民族经济，发展在平等互利基础上的经济合作，也使用复式税率。我国实行的也是复式税率。

二、税则归类

根据我国《进出口关税条例》的规定，进出口货物应当依照税则规定的归类原则归入合适的税号，并按照适用的税率征税。税则归类，就是按照税则的规定，将每项具体进出口商品按其特性在税则中找出其最适合的某一个税号，以便确定其适用的税率，计算关税税负。税则归类错误会导致关税的多征或少征，影响关税作用的发挥。因此，税则归类关系到关税政策的正确贯彻。税则归类一般按以下步骤进行：

（1）了解需要归类的具体进出口商品的构成、材料属性、成分组成、特性、

① 根据这一不同，关税税则也相应地被分为单式税则和复式税则。

用途和功能。

（2）查找有关商品在税则中拟归的类、章及税号。对于原材料性质的货品，应首先考虑按其属性归类；对于制成品，应首先考虑按其用途归类。

（3）将考虑采用的有关类、章及税号进行比较，筛选出最为合适的税号。在比较、筛选时，首先看类、章的注释有无具体描述归类对象或其类似品，已具体描述的，按类、章的规定办理；其次是查阅《协调制度》的注释，确切地了解有关类、章及税号范围。

（4）通过以上方法也难以确定的税则归类商品，可运用归类总规则的有关条款来确定其税号。如进口地海关无法解决的税则归类问题，应报至海关总署，由海关总署确定。

三、税率的适用

（一）复式税率中税率的选定

自2004年1月1日起，我国进口税则中设有最惠税率、协定税率、特惠税率、普通税率、关税配额税率等税率形式，并对进口货物在一定期限内可以实行暂定税率。

最惠税率适用原产于与我国共同适用最惠国待遇条款的WTO成员国或地区的进口货物，或原产于与我国签订有相互给予最惠国待遇条款的双边贸易协定的国家或地区进口的货物，以及原产于我国境内的进口货物。协定税率，即互惠关税中的税率，适用原产于我国参加的含有关税优惠条款的区域性贸易协定的有关缔约方的进口货物。特惠税率适用原产于与我国签订有特殊优惠关税协定的国家或地区的进口货物。普通税率适用于原产于上述国家或地区以外的其他国家或地区的进口货物，以及原产地不明的进口货物。按照普通税率征税的进口货物，经国务院关税税则委员会特别批准，可以适用最惠国税率。适用最惠国税率、协定税率、特惠税率的国家或者地区名单，由国务院关税税则委员会决定。

适用最惠税率的进口货物有暂定税率的，应当适用暂定税率；适用协定税率、特惠税率的进口货物有暂定税率的，应当从低适用税率。适用普通税率的进口货物，不适用暂定税率。按照国家规定实行关税配额管理的进口货物，关税配额内的，适用关税配额税率；关税配额外的，按其适用税率的规定执行。

按照有关法律、行政法规的规定对进口货物采取反倾销、反补贴、保障措施的，其税率的适用按照《中华人民共和国反倾销条例》、《中华人民共和国反补贴条例》和《中华人民共和国保障措施条例》的有关规定执行。

任何国家或者地区违反与中华人民共和国签订或者共同参加的贸易协定及相

关协定，对中华人民共和国在贸易方面采取禁止、限制、加征关税或者其他影响正常贸易的措施的，对原产于该国家或者地区的进口货物可以征收报复性关税，适用报复性关税税率。征收报复性关税的货物、适用国别、税率、期限和征收办法，由国务院关税税则委员会决定并公布。

（二）税率适用的时间

因为国际经济形势的变化和国内经济政策的需要，各国经常对关税的税率进行调整。在所有的税种中，关税的税率变动是最为频繁的。在关税的计征中，多数情况下适用现行的税率，但有些情况下，可能适用过去某一时点的税率。这就涉及到税率适用的时间，即应该选取哪一时点的税率。这一方面，具体规定如下：

1. 进出口货物，应当按照纳税义务人申报进口或者出口之日实施的税率征税。

2. 进口货物到达前，经海关核准先行申报的，应当按照装载此货物的运输工具申报进境之日实施的税率征税。

3. 进出口货物的补税和退税，适用该进出口货物原申报进口或者出口之日所实施的税率，但下列情况除外：

（1）按照特定减免税办法批准予以减免税的进口货物，后因情况改变经海关批准转让或出售或移作他用需予补税的，适用海关接受纳税人再次填写报关单申报办理纳税及有关手续之日实施的税率征税。

（2）加工贸易进口料、件等属于保税性质的进口货物，如经批准转为内销，应按向海关申报转为内销之日实施的税率征税；如未经批准擅自转为内销的，则按海关查获日期所施行的税率征税。

（3）暂时进口货物转为正式进口需予补税时，应按其申报正式进口之日实施的税率征税。

（4）分期支付租金的租赁进口货物，分期付税时，适用海关接受纳税人再次填写报关单申报办理纳税及有关手续之日实施的税率征税。

（5）溢卸、误卸货物事后确定需征税时，应按其原运输工具申报进口日期所实施的税率征税。如原进口日期无法查明的，可按确定补税当天实施的税率征税。

（6）对由于税则归类的改变、完税价格的审定或其他工作差错而需补税的，应按原征税日期实施的税率征税。

（7）对经批准缓税进口的货物以后交税时，不论是分期或一次交清税款，都应按货物原进口之日实施的税率征税。

（8）查获的走私进口货物需补税时，应按查获日期实施的税率征税。

（9）在上述有关条款中，如有发生退税的，都应按原征税或补税日期所适用的税率计算退税。

第四节 应纳税额的计算

一、从价税应纳税额的计算公式

关税税额＝应税进（出）口货物数量×单位完税价格×税率

二、从量税应纳税额的计算公式

关税税额＝应税进（出）口货物数量×单位货物税额

三、复合税应纳税额的计算公式

我国目前实行的复合税都是先计征从量税，再计征从价税。

关税税额＝应税进（出）口货物数量×单位货物税额＋应税进（出）口货物数量×单位完税价格×税率

【例题 5－2】 上海某进出口公司从美国进口货物一批，货物以离岸价格成交，成交价折合人民币为 1 410 万元，该价格包括单独计价并经海关审查属实的向该公司的境外采购代理人支付的购货佣金 10 万元，但不包括因使用该货物而向境外支付的软件费 50 万元、向卖方支付的佣金 15 万元。此外，该进出口公司还支付了货物运抵我国上海港的运费、保险费等 35 万元。假设该货物适用的关税税率为 20%。

要求： 请计算该公司应纳的关税税额。

解：

（1）关税完税价格＝离岸价＋软件费＋卖方佣金－购货佣金＋运保费

＝1 410＋50＋15－10＋35＝1 500（万元）

（2）应纳关税＝1 500×20%＝300（万元）

【例题 5－3】 某公司从境外进口小轿车 30 辆，每辆小轿车成交价格为 15 万元，运抵我国海关前发生的运输费用、保险费用无法确定，经海关查实其他运输公司相同业务的运输费用占货价的比例为 2%。该公司已向海关缴纳了相关税款，并取得了完税凭证。假设小轿车关税税率为60%。

要求：请计算小轿车在进口环节应缴纳的关税税额。

解：（1）成交价格 =15×30=450（万元）

（2）运输费 =450×2% =9（万元）

（3）保险费 =(450+9)×3‰ =1.38（万元）

（4）关税完税价格 =450+9+1.38=460.38（万元）

（5）应缴纳关税 =460.38×60% =276.23（万元）

第五节　关税减免

关税减免分为法定减免税、特定减免税和临时减免税。根据《海关法》规定，除法定减免税外的其他减免税均由国务院决定。

一、法定减免税

符合税法规定可予减免税的进出口货物，纳税义务人无须提出申请，海关可按规定直接予以减免税。我国《海关法》和《关税条例》明确规定，下列货物、物品予以减免关税：

（1）关税税额在人民币50元以下的一票货物，可免征关税。

（2）无商业价值的广告品和货样，可免征关税。

（3）外国政府、国际组织无偿赠送的物资，可免征关税。

（4）进出境运输工具装载的途中必需的燃料、物料和饮食用品，可予免税。

（5）经海关核准暂时进境或者暂时出境，并在6个月内复运出境或者复运进境的货样、展览品、施工机械、工程车辆、工程船舶、供安装设备时使用的仪器和工具、电视或者电影摄制器械、盛装货物的容器以及剧团服装道具，在货物收发货人向海关缴纳相当于税款的保证金或者提供担保后，可予暂时免税。

（6）为境外厂商加工、装配成品和为制造外销产品而进口的原材料、辅料、零件、部件、配套件和包装物料，海关按照实际加工出口的成品数量免征进口关税；或者对进口料、件先征进口关税，再按照实际加工出口的成品数量予以退税。

（7）因故退还的中国出口货物，经海关审查属实，可予免征进口关税，但已征收的出口关税不予退还。

（8）因故退还的境外进口货物，经海关审查属实，可予免征出口关税，但已征收的进口关税不予退还。

(9) 进口货物如有以下情形，经海关查明属实，可酌情减免进口关税：

① 在境外运输途中或者在起卸时，遭受损坏或者损失的；

② 起卸后海关放行前，因不可抗力遭受损坏或者损失的；

③ 海关查验时已经破漏、损坏或者腐烂，经证明不是保管不慎造成的。

(10) 无代价抵偿货物，即进口货物在征税放行后，发现货物残损、短少或品质不良，而由国外承运人、发货人或保险公司免费补偿或更换的同类货物，可以免税。但有残损或质量问题的原进口货物如未退运国外，其进口的无代价抵偿货物应照章征税。

(11) 我国缔结或者参加的国际条约规定减征、免征关税的货物、物品，按照规定予以减免关税。

(12) 法律规定减征、免征的其他货物。

二、特定减免税

根据国务院的有关规定，特定减免税主要有以下情形：

(一) 科教用品

对科学研究机构和学校，不以营利为目的，在合理数量范围内进口国内不能生产的科学研究和教学用品，直接用于科学研究或者教学的，免征进口关税和进口环节增值税、消费税。

(二) 残疾人专用品

对符合规定的残疾人个人专用品，免征进口关税和进口环节增值税、消费税；对康复、福利机构、假肢厂和荣誉军人康复医院进口国内不能生产的、有明确规定的残疾人专用品，免征进口关税和进口环节增值税。

(三) 扶贫、慈善性捐赠物资

对境外自然人、法人或者其他组织等境外捐赠人，无偿向经国务院主管部门依法批准成立的，以人道救助和发展扶贫、慈善事业为宗旨的社会团体以及国务院有关部门和各省、自治区、直辖市人民政府捐赠的，直接用于扶贫、慈善事业的物资，免征进口关税和进口环节增值税。所称扶贫、慈善事业是指非营利的扶贫济困、慈善救助等社会慈善和福利事业。

(四) 加工贸易产品

加工贸易的进境料件不予征税，准许在境内保税加工为成品后返销出口；进口外商的不作价设备和作价设备，分别比照外商投资项目和国内投资项目的免税规定执行；剩余料件或增产的产品，经批准转内销时，价值在进口料件总值2%以内，且总价值在3 000元以下的，可予免税。对于加工贸易中的进料加工，剩余料件或增产的产品，经批准转内销时，价值在进口料件总值2%以内，且总价值在5 000元以下的，可予免税。

（五）边境贸易进口物资

边境贸易有边民互市贸易和边境小额贸易两种形式。

边民互市贸易指边境地区边民在边境线20公里以内、经政府批准的开放点或指定的集市上进行的商品交换活动。边民通过互市贸易进口的商品，每人每日价值在3 000元以下的，免征进口关税和进口环节增值税。

边境小额贸易指沿陆地边境线经国家批准对外开放的边境县（旗）、边境城市辖区内经批准有边境小额贸易经营权的企业，通过国家指定的陆地边境口岸，与毗邻国家边境地区的企业或其他贸易机构之间进行的贸易活动。边境小额贸易企业通过指定边境口岸进口原产于毗邻国家的商品，除烟、酒、化妆品以及国家规定必须照章征税的其他商品外，进口关税和进口环节增值税减半征收。

（六）保税区进出口货物

保税区是指采取与外界隔离的全封闭方式，在海关监控管理下进行存放和加工保税货物的特定区域。保税区的主要关税优惠政策有：进口供保税区使用的机器、设备、基建物资、生产用车辆，为加工出口产品进口的原材料、零部件、元器件、包装物料，供储存的转口货物以及在保税区内加工运输出境的产品免征进口关税和进口环节税；保税区内企业进口专为生产加工出口产品所需的原材料、零部件、包装物料，以及转口货物予以保税；从保税区运往境外的货物，一般免征出口关税等等。

（七）出口加工区进出口货物

出口加工区的主要关税优惠政策有：从境外进入区内生产性的基础设施建设项目所需的机器、设备和建设生产厂房、仓储设施所需的基建物资，区内企业生产所需的机器、设备、模具及其维修用零配件，区内企业和行政管理机构自用合理数量的办公用品，予以免征进口关税和进口环节税；区内企业为加工出口产品所需的原材料、零部件、元器件、包装物料及消耗性材料，予以保税；对加工区运往区外的货物，海关按照对进口货物的有关规定办理报关手续，并按照制成品征税；对从区外进入加工区的货物视同出口，可按规定办理出口退税。

（八）进口设备

对符合《外商投资产业指导目录》鼓励类和限制乙类，并转让技术的外商投资项目，在投资总额内进口的自用设备，以及外国政府贷款和国际金融组织贷款项目进口的自用设备、加工贸易外商提供的不作价进口设备，除《外商投资项目不予免税的进口商品目录》所列商品外，免征进口关税和进口环节增值税。

对符合《当前国家重点鼓励发展的产业、产品和技术目录》的国内投资项目，在投资总额内进口的自用设备，除《国内投资项目不予免税的进口商品目录》所列商品外，免征进口关税和进口环节增值税。

对符合上述规定的项目，按照合同随设备进口的技术及配套件、备件，也免征进口关税和进口环节增值税。

三、临时减免税

临时减免税由国务院根据《海关法》的规定，对某个单位、某类商品、某个项目或某批进出口货物，一案一批，专文下达的减免税，一般有单位、品种、期限、金额或数量等限制，不能比照执行。

第六节 关税的征收管理

一、关税征收的期限与地点

（一）申报期限

进口货物自运输工具申报进境之日起 14 日内，出口货物在货物运抵海关监管区后装货的 24 小时以前，应由进出口货物的纳税义务人向货物进（出）境地海关申报，海关根据税则归类和完税价格计算应缴纳的关税和进口环节代征税，并填发税款缴款书。

（二）缴纳期限

纳税义务人应当自海关填发税款缴款书之日起 15 日内，向指定银行缴纳税款。如关税缴纳期限的最后 1 日是周末或法定节假日，则关税缴纳期限顺延至周末或法定节假日过后的第 1 个工作日。

（三）延期缴纳

关税纳税义务人因不可抗力或者在国家税收政策调整的情形下，不能按期缴纳税款的，经海关总署批准，可以延期缴纳税款，但最长不得超过 6 个月。

（四）关税征收的地点

关税原则上由货物进出境地的海关负责征收，为方便纳税义务人，经申请且海关同意，纳税义务人也可以在设有海关的指运地（启运地）办理海关申报、纳税手续。

二、关税征收的保障制度

（一）滞纳金

根据《关税条例》第37条第1款的规定，纳税义务人应当自海关填发税款缴款书之日起15日内向指定银行缴纳税款。纳税义务人未按期缴纳税款的，从滞纳税款之日起，按日加收滞纳税款万分之五的滞纳金。

（二）关税保全

根据《海关法》第61条的规定，进出口货物的纳税义务人在规定的纳税期限内有明显的转移、藏匿其应税货物以及其他财产迹象的，海关可以责令纳税义务人提供担保；纳税义务人不能提供纳税担保的，经直属海关关长或者其授权的隶属海关关长批准，海关可以采取下列税收保全措施：

（1）书面通知纳税义务人开户银行或者其他金融机构暂停支付纳税义务人相当于应纳税款的存款；

（2）扣留纳税义务人价值相当于应纳税款的货物或者其他财产。

纳税义务人在规定的纳税期限内缴纳税款的，海关必须立即解除税收保全措施；期限届满仍未缴纳税款的，经直属海关关长或者其授权的隶属海关关长批准，海关可以书面通知纳税义务人开户银行或者其他金融机构从其暂停支付的存款中扣缴税款，或者依法变卖所扣留的货物或者其他财产，以变卖所得抵缴税款。

采取税收保全措施不当，或者纳税义务人在规定期限内已缴纳税款，海关未立即解除税收保全措施，致使纳税义务人的合法权益受到损失的，海关应当依法承担赔偿责任。

（三）关税强制

根据《海关法》第60条的规定，进出口货物的纳税义务人，应当自海关填发税款缴款书之日起15日内缴纳税款；逾期缴纳的，由海关征收滞纳金。纳税义务人、担保人超过3个月仍未缴纳的，经直属海关关长或者其授权的隶属海关关长批准，海关可以采取下列强制措施：

（1）书面通知其开户银行或者其他金融机构从其存款中扣缴税款；

（2）将应税货物依法变卖，以变卖所得抵缴税款；

（3）扣留并依法变卖其价值相当于应纳税款的货物或者其他财产，以变卖所得抵缴税款。

海关采取强制措施时，对前款所列纳税义务人、担保人未缴纳的滞纳金同时强制执行。

三、关税的退还与追补

（一）关税退还

根据《海关法》第 62 条及《关税条例》第 52 条的规定，海关发现多征税款的，应当立即通知纳税义务人办理退还手续。

纳税义务人发现多缴税款的，自缴纳税款之日起 1 年内，可以以书面形式要求海关退还多缴的税款并加算银行同期活期存款利息；海关应当自受理退税申请之日起 30 日内查实并通知纳税义务人办理退还手续。

纳税义务人应当自收到通知之日起 3 个月内办理有关退税手续。

（二）关税追补

关税的追补即关税的追征与补征。根据《关税法》第 62 条及《关税条例》第 51 条第 1 款的规定，进出境货物和物品放行后，海关发现少征或者漏征税款，应当自缴纳税款或者货物、物品放行之日起 1 年内，向纳税义务人补征；因纳税义务人违反规定而造成的少征或者漏征的税款，自纳税义务人应缴纳税款之日起 3 年以内可以追征，并从缴纳税款之日起按日加收少征或者漏征税款万分之五的滞纳金。

四、关税纳税争议

《海关法》第 64 条规定："纳税义务人同海关发生纳税争议时，应当缴纳税款，并可以依法申请行政复议；对复议决定仍不服的，可以依法向人民法院提起诉讼。"《关税条例》对纳税争议的范围进行了具体的界定。根据《关税条例》第 64 条的规定，纳税争议是指纳税义务人、担保人对海关确定纳税义务人、确定完税价格、商品归类、确定原产地、适用税率或者汇率、减征或者免征税款、补税、退税、征收滞纳金、确定计征方式以及确定纳税地点等方面的异议。

本章小结

1. 关税是对进出关境或国境的货物和物品征收的一种税。关税除了具有一般税收的特征以外，还具有征收对象的特定性、征收环节的单一性和征收目的的调节性的特点。

2. 关税的征税对象是准许进出境的货物和物品。货物是指贸易性商品；物品指入境旅客随身携带的行李物品、个人邮递物品、各种运输工具上的服务人员携带进口的自用物品、馈赠物品以及其他方式进境的个人物品。

3. 减税或免税进口的货物需予补税时，应当以海关审定的该货物原进口时的价格，扣除折旧部分价值作为完税价格，其计算公式如下：

完税价格 = 海关审定的货物原进口时的价格 × ［1 - 补税时实际已进口的时间（月）÷（监管年限 ×12）］

4. 出口货物的完税价格，由海关以该货物向境外销售的成交价格为基础审查确定，并应包括货物运至我国境内输出地点装载前的运输及其相关费用、保险费，但其中包含的出口关税税额，应当扣除。出口货物的成交价格，是指该货物出口销售到我国境外时买方向卖方实付或应付的价格。出口货物的成交价格中含有支付给境外的佣金的，如果单独列明，应当扣除。

5. 应纳税额的计算：（1）从价税应纳税额的计算公式：关税税额 = 应税进（出）口货物数量 × 单位完税价格 × 税率；（2）从量税应纳税额的计算：关税税额 = 应税进（出）口货物数量 × 单位货物税额；（3）复合税应纳税额的计算：我国目前实行的复合税都是先计征从量税，再计征从价税。关税税额 = 应税进（出）口货物数量 × 单位货物税额 + 应税进（出）口货物数量 × 单位完税价格 × 税率。

6. 关税减免分为法定减免税、特定减免税和临时减免税。根据《海关法》规定，除法定减免税外的其他减免税均由国务院决定。

7. 进口货物自运输工具申报进境之日起 14 日内，出口货物在货物运抵海关监管区后装货的 24 小时以前，应由进出口货物的纳税义务人向货物进（出）境地海关申报，海关根据税则归类和完税价格计算应缴纳的关税和进口环节代征税，并填发税款缴款书。

8. 根据《关税条例》第 37 条第 1 款的规定，纳税义务人应当自海关填发税款缴款书之日起 15 日内向指定银行缴纳税款。纳税义务人未按期缴纳税款的，从滞纳税款之日起，按日加收滞纳税款万分之五的滞纳金。

9. 纳税义务人应当自海关填发税款缴款书之日起 15 日内，向指定银行缴纳税款。如关税缴纳期限的最后 1 日是周末或法定节假日，则关税缴纳期限顺延至周末或法定节假日过后的第 1 个工作日。

思考题

1. 什么是关税？
2. 简述关税的完税价格。
3. 什么是最惠国关税？
4. 简述关税退还。

第六章

企业所得税法

第一节　企业所得税法概述

一、企业所得税与企业所得税法

（一）企业所得税的概念

“企业”一词源于日本，舶入我国时，意译为“企业”，从字面意思看，表示商事主体企图从事某项事业。法学上，企业是一种以营利为目的的组织。

“所得税”又称所得课税、收益税，是国家对法人、自然人和其他经济组织在一定时期内的各种所得征收的一类税收。所得税 1799 年创始于英国。由于这种税以所得的多少为负担能力的标准，比较符合公平、普遍的原则，并具有经济调节功能，被大多数西方经济学家视为良税，得以在世界各国迅速推广。进入 19 世纪以后，大多数资本主义国家相继开征了所得税，并逐渐成为大多数发达国家的主体税种。

企业所得税是对一国境内的企业和其他取得收入的组织的生产经营所得和其他所得所征收的一种税收。它是国家参与企业利润分配的重要手段。在我国，并不是所有名称为企业的组织都适用企业所得税法，个人独资企业、合伙企业缴纳个人所得税，不缴纳企业所得税。

（二）企业所得税法的概念

企业所得税法是指国家制定的用以调整企业所得税征收与缴纳之间权利及义务关系的法律规范的总称。

现行企业所得税法的基本规范是 2007 年 3 月 16 日第十届全国人民代表大会

第五次全体会议通过的《中华人民共和国企业所得税法》(以下简称为《企业所得税法》)和2007年11月28日国务院第197次常务会议通过的《中华人民共和国企业所得税法实施条例》(以下简称为《企业所得税法实施条例》)。

二、我国企业所得税法的历史沿革

(一) 新中国成立后至改革开放前的企业所得税制度

1.《全国税政实施要则》的发布

1950年，当时的政务院发布了《全国税政实施要则》，其中工商业税（所得税部分）主要征税对象是私营企业、集体企业和个体工商户的应税所得，国营企业实行利润上缴制度，不缴纳所得税。

2. 简化税制

1958年和1973年，我国进行了两次重大的税制改革，其核心是简化税制，其中的工商业税（所得税部分）主要还是对集体企业征收，国营企业只征一道工商税，不征所得税。

(二) 改革开放后的企业所得税制度

1."涉外"企业所得税制度的确立

1980年9月，第五届全国人民代表大会第三次会议通过了《中华人民共和国中外合资经营企业所得税法》并公布施行。企业所得税税率确定为30%，另按应纳所得税额附征10%的地方所得税。1981年12月，第五届全国人民代表大会第四次会议通过了《中华人民共和国外国企业所得税法》，实行20%～40%的5级超额累进税率，另按应纳税所得额附征10%的地方所得税。

2. 国营企业、集体企业、私营企业所得税制度的出台

作为企业改革和城市改革的一项重大措施，1983年国务院决定在全国试行国营企业"利改税"，即将建国后实行了30多年的国营企业向国家上缴利润的制度改为缴纳企业所得税的制度。1984年9月，国务院发布了《中华人民共和国国营企业所得税条例（草案)》和《国营企业调节税征收办法》。国营企业所得税的纳税人为实行独立经济核算的国营企业，大中型企业实行55%的比例税率，小型企业等适用10%～55%的8级超额累进税率。国营企业调节税的纳税人为大中型国营企业，税率由财税部门商企业主管部门核定。1985年4月，国务院发布了《中华人民共和国集体企业所得税暂行条例》，实行10%～55%的8级超额累进税率，原来对集体企业征收的工商税（所得税部分）同时停止执行。1988年6月，国务院发布了《中华人民共和国私营企业所得税暂行条例》，税率为35%。

国营企业“利改税”和集体企业、私营企业所得税制度的出台，重新确定了国家与企业的分配关系，使我国的企业所得税制度建设进入了健康发展的新阶段。

3. 内、外资企业所得税法的整合

1991 年 4 月 9 日，第七届全国人民代表大会第四次会议通过了《中华人民共和国外商投资企业和外国企业所得税法》合并了外资企业与外国企业的所得税法。1993 年 12 月 13 日，国务院发布的《中华人民共和国企业所得税暂行条例》使得中华人民共和国境内国营企业、集体企业、私营企业的所得税法得到统一。

4. 内、外资企业所得税法的合并

2007 年 3 月 6 日，第十届全国人民代表大会第五次全体会议通过了《企业所得税法》，合并了内、外资企业所得税法，并于 2008 年 1 月 1 日起施行。

三、企业所得税法的基本原则

企业所得税法是处理国家和企业分配关系的重要工具。税收制度设计的合理与否，直接影响企业负担和国家财政收入。因此，企业所得税法在制定过程中，应遵循以下原则：

（一）税负公平原则

企业所得税是处理政府与企业分配关系的重要税种之一，税负公平显得十分重要。也就是说既要保证政府的财政收入，又不影响企业生产经营的积极性。企业与企业要公平。行业与行业要公平，除特殊规定外，所有的企业税负都要相等。

随着我国市场经济的不断完善和世界经济一体化的快速发展，内外有别税收机制已不适应。为了理顺国家与企业的分配关系和内、外资企业的税负公平，以及有利于促进我国经济的稳定发展，现行的企业所得税法统一了内外资企业所得税的税率。

（二）宏观调控原则

税收是国家宏观调控的重要工具，由于我国地域广阔，经济发展很不平衡，地区间差距大，行业间差距大，经济结构不合理，技术进步迟缓等，所以需要企业所得税法给予调节。

（三）方便征管原则

在制定企业所得税法时，要尽量做到简单、易懂、利于操作和执行。

第二节　纳税人与征税客体

一、纳税人

《企业所得税法》规定：在中华人民共和国境内，企业和其他取得收入的组织（以下统称企业）为企业所得税的纳税人，依照本法的规定缴纳企业所得税。个人独资企业、合伙企业不适用本法。

我国采取了地域管辖和居民管辖的双重管辖权标准，因而纳税人分为居民企业和非居民企业两类。

（一）居民企业

居民企业是依法在中国境内成立，或者依照外国（地区）法律成立但实际管理机构在中国境内的企业，具体又分为以下两类：

1. 中国境内成立的企业

中国境内成立的"企业"，包括依照中国法律、行政法规在中国境内成立的企业、事业单位、社会团体以及其他取得收入的组织。

由于我国的一些社会团体组织、事业单位在完成国家事业计划的过程中，开展多种计划外经营和有偿服务活动，取得一定的额外经营收入，具有了经营的特点，所以应当视同企业纳入征税范围。

2. 境外成立但实际管理机构在中国境内的企业

实际管理机构，是对企业的生产经营、人员、账务、财产等实施实质性全面管理和控制的机构。

（二）非居民企业

非居民企业是依照外国（地区）法律成立且实际管理机构不在中国境内，但在中国境内设立机构、场所的，或者在中国境内未设立机构、场所，但有来源于中国境内所得的企业。依照外国（地区）法律成立的企业，包括依照外国（地区）法律成立的企业和其他取得收入的组织。非居民企业具体分为以下两类：

1. 在中国境内设立机构、场所的外国企业①

机构、场所是指在中国境内从事生产经营活动的机构、场所，具体包括：

---

① 外国企业是指在中华人民共和国境外注册成立的企业。

(1) 管理机构、营业机构、办事机构。

(2) 工厂、农场、开采自然资源的场所。

(3) 提供劳务的场所。

(4) 从事建筑、安装、装配、修理、勘探等工程作业的场所。

(5) 其他从事生产经营活动的机构、场所。

非居民企业委托营业代理人在中国境内从事生产经营活动的，包括委托单位或者个人经常代其签订合同，或者储存、交付货物等，该营业代理人视为非居民企业在中国境内设立的机构、场所。

2. 在中国境内未设立机构但有来源于中国境内所得的外国企业

二、征税客体

征税客体，也称征税对象或课税对象，是征税的直接对象或标的，它说明对什么征税的问题。

(一) 企业所得税法规定的征税对象

(1) 居民企业应当就其来源于中国境内、境外的所得缴纳企业所得税。

(2) 非居民企业在中国境内设立机构、场所的，应当就其所设机构、场所取得的来源于中国境内的所得，以及发生在中国境外但与其所设机构、场所有实际联系的所得，缴纳企业所得税。

(3) 非居民企业在中国境内未设立机构、场所的，或者虽设立机构、场所但取得的所得与其所设机构、场所没有实际联系的，应当就其来源于中国境内的所得缴纳企业所得税。

实际联系是非居民企业在中国境内设立的机构、场所拥有据以取得所得的股权、债权，以及拥有、管理、控制据以取得所得的财产等所得，包括销售货物所得、提供劳务所得、转让财产所得、股息红利等权益性投资所得、利息所得、租金所得、特许权使用费所得、接受捐赠所得和其他所得。

(二) 所得来源地的确认原则

来源于中国境内、境外的所得，按照以下原则确定其来源地：

(1) 销售货物所得，按照交易活动发生地确定。

(2) 提供劳务所得，按照劳务发生地确定。

(3) 转让财产所得，不动产转让所得按照不动产所在地确定，动产转让所得按照转让动产的企业或者机构、场所所在地确定，权益性投资资产转让所得按照被投资企业所在地确定。

(4) 股息、红利等权益性投资所得，按照分配所得的企业所在地确定。

（5）利息所得、租金所得、特许权使用费所得，按照负担、支付所得的企业或者机构、场所所在地确定，或者按照负担、支付所得的个人的住所地确定。

（6）其他所得，由国务院财政、税务主管部门确定。

第三节　应纳税所得额

一、应纳税所得额的概念

应纳税所得额是按照税法规定确定纳税人在一定期间所获得的所有应税收入减除在该纳税期间依法允许减除的各种支出后的余额，是计算企业所得税税额的计税依据。

我国企业所得税法规定企业每一纳税年度的收入总额，减除不征税收入、免税收入、各项扣除以及允许弥补的以前年度亏损后的余额，为应纳税所得额，以此作为计算企业所得税税额的依据。

二、应纳税所得额的计算

企业应纳税所得额的计算，属于当期的收入和费用，不论款项是否收付，均作为当期的收入和费用。不属于当期的收入和费用，即使款项已经在当期收付，均不作为当期的收入和费用，《企业所得税法实施条例》和国务院财政、税务主管部门另有规定的除外。

计算应纳税所得额的基本公式为：

应纳税所得额 = 收入总额 - 不征税收入 - 免税收入 - 各项扣除 - 以前年度亏损

（一）收入总额

企业以货币形式和非货币形式从各种来源取得的收入，为收入总额。企业取得收入的货币形式，包括现金、存款、应收账款、应收票据、准备持有至到期的债券投资以及债务的豁免等。企业取得收入的非货币形式，包括固定资产、生物资产、无形资产、股权投资、存货、不准备持有至到期的债券投资、劳务以及有关权益等。企业以非货币形式取得的收入，应当按照公允价值确定收入额。公允价值，是按照市场价格确定的价值。

1. 企业生产经营业务收入的确认

（1）销售货物收入

销售货物收入是企业销售商品、产品、原材料、包装物、低值易耗品以及其他存货取得的收入。

（2）提供劳务收入

提供劳务收入是企业从事建筑安装、修理修配、交通运输、仓储租赁、金融保险、邮电通信、咨询经纪、文化体育、科学研究、技术服务、教育培训、餐饮住宿、中介代理、卫生保健、社区服务、旅游、娱乐、加工以及其他劳务服务活动取得的收入。

（3）转让财产收入

转让财产收入是企业转让固定资产、生物资产、无形资产、股权、债权等财产取得的收入。

（4）股息、红利等权益性投资收益

股息、红利等权益性投资收益是企业因权益性投资从被投资方取得的收入。股息、红利等权益性投资收益，除国务院财政、税务主管部门另有规定外，按照被投资方作出利润分配决定的日期确认收入的实现。

（5）利息收入

利息收入是企业将资金提供他人使用但不构成权益性投资，或者因他人占用本企业资金取得的收入，包括存款利息、贷款利息、债券利息、欠款利息等收入。

（6）租金收入

租金收入是企业提供固定资产、包装物或者其他有形资产的使用权取得的收入。租金收入，按照合同约定的承租人应付租金的日期确认收入的实现。

（7）特许权使用费收入

特许权使用费收入是企业提供专利权、非专利技术、商标权、著作权以及其他特许权的使用权取得的收入。特许权使用费收入，按照合同约定的特许权使用人应付特许权使用费的日期确认收入的实现。

（8）接受捐赠收入

接受捐赠收入是企业接受的来自其他企业、组织或者个人无偿给予的货币性资产、非货币性资产。接受捐赠收入，按照实际收到捐赠资产的日期确认收入的实现。

（9）其他收入

其他收入包括企业资产溢余收入、逾期未退包装物押金收入、确实无法偿付的应付款项、已作坏账损失处理后又收回的应收款项、债务重组收入、补贴收入、违约金收入、汇兑收益等。

2. 企业可以分期确认的收入

企业的下列生产经营业务可以是分期确认收入：

(1) 以分期收款方式销售货物的，按照合同约定的收款日期确认收入的实现。

(2) 企业受托加工制造大型机械设备、船舶、飞机，以及从事建筑、安装、装配工程业务或者提供其他劳务等，持续时间超过12个月的，按照纳税年度内完工进度或者完成的工作量确认收入的实现。

(3) 采取产品分成方式取得收入的，按照企业分得产品的日期确认收入的实现，其收入额按照产品的公允价值确定。

(4) 企业发生非货币性资产交换，以及将货物、财产、劳务用于捐赠、偿债、赞助、集资、广告、样品、职工福利或者利润分配等用途的，应当视同销售货物、转让财产或者提供劳务，但国务院财政、税务主管部门另有规定的除外。

(二) 不征税收入

收入总额中的下列收入为不征税收入：

1. 财政拨款

财政拨款是指各级人民政府对纳入预算管理的事业单位、社会团体等组织拨付的财政资金，但国务院和国务院财政、税务主管部门另有规定的除外。

2. 依法收取并纳入财政管理的行政事业性收费、政府性基金

依法收取并纳入财政管理的行政事业性收费是指依照法律法规等有关规定，按照国务院规定程序批准，在实施社会公共管理，以及在向公民、法人或者其他组织提供特定公共服务过程中，向特定对象收取并纳入财政管理的费用。

政府性基金，是指企业依照法律、行政法规等有关规定，代政府收取的具有专项用途的财政资金。

3. 国务院规定的其他不征税收入

国务院规定的其他不征税收入，是指企业取得的，由国务院财政、税务主管部门规定专项用途并经国务院批准的财政性资金。

(三) 免税收入

1. 企业的国债利息收入，免征企业所得税。国债利息收入，是企业持有国务院财政部门发行的国债取得的利息收入。

2. 符合条件的居民企业之间的股息、红利等权益性投资收益，免征企业所得税。符合条件的居民企业之间的股息、红利等权益性投资收益，是居民企业直接投资于其他居民企业取得的投资收益。

3. 在中国境内设立机构、场所的非居民企业从居民企业取得与该机构、场所有实际联系的股息、红利等权益性投资收益，免征企业所得税。但是，股息、红利等权益性投资收益，不包括连续持有居民企业公开发行并上市流通的股票不足 12 个月取得的投资收益。

4. 符合条件的非营利组织的收入，免征企业所得税。符合条件的非营利组织，是指同时符合下列条件的组织：

（1）依法履行非营利组织登记手续。

（2）从事公益性或者非营利性活动。

（3）取得的收入除用于与该组织有关的、合理的支出外，全部用于登记核定或者章程规定的公益性或者非营利性事业。

（4）财产及其孳息不用于分配。

（5）按照登记核定或者章程规定，该组织注销后的剩余财产用于公益性或者非营利性目的，或者由登记管理机关转赠给与该组织性质、宗旨相同的组织，并向社会公告。

（6）投入人对投入该组织的财产不保留或者享有任何财产权利。

（7）工作人员工资福利开支控制在规定的比例内，不变相分配该组织的财产。

（四）可扣除项目

企业实际发生的与取得收入有关的、合理的支出，包括成本、费用、税金、损失和其他支出，准予在计算应纳税所得额时扣除。

支出，是指符合生产经营活动常规，应当计入当期损益或者有关资产成本的必要和正常的支出。企业发生的支出应当区分收益性支出和资本性支出。收益性支出在发生当期直接扣除，资本性支出应当分期扣除或者计入有关资产成本，不得在发生当期直接扣除。企业的不征税收入用于支出所形成的费用或者财产，不得扣除或者计算对应的折旧、摊销扣除。

除《企业所得税法》和《企业所得税法实施条例》另有规定外，企业实际发生的成本、税金、费用、损失和其他支出，不得重复扣除。

1. 成本

成本是企业在生产经营活动中发生的销售成本、销货成本、业务支出以及其他耗费。

2. 税金

税金是企业发生的除企业所得税和允许抵扣的增值税以外的各项税金及其附加。

3. 费用

费用是企业在生产经营活动中发生的销售费用、管理费用和财务费用，已经计入成本的有关费用除外。

4. 损失

损失，是企业在生产经营活动中发生的固定资产和存货的盘亏、毁损、报废损失，转让财产损失，呆账损失，坏账损失，自然灾害等不可抗力因素造成的损失以及其他损失。企业发生的损失，减除责任人赔偿和保险赔款后的余额，依照国务院财政、税务主管部门的规定扣除。企业已经作为损失处理的资产，在以后纳税年度又全部收回或者部分收回时，应当计入当期收入。

5. 其他支出

其他支出，是除成本、费用、税金、损失外，企业在生产经营活动中发生的与生产经营活动有关的、合理的支出。

6. 具体的可扣除项目

(1) 企业发生的合理的工资薪金支出，准予扣除。

工资薪金，是指企业每一纳税年度支付给在本企业任职或者受雇的员工的所有现金形式或者非现金形式的劳动报酬，包括基本工资、奖金、津贴、补贴、年终加薪、加班工资，以及与员工任职或者受雇有关的其他支出。

(2) 社会保险费用，准予扣除。

企业依照国务院有关主管部门或者省级人民政府规定的范围和标准为职工缴纳的基本养老保险费、基本医疗保险费、失业保险费、工伤保险费、生育保险费等基本社会保险费和住房公积金，准予扣除。

企业为投资者或者职工支付的补充养老保险费、补充医疗保险费，在国务院财政、税务主管部门规定的范围和标准内，准予扣除。

(3) 企业在生产经营活动中发生的合理的不需要资本化的借款费用，准予扣除。

企业为购置、建造固定资产、无形资产和经过 12 个月以上的建造才能达到预定可销售状态的存货发生借款的，在有关资产购置、建造期间发生的合理的借款费用，应当作为资本性支出计入有关资产的成本，并依照《企业所得税法实施条例》的规定扣除。

(4) 企业在生产经营活动中发生的下列利息支出，准予扣除：

① 非金融企业向金融企业借款的利息支出、金融企业的各项存款利息支出和同业拆借利息支出、企业经批准发行债券的利息支出。

② 非金融企业向非金融企业借款的利息支出，不超过按照金融企业同期同

类贷款利率计算的数额的部分。

(5) 企业发生的职工福利费支出，不超过工资薪金总额14%的部分，准予扣除。

(6) 企业拨缴的工会经费，不超过工资薪金总额2%的部分，准予扣除。

(7) 职工教育经费。除国务院财政、税务主管部门另有规定外，企业发生的职工教育经费支出，不超过工资薪金总额2.5%的部分，准予扣除。超过部分，准予在以后纳税年度结转扣除。

(8) 业务招待费。企业发生的与生产经营活动有关的业务招待费支出，按照发生额的60%扣除，但最高不得超过当年销售（营业）收入的5‰。

(9) 广告费和业务宣传费。企业发生的符合条件的广告费和业务宣传费支出，除国务院财政、税务主管部门另有规定外，不超过当年销售（营业）收入15%的部分，准予扣除，超过部分，准予在以后纳税年度结转扣除。

(10) 环境保护、生态恢复等方面的专项资金。企业依照法律、行政法规有关规定提取的用于环境保护、生态恢复等方面的专项资金，准予扣除。上述专项资金提取后改变用途的，不得扣除。

(11) 财产保险费。企业参加财产保险，按照规定缴纳的保险费，准予扣除。

(12) 固定资产的租赁费。据生产经营活动的需要租入固定资产支付的租赁费，按照以下方法扣除：

① 以经营租赁方式租入固定资产发生的租赁费支出，按照租赁期限均匀扣除。

② 以融资租赁方式租入固定资产发生的租赁费支出，按照规定构成融资租入固定资产价值的部分应当提取折旧费用，分期扣除。

(13) 劳动保护。企业发生的合理的劳动保护支出，准予扣除。

(14) 公益性捐赠。企业发生的公益性捐赠支出，在年度利润总额12%以内的部分，准予在计算应纳税所得额时扣除。

公益性捐赠，是指企业通过公益性社会团体或者县级以上人民政府及其部门，用于《中华人民共和国公益事业捐赠法》规定的公益事业的捐赠。公益性社会团体，是指同时符合下列条件的基金会、慈善组织等社会团体：

① 依法登记，具有法人资格。

② 以发展公益事业为宗旨，且不以营利为目的。

③ 全部资产及其增值为该法人所有。

④ 收益和营运结余主要用于符合该法人设立目的的事业。

⑤ 终止后的剩余财产不归属任何个人或者营利组织。

⑥ 不经营与其设立目的无关的业务。

⑦ 有健全的财务会计制度。

⑧ 捐赠者不以任何形式参与社会团体财产的分配。

⑨ 国务院财政、税务主管部门会同国务院民政部门等登记管理部门规定的其他条件。

（15）总机构合并分摊。非居民企业在中国境内设立的机构、场所，就其中国境外总机构发生的与该机构、场所生产经营有关的费用，能够提供总机构出具的费用汇集范围、定额、分配依据和方法等证明文件，并合理分摊的，准予扣除。

（16）汇兑损失。企业在货币交易中，以及纳税年度终了时将人民币以外的货币性资产、负债按照期末即期人民币汇率中间价折算为人民币时产生的汇兑损失，除已经计入有关资产成本以及与向所有者进行利润分配相关的部分外，准予扣除。

（五）不可扣除的项目

1. 在计算应纳税所得额时，下列支出不得扣除：

（1）向投资者支付的股息、红利等权益性投资收益款项。

（2）企业所得税税款。

（3）税收滞纳金。

（4）罚金、罚款和被没收财物的损失。

（5）企业所得税法规定以外的捐赠支出。

（6）赞助支出。

（7）未经核定的准备金支出。

（8）与取得收入无关的其他支出。

2. 计算应纳税所得额时，企业按照规定计算的固定资产折旧，准予扣除，但下列固定资产不得计算折旧扣除：

（1）房屋、建筑物以外未投入使用的固定资产。

（2）以经营租赁方式租入的固定资产。

（3）以融资租赁方式租出的固定资产。

（4）已足额提取折旧仍继续使用的固定资产。

（5）与经营活动无关的固定资产。

（6）单独估价作为固定资产入账的土地。

（7）其他不得计算折旧扣除的固定资产。

3. 在计算应纳税所得额时，企业按照规定计算的无形资产摊销费用，准予扣除，但下列无形资产不得计算摊销费用扣除：

（1）自行开发的支出已在计算应纳税所得额时扣除的无形资产。

（2）自创商誉。

（3）与经营活动无关的无形资产。

（4）其他不得计算摊销费用扣除的无形资产。

4. 投资资产的成本

企业对外投资期间，投资资产的成本在计算应纳税所得额时不得扣除。

5. 商业保险费

除企业依照国家有关规定为特殊工种职工支付的人身安全保险费和国务院财政、税务主管部门规定可以扣除的其他商业保险费外，企业为投资者或者职工支付的商业保险费，不得扣除。

6. 其他不可扣除的项目

企业之间支付的管理费、企业内营业机构之间支付的租金和特许权使用费，以及非银行企业内营业机构之间支付的利息，不得扣除。

（六）亏损弥补

企业纳税年度发生的亏损，准予向以后年度结转，用以后年度的所得弥补，但结转年限最长不得超过5年。

企业在汇总计算缴纳企业所得税时，其境外营业机构的亏损不得抵减境内营业机构的盈利。企业纳税年度发生的亏损，准予向以后年度结转，用以后年度的所得弥补，但结转年限最长不得超过5年。

亏损是指企业依照《企业所得税法》和《企业所得税法实施条例》的规定将每一纳税年度的收入总额减除不征税收入、免税收入和各项扣除后小于零的数额。

【例题 6-1】① 位于市区的某电子设备生产企业，主要生产电脑显示器，拥有固定资产原值6 500万元，其中房产原值4 000万元，2008年发生以下业务：

（1）销售显示器给某销售公司，开具增值税专用发票，按销售合同约定取得不含税销售额7 000万元；购进原材料，取得增值税专用发票，发票上注明的货款金额合计为3 500万元、增值税额595万元。

（2）8月受赠原材料一批，取得捐赠方开具的增值税专用发票，注明货款金额60万元、增值税额10.2万元。

---

① 此例题为为2009年注册会计师《税法》考试试题。

（3）按上年末签订的租赁合同约定，从1月1日起将原值300万元的闲置车间出租给某销售公司，全年取得租金收入120万元。

（4）企业全年销售显示器应扣除的销售成本4 000万元；全年发生销售费用1 500万元（其中广告费用1 200万元）；全年发生管理费用700万元（其中业务招待费用60万元，符合条件的新技术研究开发费用90万元，管理费用中不含房产税和印花税）。

（5）已计入成本、费用中的实际发生的合理工资费用400万元，实际拨缴的工会经费7万元，实际发生的职工福利费用60万元，实际发生的教育经费15万元。

（6）受全球金融危机的影响，企业持有的原账面价值300万元的交易性金融资产，到12月底公允价值下降为210万元（企业以公允价值核算）。

（说明：当地政府确定计算房产税余值的扣除比例为20%）

要求：计算该企业2008年应缴纳的企业所得税税额。

解：

（1）业务招待费应调整的应纳税所得额：

（7 000＋120）×0.5%＝35.6（万元）

60×60%＝36（万元）

业务招待费应调整的应纳税所得额＝60－35.6＝24.4（万元）

（2）广告费应调整的应纳税所得额：

广告费应调整的应纳税所得额＝1 200－(7 000＋120）×15%＝132（万元）

（3）交易性金融资产减值、新技术研发费应调整的应纳税所得额：

交易性资产减值和新技术研发费应调整的应纳税所得额＝(300－210）－90×50%＝45（万元）

（4）工资附加“三费”应调整的应纳税所得额：

工资附加“三费”应调整的应纳税所得额＝60－400×14%＋15－400×2.5%＝9（万元）（提示：工会经费限额＝400×2%＝8万，实际支付7万元，没有超标，不作调整。）

（5）企业2008年度的应纳税所得额：

应纳税所得额＝783.1＋24.4＋132＋45＋9＝993.5（万元）

第四节　税率与应纳税额

一、税率

税率是按照计税依据征税的比例或者额度。税收的固定性特征是通过税率体现的。税率是税收制度的核心要素，是计算应纳税额的尺度。目前，全世界上有159个国家和地区实行企业所得税，平均税率为28.6%。我国企业所得税基本税率为25%，居于偏低水平。

我国企业所得税实行比例税率。

（一）基本税率

企业所得税的基本税率为25%。适用范围如下：

（1）居民企业应当就其来源于中国境内、境外的所得。

（2）非居民企业在中国境内设立机构、场所的，应当就其所设机构、场所取得的来源于中国境内的所得。

（3）非居民企业发生在中国境外但与其所设机构、场所有实际联系的所得。

（二）优惠税率

企业所得税的优惠税率为20%，适用范围如下：

（1）非居民企业在中国境内未设立机构、场所的，来源于中国境内的所得。

（2）非居民企业设立机构、场所但取得的所得与其所设机构、场所没有实际联系的，应当就其来源于中国境内的所得。

但根据税收优惠的安排，此两项所得实际减按10%的税率征收企业所得税。具体规定参见本章第五节“税收优惠”。

二、应纳税额

（一）应纳税额的概念

应纳税额是指纳税人以纳税年度为单位作为检查计算期间计算的全部应纳税种累计合计的应纳税款。企业的应纳税所得额乘以适用税率，减除税收优惠规定的减免和抵免税额后的余额，为应纳税额。

应纳税额的计算公式为：

应纳税额＝应纳税所得额×适用税率－减免税额－抵免税额

其中的减免税额和抵免税额，是指依照企业所得税法和国务院的税收优惠规定减征、免征和抵免的应纳税额。

（二）境外抵扣税额的计算

1. 境外抵扣税额的范围

企业取得的下列所得已在境外缴纳的所得税税额，可以从其当期应纳税额中抵免。在境外缴纳的所得税税额，是指企业来源于中国境外的所得依照中国境外税收法律以及相关规定应当缴纳并已经实际缴纳的企业所得税性质的税款。

（1）居民企业来源于中国境外的应税所得。居民企业从其直接或者间接控制的外国企业分得的来源于中国境外的股息、红利等权益性投资收益，可以作为该居民企业的可抵免境外所得税税额，在规定的抵免限额内抵免。

直接控制，是指居民企业直接持有外国企业20%以上股份。间接控制，是指居民企业以间接持股方式持有外国企业20%以上股份，具体认定办法由国务院财政、税务主管部门另行制定。抵免限额，是指企业来源于中国境外的所得，依照企业所得税法和本条例的规定计算的应纳税额。除国务院财政、税务主管部门另有规定外，该抵免限额应当分国（地区）不分项计算。

（2）非居民企业在中国境内设立机构、场所，取得发生在中国境外但与该机构、场所有实际联系的应税所得。外国企业在境外实际缴纳的所得税税额中属于该项所得负担的部分，可以作为该居民企业的可抵免境外所得税税额，在规定的抵免限额内抵免。抵免限额为该项所得依照企业所得税法规定计算的应纳税额，超过抵免限额的部分，可以在以后五个年度内，用每年度抵免限额抵免当年应抵税额后的余额进行抵补。五个年度，是指从企业取得的来源于中国境外的所得，已经在中国境外缴纳的企业所得税性质的税额超过抵免限额的当年的次年起连续5个纳税年度。

2. 计算公式

抵免限额 = 中国境内、境外所得依照《企业所得税法》和《企业所得税法实施条例》的规定计算的应纳税总额 × 来源于某国（地区）的应纳税所得额 ÷ 中国境内、境外应纳税所得总额

第五节 税收优惠

税收优惠，实际就是政府利用税收制度，按预定目的，以减轻某些纳税人应

履行的纳税义务来补贴纳税人的某些活动。税收优惠主要用于鼓励农、林、牧、渔、水利等行业的发展，鼓励能源、交通、邮电等基础产业的发展，促进科技、教育、文化、宣传、卫生、体育等事业的进步，体现国家的民族政策和扶持社会福利事业。国家对重点扶持和鼓励发展的产业和项目，给予企业所得税优惠。具体表现为以下几种方式。

一、免征与减征的优惠

（一）从事农、林、牧、渔业项目的所得

1. 企业从事下列项目的所得，免征企业所得税：

（1）蔬菜、谷物、薯类、油料、豆类、棉花、麻类、糖料、水果、坚果的种植。

（2）农作物新品种的选育。

（3）中药材的种植。

（4）林木的培育和种植。

（5）牲畜、家禽的饲养。

（6）林产品的采集。

（7）灌溉、农产品初加工、兽医、农技推广、农机作业和维修等农、林、牧、渔服务业项目。

（8）远洋捕捞。

2. 企业从事下列项目的所得，减半征收企业所得税：

（1）花卉、茶以及其他饮料作物和香料作物的种植。

（2）海水养殖、内陆养殖。

企业从事国家限制和禁止发展的项目，不得享受本条规定的企业所得税优惠。

（二）从事国家重点扶持的公共基础设施项目投资经营的所得

国家重点扶持的公共基础设施项目，是指《公共基础设施项目企业所得税优惠目录》规定的港口码头、机场、铁路、公路、城市公共交通、电力、水利等项目。

企业从事前款规定的国家重点扶持的公共基础设施项目的投资经营的所得，自项目取得第一笔生产经营收入所属纳税年度起，第一年至第三年免征企业所得税，第四年至第六年减半征收企业所得税。

企业承包经营、承包建设和内部自建自用本条规定的项目，不得享受本条规定的企业所得税优惠。

（三）从事符合条件的环境保护、节能节水项目的所得

符合条件的环境保护、节能节水项目，包括公共污水处理、公共垃圾处理、沼气综合开发利用、节能减排技术改造、海水淡化等。项目的具体条件和范围由国务院财政、税务主管部门商国务院有关部门制订，报国务院批准后公布施行。

企业从事符合法律规定条件的环境保护、节能节水项目的所得，自项目取得第一笔生产经营收入所属纳税年度起，第一年至第三年免征企业所得税，第四年至第六年减半征收企业所得税。

（四）符合条件的技术转让所得

这里所称符合条件的技术转让所得免征、减征企业所得税，是指一个纳税年度内，居民企业技术转让所得不超过500万元的部分，免征企业所得税，超过500万元的部分，减半征收企业所得税。

二、非居民企业的优惠

非居民企业在中国境内未设立机构、场所的，或者虽设立机构、场所但取得的所得与其所设机构、场所没有实际联系的，减按10%的税率征收企业所得税。但下列所得可以免征企业所得税：

（1）外国政府向中国政府提供贷款取得的利息所得。

（2）国际金融组织向中国政府和居民企业提供优惠贷款取得的利息所得。

（3）国务院批准的其他所得。

三、小型微利企业的优惠

符合条件的小型微利企业，减按20%的税率征收企业所得税。符合条件的小型微利企业，是指从事国家非限制和禁止行业，并符合下列条件的企业：

（1）工业企业，年度应纳税所得额不超过30万元，从业人数不超过100人，资产总额不超过3 000万元。

（2）其他企业，年度应纳税所得额不超过30万元，从业人数不超过80人，资产总额不超过1 000万元。

四、高新技术企业的优惠

国家需要重点扶持的高新技术企业，减按15%的税率征收企业所得税。国家需要重点扶持的高新技术企业，是指拥有核心自主知识产权，并同时符合下列条件的企业：

（1）产品（服务）属于《国家重点支持的高新技术领域》规定的范围。

（2）研究开发费用占销售收入的比例不低于规定比例。

（3）高新技术产品（服务）收入占企业总收入的比例不低于规定比例。

（4）科技人员占企业职工总数的比例不低于规定比例。

（5）高新技术企业认定管理办法规定的其他条件。

《国家重点支持的高新技术领域》和高新技术企业认定管理办法由国务院科技、财政、税务主管部门等国务院有关部门制订，报国务院批准后公布施行。

五、民族自治地方的优惠

民族自治地方的自治机关对本民族自治地方的企业应缴纳的企业所得税中属于地方分享的部分，可以决定减征或者免征。自治州、自治县决定减征或者免征的，须报省、自治区、直辖市人民政府批准。对民族自治地方内国家限制和禁止行业的企业，不得减征或者免征企业所得税。

六、加计扣除

企业的下列支出，可以在计算应纳税所得额时加计扣除：

（1）开发新技术、新产品、新工艺发生的研究开发费用。研究开发费用的加计扣除，是指企业为开发新技术、新产品、新工艺发生的研究开发费用，未形成无形资产计入当期损益的，在按照规定据实扣除的基础上，按照研究开发费用的50%加计扣除。形成无形资产的，按照无形资产成本的150%摊销。

（2）安置残疾人员及国家鼓励安置的其他就业人员所支付的工资。企业安置残疾人员所支付的工资的加计扣除，是指企业安置残疾人员的，在按照支付给残疾职工工资据实扣除的基础上，按照支付给残疾职工工资的100%加计扣除。残疾人员的范围适用《中华人民共和国残疾人保障法》的有关规定。

七、创业投资企业的优惠

创业投资企业从事国家需要重点扶持和鼓励的创业投资，可以按投资额的一定比例抵扣应纳税所得额。抵扣应纳税所得额，是指创业投资企业采取股权投资方式投资于未上市的中小高新技术企业2年以上的，可以按照其投资额的70%在股权持有满2年的当年抵扣该创业投资企业的应纳税所得额，当年不足抵扣的，可以在以后纳税年度结转抵扣。

八、固定资产的加速折旧

企业的固定资产由于技术进步等原因，确需加速折旧的，可以缩短折旧年限或者采取加速折旧的方法。

可以采取缩短折旧年限或者采取加速折旧的方法的固定资产如下：

（1）由于技术进步，产品更新换代较快的固定资产。

（2）常年处于强震动、高腐蚀状态的固定资产。

采取缩短折旧年限方法的，最低折旧年限不得低于《企业所得税实施条例》第 60 条规定折旧年限的60%，采取加速折旧方法的，可以采取双倍余额递减法或者年数总和法。

九、减计收入

企业综合利用资源，生产符合国家产业政策规定的产品所取得的收入，可以在计算应纳税所得额时减计收入。

减计收入，是指企业以《资源综合利用企业所得税优惠目录》规定的资源作为主要原材料，生产国家非限制和禁止并符合国家和行业相关标准的产品取得的收入，减按 90% 计入收入总额。

十、税额抵免

企业购置用于环境保护、节能节水、安全生产等专用设备的投资额，可以按一定比例实行税额抵免。

税额抵免，是指企业购置并实际使用《环境保护专用设备企业所得税优惠目录》、《节能节水专用设备企业所得税优惠目录》和《安全生产专用设备企业所得税优惠目录》规定的环境保护、节能节水、安全生产等专用设备的，该专用设备的投资额的 10% 可以从企业当年的应纳税额中抵免，当年不足抵免的，可以在以后 5 个纳税年度结转抵免。

享受上述规定的企业所得税优惠的企业，应当实际购置并自身实际投入使用前款规定的专用设备，企业购置上述专用设备在 5 年内转让、出租的，应当停止享受企业所得税优惠，并补缴已经抵免的企业所得税税款。

第六节 资产的税务处理

企业的各项资产，包括固定资产、生物资产、无形资产、长期待摊费用、投资资产、存货等，以历史成本[①]为计税基础[②]。企业持有各项资产期间资产增值或者减值，除国务院财政、税务主管部门规定可以确认损益外，不得调整该资产的计税基础。

一、固定资产的税务处理

（一）固定资产的计税基础

固定资产，是指企业为生产产品、提供劳务、出租或者经营管理而持有的、使用时间超过12个月的非货币性资产，包括房屋、建筑物、机器、机械、运输工具以及其他与生产经营活动有关的设备、器具、工具等。

（1）外购的固定资产，以购买价款和支付的相关税费以及直接归属于使该资产达到预定用途发生的其他支出为计税基础。

（2）自行建造的固定资产，以竣工结算前发生的支出为计税基础。

（3）融资租入的固定资产，以租赁合同约定的付款总额和承租人在签订租赁合同过程中发生的相关费用为计税基础，租赁合同未约定付款总额的，以该资产的公允价值和承租人在签订租赁合同过程中发生的相关费用为计税基础。

（4）盘盈的固定资产，以同类固定资产的重置完全价值为计税基础。

（5）通过捐赠、投资、非货币性资产交换、债务重组等方式取得的固定资产，以该资产的公允价值和支付的相关税费为计税基础。

（6）改建的固定资产，除《企业所得税法》第13条第（一）项和第（二）项规定的支出外，以改建过程中发生的改建支出增加计税基础。

（二）固定资产的折旧方法

固定资产按照直线法[③]计算的折旧，准予扣除。企业应当自固定资产投入使用月份的次月起计算折旧。停止使用的固定资产，应当自停止使用月份的次月起停止计算折旧。

企业应当根据固定资产的性质和使用情况，合理确定固定资产的预计净残值。固定资产的预计净残值一经确定，不得变更。

---

① 历史成本，是指企业取得该项资产时实际发生的支出。

② 资产的计税基础，是企业收回资产账面价值过程中，计算应纳税所得额时可以自应税经济利益中抵扣的金额，即某一项资产在未来期间计税时按照税法规定可以税前扣除的金额。负债的计税基础，是指负债的账面价值减去未来期间计算应纳税所得额时按照税法规定可以抵扣的金额。

③ 直线法又称平均年限法，它是指固定资产使用年限平均计算折旧的一种方法。采用这种方法，固定资产在一定时期内应计提折旧额的大小，主要取决于两个基本因素，即固定资产的原值和预计使用年限。

从事开采石油、天然气等矿产资源的企业，在开始商业性生产前发生的费用和有关固定资产的折耗、折旧方法，由国务院财政、税务主管部门另行规定。

（三）固定资产的折旧年限

除国务院财政、税务主管部门另有规定外，固定资产计算折旧的最低年限如下：

（1）房屋、建筑物，为20年。

（2）飞机、火车、轮船、机器、机械和其他生产设备，为10年。

（3）与生产经营活动有关的器具、工具、家具等，为5年。

（4）飞机、火车、轮船以外的运输工具，为4年。

（5）电子设备，为3年。

二、生产性生物资产的税务处理

（一）生产性生物资产的计税基础

（1）外购的生产性生物资产，以购买价款和支付的相关税费为计税基础。

（2）通过捐赠、投资、非货币性资产交换、债务重组等方式取得的生产性生物资产，以该资产的公允价值和支付的相关税费为计税基础。

前款所称生产性生物资产，是指企业为生产农产品、提供劳务或者出租等而持有的生物资产，包括经济林、薪炭林、产畜和役畜等。

（二）生产性生物资产的折旧方法

生产性生物资产按照直线法计算的折旧，准予扣除。企业应当自生产性生物资产投入使用月份的次月起计算折旧。停止使用的生产性生物资产，应当自停止使用月份的次月起停止计算折旧。企业应当根据生产性生物资产的性质和使用情况，合理确定生产性生物资产的预计净残值。生产性生物资产的预计净残值一经确定，不得变更。

（三）生产性生物资产折旧的年限

生产性生物资产计算折旧的最低年限如下：

（1）畜类生产性生物资产，为3年。

（2）林木类生产性生物资产，为10年。

三、无形资产的税务处理

无形资产是企业为生产产品、提供劳务、出租或者经营管理而持有的、没有实物形态的非货币性长期资产，包括专利权、商标权、著作权、土地使用权、非专利技术、商誉等。

（一）无形资产的计税基础

（1）外购的无形资产，以购买价款和支付的相关税费以及直接归属于使该资产达到预定用途发生的其他支出为计税基础。

（2）自行开发的无形资产，以开发过程中该资产符合资本化条件后至达到预定用途前发生的支出为计税基础。

（3）通过捐赠、投资、非货币性资产交换、债务重组等方式取得的无形资产，以该资产的公允价值和支付的相关税费为计税基础。

（二）无形资产的摊销及年限

无形资产按照直线法计算的摊销费用，准予扣除。无形资产的摊销年限不得低于10年。作为投资或者受让的无形资产，有关法律规定或者合同约定了使用年限的，可以按照规定或者约定的使用年限分期摊销。其他应当作为长期待摊费用的支出，自支出发生月份的次月起，分期摊销，摊销年限不得低于3年。

四、投资资产的税务处理

投资资产，是指企业对外进行权益性投资和债权性投资形成的资产。企业在转让或者处置投资资产时，投资资产的成本，准予扣除。投资资产按照以下方法确定成本：

（1）通过支付现金方式取得的投资资产，以购买价款为成本。

（2）通过支付现金以外的方式取得的投资资产，以该资产的公允价值和支付的相关税费为成本。

五、存货的税务处理

存货，是指企业持有以备出售的产品或者商品、处在生产过程中的在产品、在生产或者提供劳务过程中耗用的材料和物料等。存货按照以下方法确定成本：

（1）通过支付现金方式取得的存货，以购买价款和支付的相关税费为成本。

（2）通过支付现金以外的方式取得的存货，以该存货的公允价值和支付的相关税费为成本。

（3）生产性生物资产收获的农产品，以产出或者采收过程中发生的材料费、人工费和分摊的间接费用等必要支出为成本。

企业使用或者销售的存货的成本计算方法，可以从先进先出法、加权平均法、个别计价法中选用一种。计价方法一经选用，不得随意变更。

六、长期待摊费用的税务处理

在计算应纳税所得额时，企业发生的下列支出作为长期待摊费用，按照规定摊销的，准予扣除。

(一) 已足额提取折旧的固定资产的改建支出

已足额提取折旧的固定资产的改建支出是指改变房屋或者建筑物结构、延长使用年限等发生的支出。

(二) 租入固定资产的改建支出

租入固定资产的改建支出是指改变房屋或者建筑物结构、延长使用年限等发生的支出。

(三) 固定资产的大修理支出

固定资产的大修理支出，是指同时符合下列条件的支出：

(1) 修理支出达到取得固定资产时的计税基础 50% 以上。

(2) 修理后固定资产的使用年限延长 2 年以上。

(四) 其他应当作为长期待摊费用的支出

其他应当作为长期待摊费用的支出，自支出发生月份的次月起，分期摊销，摊销年限不得低于 3 年。

第七节 源泉扣缴

一、源泉扣缴的概念

源泉扣缴是指以所得支付人为扣缴义务人，在每次向纳税人支付有关所得款项时，代为扣缴税款的做法。实行源泉扣缴最大的好处在于保护税源，保护国家财政收入。

二、扣缴义务人

对非居民企业在中国境内未设立机构、场所的，或者虽设立机构、场所但取得的所得与其所设机构、场所没有实际联系的，就其来源于中国境内的所得实行源泉扣缴，以支付人为扣缴义务人。

对非居民企业在中国境内取得工程作业和劳务所得应缴纳的所得税，税务机关可以指定工程价款或者劳务费的支付人为扣缴义务人。可以指定扣缴义务人的情形如下：

（1）预计工程作业或者提供劳务期限不足一个纳税年度，且有证据表明不履行纳税义务的。

（2）没有办理税务登记或者临时税务登记，且未委托中国境内的代理人履行纳税义务的。

（3）未按照规定期限办理企业所得税纳税申报或者预缴申报的。

扣缴义务人，由县级以上税务机关指定，并同时告知扣缴义务人所扣税款的计算依据、计算方法、扣缴期限和扣缴方式。扣缴义务人未依法扣缴或者无法履行扣缴义务的，由纳税人在所得发生地缴纳。纳税人未依法缴纳的，税务机关可以从该纳税人在中国境内其他收入项目的支付人应付的款项中，追缴该纳税人的应纳税款。税款由扣缴义务人在每次支付或者到期应支付时，从支付或者到期应支付的款项中扣缴。扣缴义务人每次代扣的税款，应当自代扣之日起7日内缴入国库，并向所在地的税务机关报送扣缴企业所得税报告表。

第八节 特别纳税调整

特别纳税调整是指企业与关联方之间的业务往来，因不符合独立交易原则①而减少企业或者其关联方应纳税收入或者所得额的，税务机关有权按照合理方法调整。企业实施其他不具有合理商业目的的安排而减少其应纳税收入或者所提额的，税务机关有权按照合理方法调整。不具有合理商业目的，是指以减少、免除或者推迟交纳税款为主要目的。

一、调整的对象

（一）关联方

关联方是与企业有下列关联关系之一的企业、其他组织或者个人：

（1）在资金、经营、购销等方面存在直接或者间接的控制关系。

（2）直接或者间接地同为第三者控制。

（3）在利益上具有相关联的其他关系。

① 独立交易原则，是指没有关联关系的交易各方，按照公平成交价格和营业常规进行业务往来遵循的原则。

（二）关联企业之间关联业务的税务处理

（1）企业与其关联方共同开发、受让无形资产，或者共同提供、接受劳务发生的成本，在计算应纳税所得额时应当按照独立交易原则进行分摊。其自行分摊的成本不得在计算应纳税所得额时扣除。

（2）企业可以向税务机关提出与其关联方之间业务往来的定价原则和计算方法，税务机关与企业协商、确认后，达成预约定价安排。

（3）企业向税务机关报送年度企业所得税纳税申报表时，应当就其与关联方之间的业务往来，附送年度关联业务往来报告表。

（4）税务机关在进行关联业务调查时，企业及其关联方，以及与关联业务调查有关的其他企业，应当按照规定提供相关资料。

（5）企业不提供与其关联方之间业务往来资料，或者提供虚假、不完整资料，未能真实反映其关联业务往来情况的，税务机关有权依法核定其应纳税所得额。

（6）居民企业，或者由居民企业和中国居民控制的设立在实际税负明显低于25%的国家（地区）的企业，并非由于合理的经营需要而对利润不作分配或者减少分配的，上述利润中应归属于该居民企业的部分，应当计入该居民企业的当期收入。

（7）企业从其关联方接受的债权性投资与权益性投资的比例超过规定标准而发生的利息支出，不得在计算应纳税所得额时扣除。

（8）企业实施其他不具有合理商业目的的安排而减少其应纳税收入或者所得额的，税务机关有权按照合理方法调整。

（9）税务机关依照本章规定作出纳税调整，需要补征税款的，应当补征税款，并按照国务院规定加收利息。

二、税务机关可采用的合理调整方法

（一）可比非受控价格法

可比非受控价格法是指按照没有关联关系的交易各方进行相同或者类似业务往来的价格进行定价的方法。

（二）再销售价格法

再销售价格法是指按照从关联方购进商品再销售给没有关联关系的交易方的价格，减除相同或者类似业务的销售毛利进行定价的方法。

（三）成本加成法

成本加成法是按照成本加合理的费用和利润进行定价的方法。

（四）交易净利润法

交易净利润法是按照没有关联关系的交易各方进行相同或者类似业务往来取得的净利润水平确定利润的方法。

（五）利润分割法

利润分割法是将企业与其关联方的合并利润或者亏损在各方之间采用合理标准进行分配的方法。

（六）其他符合独立交易原则的方法

三、核定征收

企业不提供与其关联方之间业务往来资料，或者提供虚假、不完整资料，未能真实反映其关联业务往来情况的，税务机关有权依法核定其应纳税所得额。税务机关依法核定企业的应纳税所得额时，可以采用下列方法：

（1）参照同类或者类似企业的利润率水平核定。

（2）按照企业成本加合理的费用和利润的方法核定。

（3）按照关联企业集团整体利润的合理比例核定。

（4）按照其他合理方法核定。

企业对税务机关按照前款规定的方法核定的应纳税所得额有异议的，应当提供相关证据，经税务机关认定后，调整核定的应纳税所得额。

四、加收利息及特别纳税调整的时限

（一）加收利息

税务机关根据税收法律、行政法规的规定，对企业作出特别纳税调整的，应当对补征的税款，自税款所属纳税年度的次年6月1日起至补缴税款之日止的期间，按日加收利息，且不得在计算应纳税所得额时扣除。利息应当按照税款所属纳税年度中国人民银行公布的与补税期间同期的人民币贷款基准利率加5个百分点计算。企业依照企业所得税法定提供有关资料的，可以只按前款规定的人民币贷款基准利率计算利息。

（二）特别纳税调整的时限

企业与其关联方之间的业务往来，不符合独立交易原则，或者企业实施其他不具有合理商业目的安排的，税务机关有权在该业务发生的纳税年度起10年内，进行纳税调整。

第九节 征收管理

一、纳税地点

（一）居民企业的纳税地点的确定

居民企业以企业登记注册地为纳税地点，但登记注册地在境外的，以实际管理机构所在地为纳税地点。居民企业在中国境内设立不具有法人资格的营业机构的，应当汇总计算并缴纳企业所得税。

（二）非居民企业纳税地点的确定

非居民企业在中国境内设立机构、场所的，应当就其所设机构、场所取得的来源于中国境内的所得，以及发生在中国境外但与其所设机构、场所有实际联系的所得，以机构、场所所在地为纳税地点。非居民企业在中国境内设立两个或者两个以上机构、场所的，经税务机关审核批准，可以选择由其主要机构、场所汇总缴纳企业所得税。

非居民企业在中国境内未设立机构、场所的，或者虽设立机构、场所但取得的所得与其所设机构、场所没有实际联系的，应当就其来源于中国境内的所得，以扣缴义务人所在地为纳税地点。

二、纳税期限

企业所得税按纳税年度计算。纳税年度自公历 1 月 1 日起至 12 月 31 日止。企业在一个纳税年度中间开业，或者终止经营活动，使该纳税年度的实际经营期不足 12 个月的，应当以其实际经营期为一个纳税年度。

企业依法清算时，应当以清算期间作为一个纳税年度。企业所得税分月或者分季预缴。

企业根据企业所得税法规定分月或者分季预缴企业所得税时，应当按照月度或者季度的实际利润额预缴，按照月度或者季度的实际利润额预缴有困难的，可以按照上一纳税年度应纳税所得额的月度或者季度平均额预缴，或者按照经税务机关认可的其他方法预缴。预缴方法一经确定，该纳税年度内不得随意变更。

三、纳税申报

企业应当自月份或者季度终了之日起 15 日内，向税务机关报送预缴企业所得税纳税申报表，预缴税款。企业应当自年度终了之日起5个月内，向税务机关报送年度企业所得税纳税申报表，并汇算清缴，结清应缴应退税款。企业在报送企业所得税纳税申报表时，应当按照规定附送财务会计报告和其他有关资料。

企业在年度中间终止经营活动的，应当自实际经营终止之日起60日内，向税务机关办理当期企业所得税汇算清缴。企业应当在办理注销登记前，就其清算所得向税务机关申报并依法缴纳企业所得税。

依法缴纳的企业所得税，以人民币计算。所得以人民币以外的货币计算的，应当折合成人民币计算并缴纳税款。企业所得以人民币以外的货币计算的，预缴企业所得税时，应当按照月度或者季度最后一日的人民币汇率中间价，折合成人民币计算应纳税所得额。年度终了汇算清缴时，对已经按照月度或者季度预缴税款的，不再重新折合计算，只就该纳税年度内未缴纳企业所得税的部分，按照纳税年度最后一日的人民币汇率中间价，折合成人民币计算应纳税所得额。

经税务机关检查确认，企业少计或者多计前款规定的所得的，应当按照检查确认补税或者退税时的上一个月最后一日的人民币汇率中间价，将少计或者多计的所得折合成人民币计算应纳税所得额，再计算应补缴或者应退的税款。

本章小结

1. 企业所得税是对一国境内的企业和其他取得收入的组织的生产经营所得和其他所得所征收的一种税收。它是国家参与企业利润分配的重要手段。在我国并不是所有名称为企业的组织都适用企业所得税法，个人独资企业、合伙企业缴纳个人所得税，不缴纳企业所得税。

2. 企业所得税法是处理国家和企业分配关系的重要工具。税收制度设计的合理与否，直接影响企业负担和国家财政收入。因此，企业所得税法在制定过程中，应遵循以下原则：（1）税负公平原则；（2）宏观调控原则；（3）方便征管原则。

3. 居民企业是依法在中国境内成立，或者依照外国（地区）法律成立但实际管理机构在中国境内的企业。具体又分为两类：（1）中国境内成立的企业；（2）境外成立但实际管理机构在中国境内的企业。非居民企业是依照外国（地区）法律成立且实际管理机构不在中国境内，但在中国境内设立机构、场所的，或者在中国境内未设立机构、场所，但有来源于中国境内所得的企业。依照外国（地区）法律成立的企业，包括依照外国（地区）法律成立的企业和其他取得收入的组织。具体又分为两类：(1) 在中国境内设立机构、场所的外国企业机构、场所。(2) 在中国境内未设立机构但有来源于中国境内所得的外国企业。

4. 应纳税所得额是按照税法规定确定纳税人在一定期间所获得的所有应税收入减除在该纳税期间依法允许减除的各种支出后的余额，是计算企业所得税税额的计税依据。计算应纳税所得额的基本公式为：应纳税所得额 = 收入总额 - 不征税收入 - 免税收入 - 各项扣除 - 以前年度亏损。

5. 税率是按照计税依据征税的比例或者额度。税收的固定性特征是通过税率体现的。税率是税收制度的核心要素，是计算应纳税额的尺度。目前，全世界上有 159 个国家和地区实行企业所得税，平均税率为 28.6%。我国企业所得税基本税率为 25%，居于偏低水平。我国企业所得税实行比例税率。

6. 应纳税额是指纳税人以纳税年度为单位作为检查计算期间计算的全部应纳税种累计合计的应纳税款。企业的应纳税所得额乘以适用税率，减除税收优惠规定的减免和抵免税额后的余额，为应纳税额。应纳税额的计算公式为：应纳税额 = 应纳税所得额 × 适用税率 - 减免税额 - 抵免税额。

7. 税收优惠，实际就是政府利用税收制度，按预定目的，以减轻某些纳税人应履行的纳税义务来补贴纳税人的某些活动。税收优惠主要用于鼓励农、林、牧、渔、水利等行业的发展，鼓励能源、交通、邮电等基础产业的发展，促进科技、教育、文化、宣传、卫生、体育等事业的进步，体现国家的民族政策和扶持社会福利事业。国家对重点扶持和鼓励发展的产业和项目，给予企业所得税优惠。

8. 企业的各项资产，包括固定资产、生物资产、无形资产、长期待摊费用、投资资产、存货等，以历史成本为计税基础。企业持有各项资产期间资产增值或者减值，除国务院财政、税务主管部门规定可以确认损益外，不得调整该资产的计税基础。

9. 源泉扣缴是指以所得支付人为扣缴义务人，在每次向纳税人支付有关所得款项时，代为扣缴税款的做法。实行源泉扣缴最大的好处在于保护税源，保护国家财政收入。

10. 特别纳税调整是指企业与关联方之间的业务往来，因不符合独立交易原则而减少企业或者其关联方应纳税收入或者所得额的，税务机关有权按照合理方法调整。企业实施其他不具有合理商业目的的安排而减少其应纳税收入或者所提额的，税务机关有权按照合理方法调整。不具有合理商业目的是指以减少、免除或者推迟交纳税款为主要目的。

思考题

1. 企业所得税的纳税人包括哪些？
2. 什么是不征税收入？
3. 企业所得税的税率有哪些？
4. 简述固定资产的折旧年限。

第七章

个人所得税法

第一节　个人所得税法概述

一、个人所得税的概念

个人所得税是以个人（自然人）取得的应税所得为征税对象所征收的一种税。它自1799年诞生于英国以来，在200多年的时间内迅速发展，不仅在地域范围上从欧洲扩大到北美洲、大洋洲、亚洲、南美洲和非洲，目前已成为世界各国普遍开征的一个税种，而且随着生产力水平的提高和个人所得税制度的不断完善，个人所得税收入在税收收入中的比重也迅速增加，在许多国家尤其是发达国家已被确立为主体税种地位，个人所得税成为财政收入的主要来源。在我国，个人所得税制度也经历了一个从无到有、不断发展的过程。

我国自1980年开征个人所得税以来，我国的个人所得税收入连年大幅增长，特别是1994年新税制实施以来，个人所得税收入以年均34%的增幅稳步增长。目前，个人所得税已成为我国国内税收中的第四大税种，在部分地区已跃居地方税收收入的第二位，成为地方财政收入的主要来源。统计显示，1994年，我国仅征收个人所得税73亿元，2008年增加到3 722亿元。1994年到2008年，个人所得税收入占GDP的比重由0.15%上升至1.24%，占税收收入的比重由1.4%上升至6.4%。①

---

① 新华社．财政部报告显示个人所得税跃居我国第四大税种．http：//www. gov. cn/jrzg/2009－06/18/content_ 1344267. htm. 2009年11月17日访问．

二、我国个人所得税的特点

(一) 采用分类征收办法

各国个人所得税的征收制度主要分为“综合所得税制”、“分类所得税制”和“混合所得税制”三种类型。我国现行个人所得税采用的是分类所得税制，即将个人取得的各种所得按其性质划分为11类，分别适用不同的费用扣除标准、税率结构和计税方法。

(二) 累进税率与比例税率并用

比例税率计算简便，体现效率；累进税率可以合理调节收入分配，体现公平。我国现行个人所得税将两者的优点很好地运用到税率设计中。

(三) 定额扣除和定率扣除相结合

我国现行个人所得税计税时，对不同应税所得项目的费用扣除，分别采用定额和和定率扣除两种方法。如工资、薪金所得，从2006年1月起，每月扣除费用由800元调整为1 600元；从2008年3月起，又由1 600元调整为2 000元。又如劳务报酬所得，每次收入低于4 000元的，定额扣除800元费用，超过4 000元的，按照收入额的20%扣除费用，体现了多得多征、少得少征和公平税负的政策精神。但对利息、股息、红利所得和偶然所得等非劳动所得，计税时不能扣除任何费用。

(四) 计算方法简便

由于我国现行个人所得税的各项所得分类计算，扣除项目、扣除费用及扣除方法明确。因此，计算比较简单，符合税制简便原则。

(五) 按月按次计税

我国现行个人所得税对工资、薪金所得实行按月计算，对劳务报酬所得，稿酬所得，承包、承租所得，特许权使用费所得，财产转让所得，财产租赁所得，股息、利息、红利所得，偶然所得等，则实行按次计税。

(六) 采用代扣代缴和自行申报两种征纳方法

我国现行个人所得税对纳税人的应纳税额，分别采取由支付单位或个人代扣代缴和纳税人自行申报两种缴纳方式。这既有利于控制税源流失，也便于税款征管。

三、我国个人所得税法的立法沿革

个人所得税法是指国家制定的用以调整个人所得税征收与缴纳之间权利及义

务关系的法律规范。

我国个人所得税的起步很晚，较早涉及到所得税的法律文件是1909年清政府草拟的《所得税章程》，比起西方国家个人所得税的起源落后了110年。近代个人所得税的发展基本上陷于停滞，直到新中国成立之后，我国个人所得税才步入了新的发展阶段。

新中国成立后，1950年政务院颁布的《全国税政实施要则》的规定中有对个人所得征税的税种，但主要是薪给报酬所得税和存款利息所得税，前者一直未开征，后者于1959年停征。中国现行所得税制度是20世纪80年代后逐步建立和完善起来的。1980年国家立法征收个人所得税，1986年开征城乡个体工商业户所得税，1987年开征对中国公民征收的个人收入调节税，形成内外两套、三税鼎立的个人所得税制。1994年实施税制改革时，将原来对外籍人员征收的个人所得税、对国内人员征收的个人收入调节税和对城乡个体工商业户征收的所得税合并成新的个人所得税。

现行个人所得税的基本法律是1980年9月10日第五届全国人民代表大会第三次会议制定的《中华人民共和国个人所得税法》（以下简称《个人所得税法》）。自制定至今，《个人所得税法》共经历了三次修订。1993年10月31日，第八届全国人民代表大会常务委员会第四次会议通过了第一次修正的《中华人民共和国个人所得税法》（以下简称《个人所得税法》）。1999年8月30日，第九届全国人民代表大会常务委员会第11次会议通过了第二次修正的《个人所得税法》。2005年10月27日，第十届全国人民代表大会常务委员会第十八次会议第三次修正了《个人所得税法》。

1994年1月28日，国务院第142号令发布《中华人民共和国个人所得税法实施条例》（以下简称《个人所得税法实施条例》）。2005年12月19日，《国务院第一次修订了《个人所得税法实施条例》。2008年2月28日，国务院第二次修订了《个人所得税法实施条例》，并自2008年3月1日起施行。

第二节　个人所得税的纳税主体和征税对象

一、纳税主体

个人所得税的纳税主体，包括中国公民、个体工商业户以及在中国有所得的外籍人员（包括无国籍人员，下同）和中国香港、澳门、台湾地区同胞。上述纳税义务人依据住所和居住时间两个标准，区分为居民和非居民，分别承担不同的纳税义务。

（一）居民纳税义务人

居民纳税义务人负有无限纳税义务，其所取得的应纳税所得，无论是来源于中国境内还是中国境外任何地方，都要在中国缴纳个人所得税。根据《个人所得税法》规定，居民纳税义务人是指在中国境内有住所，或者无住所而在中国境内居住满 1 年的个人。

所谓在中国境内有住所的个人，是指因户籍、家庭、经济利益关系，而在中国境内习惯性居住的个人。这里所说的习惯性居住，是判定纳税义务人属于居民还是非居民的一个重要依据。它是指个人因学习、工作、探亲等原因消除之后，没有理由在其他地方继续居留时，所要回到的地方，而不是指实际居住或在某一个特定时期内的居住地。

所谓在境内居住满 1 年，是指在一个纳税年度（公历 1 月 1 日起至 12 月 31 日止）内，在中国境内居住满 365 日。在计算居住天数时，对临时离境应视同在华居住，不扣减其在华居住的天数。这里所说的临时离境，是指在一个纳税年度内，一次不超过 30 日或者多次累计不超过 90 日的离境。

根据上述规定，对于在中国境内无住所而居住满 1 年的个人，应该自居住满 1 年之日起承担无限纳税人义务，即对其来自境内及境外的所得都要在中国缴纳个人所得税。但是，《个人所得税法实施条例》第 6 条对这类纳税人作出了优惠性的规定。根据这一规定，在中国境内无住所，但是居住 1 年以上 5 年以下的个人，其来源于中国境外的所得，经主管税务机关批准，可以只就由中国境内公司、企业以及其他经济组织或者个人支付的部分缴纳个人所得税；居住超过 5 年的个人，从第 6 年起，应当就其来源于中国境内外的全部所得缴纳个人所得税。

（二）非居民纳税义务人

非居民纳税义务人，是指不符合居民纳税义务人标准的纳税义务人。根据《个人所得税法》的规定，非居民纳税义务人是在中国境内无住所又不居住或者无住所而在境内居住不满 1 年的个人。非居民纳税义务人承担有限纳税义务，即仅就其来源于中国境内的所得，向中国缴纳个人所得税。

但是《个人所得税法实施条例》第 7 条对这类纳税人作出了优惠性的规定。根据这一规定，在中国境内无住所，但是在一个纳税年度中在中国境内连续或者累计居住不超过 90 日的个人，其来源于中国境内的所得，由境外雇主支付并且不由该雇主在中国境内的机构、场所负担的部分，免予缴纳个人所得税。

二、征税对象

根据税收法定原则，税法对征税对象有明确规定的，纳税人有纳税的义务；税法没有明确规定的，纳税人没有纳税的义务。因此，准确把握个人所得税的征税对象，具有重要的意义。

（一）立法模式

从征税对象的角度，世界各国实行的个人所得税制度，大体上可分为三种基本模式：

1. 分类所得税制

这一模式是对同一纳税人不同类别的所得，按不同税率分别征收，实行区别对待的税收制度，如对工资薪金等劳动所得课以较轻的税，对营业利润、利息、股息、租金等资本所得课以较重的税。这种税制的基本特征就是只对税法上明确规定的所得分类分项课征，而不是将个人的总所得合并纳税。从世界各国的税制看，英国是分类所得税制的典范。它的优点是可以广泛采用源泉课征法，课征简便，节省征收费用，而且可按所得性质的不同采取差别税率，有利于实现特定的政策目标。它的不足是不能按纳税人全面的、真正的纳税能力征税，不太符合支付能力原则。

2. 综合所得税制

综合所得税制是将纳税人在一定时期内的各种所得综合起来，减去法定减免和扣除项目的数额，就其余额按累进税率征收的一种税收制度。它的特点就是将来源于各种渠道的所有形式的所得加总课税，不分类别，统一征收。西方许多发达国家的个人所得税制度就属这一类型，如美国。综合所得税制的优点表现在：税基较宽，能够反映纳税人的综合负担能力；考虑到个人经济情况和家庭负担等，给予纳税人一定的减免照顾；就其总的净所得采取累进税率，这又可以达到调节纳税人所得税负担的目的，实现一定程度上的纵向再分配。但这种税制的课征手续较繁，征收费用较多，且容易出现偷漏税，要求纳税人有较高的纳税意识、较健全的财务会计制度和先进的税收管理制度。

3. 混合所得税制

混合所得税制是由分类所得税与综合所得税合并而成。它是按纳税人的各项有规则来源的所得先课征分类税，从来源扣缴，然后再综合纳税人全年各种所得额，如达到一定数额，再课以累进税率的综合所得税或附加税。其特点是对同一所得进行两次独立的课税。瑞典、日本、韩国等国家的个人所得税就属于这种类型。这种所得税制优点在于它能充分体现税收的公平原则，因为它综合了前两种税制的优点，一方面实行源泉扣缴，防止漏税，另一方面全部所得又要合并申报，符合量能负担的要求。因此，混合所得税是一种适用性较强的所得税类型。

从世界各国个人所得税制的总体观察，分类制实行较早。以后在某些国家演进为综合制，更多地演进为分类综合制。可以这样说，当前世界上几乎没有一个国家实行纯粹的分类制，实行纯粹综合制的也不多。一般都是实行综合与分类的混合制。

（二）我国的立法模式

我国采取的是分类所得税制，具体包括11个税目：工资、薪金所得，个体工商户生产、经营所得，对企事业单位的承包、承租经营所得，劳务报酬所得，稿酬所得，特许权使用费所得，利息、股息、红利所得，财产租赁所得，财产转让所得，偶然所得和其他所得。

1. 工资、薪金所得

工资、薪金所得，是指个人因任职或者受雇而取得的工资、薪金、奖金、年终加薪、劳动分红、津贴、补贴以及任职或者受雇有关的其他所得。除工资、薪金以外，奖金、年终加薪、劳动分红、津贴、补贴也被确定为工资、薪金范畴。其中，年终加薪、劳动分红一律按工资、薪金所得征税。津贴、补贴等则有例外，下列津贴和补贴不予征税：

（1）独生子女补贴。

（2）执行公务员工资制度未纳入基本工资总额的补贴、津贴差额和家属成员的副食品补贴。

（3）托儿补助费。

（4）差旅费津贴、误餐补助。其中，误餐补助是指按照财政部规定，个人因公在城区、郊区工作，不能在工作单位或返回就餐的，根据实际误餐顿数，按规定的标准领取的误餐费。单位以误餐补助名义发给职工的补助、津贴不能包括在内。

2. 个体工商户的生产、经营所得

个体工商户的生产、经营所得，是指：

（1）个体工商户从事工业、手工业、建筑业、交通运输业、商业、饮食业、服务业、修理业及其他行业取得的所得。

（2）个人经政府有关部门批准，取得执照，从事办学、医疗、咨询以及其他有偿服务活动取得的所得。

（3）上述个体工商户和个人取得的与生产、经营有关的各项应税所得。

（4）个人因从事彩票代销业务而取得所得，应按照“个体工商户的生产、经营所得”项目计征个人所得税。

（5）其他个人从事个体工商业生产、经营取得的所得。

3. 对企事业单位的承包经营、承租经营的所得

对企事业单位的承包经营、承租经营所得，是指个人承包经营或承租经营以及转包、转租取得的所得。承包项目可分多种，如生产经营、采购、销售、建筑安装等各种承包。转包包括全部转包或部分转包。

4. 劳务报酬所得

劳务报酬所得，是指个人从事设计、装潢、安装、制图、化验、测试、医疗、法律、会计、咨询、讲学、新闻、广播、翻译、审稿、书画、雕刻、影视、录音、录像、演出、表演、广告、展览、技术服务、介绍服务、经纪服务、代办服务以及其他劳务取得的所得。

5. 稿酬所得

稿酬所得，是指个人因其作品以图书、报刊形式出版、发表而取得的所得。

6. 特许权使用费所得

特许权使用费所得，是指个人提供专利权、商标权、著作权、非专利技术以及其他特许权的使用权取得的所得。提供著作权的使用权取得的所得，不包括稿酬所得。

7. 利息、股息、红利所得

利息、股息、红利所得，是指个人拥有债权、股权而取得的利息、股息、红利所得。利息，指个人拥有债权而取得的利息，包括存款利息、贷款利息和各种债券的利息。按税法规定，个人取得的利息所得，除国债和国家发行的金融债券利息外。

8. 财产租赁所得

财产租赁所得，是指个人出租建筑物、土地使用权、机器设备、车船以及其他财务取得的所得。

个人取得的财产转租收入，属于“财产租赁所得”的征税范围，由财产转租人缴纳个人所得税。在确认纳税义务人时，应以产权凭证为依据；对无产权凭证的，由主管税务机关根据实际情况确定。产权所有人死亡，在未办理产权继承手续期间，该财产出租而有租金收取人的，以领取租金的个人为纳税义务人。

9. 财产转让所得

财产转让所得，是指个人转让有价证券、股权、建筑物、土地使用权、机器设备、车船以及其他财产取得的所得。对个人取得的各项财产转让所得，除股票转让所得外，都要征收个人所得税。

10. 偶然所得

偶然所得，是指个人得奖、中奖、中彩以及其他偶然性质的所得。偶然所得应缴纳的个人所得税税款，一律由发奖单位或机构代扣代缴。

11. 经国务院财政部门确定征税的其他所得

除上述列举的各项个人应税所得外，其他确有必要征税的个人所得，由国务院财政部门确定。个人取得的所得，难以界定应纳税所得项目的，由主管税务机关确定。

第三节 税收优惠

一、免税项目

根据《个人所得税法》第 4 条的规定，下列各项个人所得，免纳个人所得税：

（1）省级人民政府、国务院部委和中国人民解放军军以上单位，以及外国组织、国际组织颁发的科学、教育、技术、文化、卫生、体育、环境保护等方面的奖金。

（2）国债和国家发行的金融债券利息。

（3）按照国家统一规定发给的补贴、津贴。

（4）福利费、抚恤金、救济金。

（5）保险赔款。

（6）军人的转业费、复员费。

（7）按照国家统一规定发给干部、职工的安家费、退职费、退休工资、离休工资、离休生活补助费。

（8）依照我国有关法律规定应予免税的各国驻华使馆、领事馆的外交代表、领事官员和其他人员的所得。

（9）中国政府参加的国际公约、签订的协议中规定免税的所得。

（10）经国务院财政部门批准免税的所得。

二、减税项目

根据《个人所得税法》第 5 条的规定，有下列情形之一的，经批准可以减征个人所得税：

（1）残疾、孤老人员和烈属的所得。

（2）因严重自然灾害造成重大损失的。

（3）其他经国务院财政部门批准减税的。

三、捐赠的扣除

个人将其所得通过中国境内的社会团体、国家机关向教育和其他社会公益事业以及遭受严重自然灾害地区、贫困地区捐赠，捐赠额未超过纳税义务人申报的应纳税所得额30%的部分，可以从其应纳税所得额中扣除。

个人通过非营利的社会团体和国家机关向农村义务教育的捐赠，准予在缴纳个人所得税前的所得额中全额扣除。农村义务教育的范围，是政府和社会力量举办的农村乡镇（不含县和县级市政府所在地的镇）、村的小学和初中以及属于这一阶段的特殊教育学校。纳税人对农村义务教育与高中在一起的学校的捐赠，也享受此项所得税前扣除。

四、境外所得的税额扣除

纳税义务人从中国境外取得的所得，准予其在应纳税额中扣除已在境外缴纳的个人所得税税额。但扣除额不得超过该纳税义务入境外所得依照我国税法规定计算的应纳税额。纳税义务人在中国境外一个国家或者地区实际已经缴纳的个人所得税税额，低于依照上述规定计算出的该国家或者地区扣除限额的，应当在中国缴纳差额部分的税款；超过该国家或者地区扣除限额的，其超过部分不得在本纳税年度的应纳税额中扣除，但是可以在以后纳税年度的该国家或者地区扣除限额的余额中补扣，补扣期限最长不得超过5年。

第四节　个人所得税的计算

无论何种所得，其个人所得税的计算公式都可以统一表述为：

应纳税额＝应纳税所得额×适用税率

这一公式表明，个人所得税的计算的关键是确定应纳税所得额和税率。应纳税所得额，通常简称为应税所得，与所得额是不同的概念，这主要是因为个人所得税法对一些税目下的所得规定了各种各样的扣除标准。在有扣除标准的情况下，个人的所得在依法进行扣除后的余额才是应纳税所得额。至于税率，个人所得税法对不同的税目也规定不尽相同的税率，并对个别税目还有优惠性的规定。因此，应该根据不同税目分别掌握其具体规定。

一、工资、薪金所得应纳税额的计算

（一）应纳税所得额

工资、薪金所得，以每月收入额减除费用2 000元，为应纳税所得额。

按照税法的规定，对在中国境内无住所而在中国境内取得工资、薪金所得的纳税义务人和在中国境内有住所而在中国境外取得工资、薪金所得的纳税义务人，可以根据其平均收入水平、生活水平以及汇率变化情况确定附加减除费用，附加减除费用适用的范围和标准由国务院规定。国务院在发布的《个人所得税法实施条例》中，对附加减除费用适用的范围和标准作了具体规定：

1. 附加减除费用适用的范围

（1）在中国境内的外商投资企业和外国企业中工作取得工资、薪金所得的外籍人员；

（2）应聘在中国境内的企业、事业单位、社会团体、国家机关中工作取得工资、薪金所得的外籍专家；

（3）在中国境内有住所而在中国境外任职或者受雇取得工资、薪金所得的个人；

（4）财政部确定的取得工资、薪金所得的其他人员。

2. 附加减除费用标准

上述适用范围内的人员每月工资、薪金所得在减除2 000元费用的基础上，再减除2 800元，即共减除费用4 800元。

华侨和我国香港地区、澳门地区、台湾地区同胞参照上述附加减除费用标准执行。

（二）税率及速算扣除数

由于工资、薪金所得在计算应纳个人所得税额时，适用的是九级超额累进税率，所以，计算比较繁琐。运用速算扣除数计算法，可以简化计算过程。速算扣除数是指在采用超额累进税率征税的情况下，根据超额累进税率表中划分的应纳税所得额级距和税率，先用全额累进方法计算出税额，再减去用超额累进方法计算的应征税额以后的差额。当超额累进税率表中的级距和税率确定以后，各级速算扣除数也固定不变，成为计算应纳税额时的常数。工资、薪金所得适用的税率及速算扣除数见下表7－1。

表 7-1　工资、薪金所得的税率及速算扣除数表

级数	全月应纳税所得额	税率（%）	速算扣除数
1	不超过 500 元的	5	0
2	超过 500～2 000 元的部分	10	25
3	超过 2 000～5 000 元的部分	15	125
4	超过 5 000～2 万元的部分	20	375
5	超过 2 万元～4 万元的部分	25	1 375
6	超过 4 万元～6 万元的部分	30	3 375
7	超过 6 万元～8 万元的部分	35	6 375
8	超过 8 万元～10 万元的部分	40	10 375
9	超过 10 万元的部分	45	15 375

（三）计算公式

工资、薪金所得的计算公式为：

应纳税额 = 应纳税所得额 × 适用税率 - 速算扣除数

= (每月收入额 - 1 600 元或 4 800 元) × 适用税率 - 速算扣除数

【例题 7-1】 中国公民李某 2009 年 12 月的工资为 3 800 元，该纳税人不适用附加减除费用的规定。

要求： 计算其月应纳个人所得税税额。

解： (1) 应纳税所得额 = 3 800 - 2 000 = 1 800（元）

(2) 应纳税额 = 1 800 × 10% - 25 = 155（元）

（四）特殊规定

1. 全年一次性奖金的计税方法

全年一次性奖金是指行政机关、企事业单位等扣缴义务人根据其全年经济效益和对雇员全年工作业绩的综合考核情况，向雇员发放的一次性奖金。一次性奖金也包括年终加薪、实行年薪制和绩效工资办法的单位根据考核情况兑现的年薪和绩效工资。纳税人取得全年一次性奖金，单独作为一个月工资、薪金所得计算纳税，自 2005 年 1 月 1 日起按以下计税办法，由扣缴义务人发放时代扣代缴：

(1) 先将雇员当月内取得的全年一次性奖金，除以 12 个月，按其商数确定适用税率和速算扣除数。

如果在发放年终一次性奖金的当月，雇员当月工资薪金所得低于税法规定的费用扣除额，应将全年一次性奖金减除“雇员当月工资薪金所得与费用扣除额的差额”后的余额，按上述办法确定全年一次性奖金的适用税率和速算扣除数。

（2）将雇员个人当月内取得的全年一次性奖金，按上述第1条确定的适用税率和速算扣除数计算征税，计算公式如下：

如果雇员当月工资薪金所得高于（或等于）税法规定的费用扣除额的，适用公式为：

应纳税额＝雇员当月取得全年一次性奖金×适用税率－速算扣除数

如果雇员当月工资薪金所得低于税法规定的费用扣除额的，适用公式为：

应纳税额＝（雇员当月取得全年一次性奖金－雇员当月工资薪金所得与费用扣除领的差额）×适用税率－速算扣除数

（3）在一个纳税年度内，对每一个纳税人，该计税办法只允许采用一次。

（4）实行年薪制和绩效工资的单位，个人取得年终兑现的年薪和绩效工资按上述（2）、（3）规定执行。

（5）雇员取得除全年一次性奖金以外的其他各种名目奖金，如半年奖、季度奖、加班奖、先进奖、考勤奖等，一律与当月工资、薪金收入合并，按税法规定缴纳个人所得税。

2. 退职费收入的计税方法

（1）根据《个人所得税法》第4条的规定，按照国家统一规定发给干部、职工的安家费、退职费、退休工资、离休工资、离休生活补助费，免纳个人所得税。这里所说的“退职费”，是指个人符合《国务院关于工人退休、退职的暂行办法》（国发［1978］104号）规定的退职条件并按该办法规定的退职费标准所领取的退职费。

（2）个人取得的不符合上述办法规定的退职条件和退职费标准的退职费收入，应属于与其任职、受雇活动有关的工资、薪金性质的所得，应在取得的当月按工资、薪金所得计算缴纳个人所得税。但考虑到作为雇主给予退职人员经济补偿的退职费，通常为一次性发给，且数额较大，以及退职人员有可能在一段时间内没有固定收入等实际情况，依照《个人所得税法》有关工资、薪金所得计算征税的规定，对退职人员一次取得较高退职费收入的，可视为其一次取得数月的工资、薪金收入，并以原每月工资、薪金收入总额为标准，划分为若干月份的工资、薪金收入后，计算个人所得税的应纳税所得额及税额。但按上述方法划分超过了6个月工资、薪金收入的，应按6个月平均划分计算。个人取得全部退职费收入的应纳税款，应由其原雇主在支付退职费时负责代扣并于次月 7 日内缴入国库。个人退职后 6 个月内又再次任职、受雇的，对个人已缴纳个人所得税的退职费收入，不再与再次任职、受雇取得的工资、薪金所得合并计算补缴个人所得税。

3. 个人兼职和退休人员再任职取得收入的计税方法

个人兼职取得的收入应按照“劳务报酬所得”应税项目缴纳个人所得税退休人员再任职取得的收入，在减除按个人所得税法规定的费用扣除标准后，按“工资、薪金所得”应税项目缴纳个人所得税。

4. 内部退养办法人员取得收入的计税方法

企业减员增效和行政、事业单位、社会团体在机构改革过程中，实行内部退养的个人会有多种所得，其计税方法也有所不同，具体如下：

（1）在其办理内部退养手续后至法定离退休年龄之间从原任职单位取得的工资、薪金，不属于离退休工资，应按“工资、薪金所得”项目计征个人所得税。

（2）个人在办理内部退养手续后从原任职单位取得的一次性收入，应按办理内部退养手续后至法定离退休年龄之间的所属月份进行平均，并与领取当月的“工资、薪金”所得合并后减除当月费用扣除标准，以余额为基数确定适用税率，再将当月工资、薪金加上取得的一次性收入，减去费用扣除标准，按适用税率计征个人所得税。

（3）个人在办理内部退养手续后至法定离退休年龄之间重新就业取得的“工资、薪金”所得，应与其从原任职单位取得的同一月份的“工资、薪金”所得合并，并依法自行向主管税务机关申报缴纳个人所得税。

5. 对个人因解除劳动合同取得经济补偿金的计税方法

对个人因解除劳动合同取得经济补偿金，按以下规定处理：

（1）企业依照国家有关法律规定宣告破产，企业职工从该破产企业取的一次性安置费收入，免征个人所得税。

（2）个人因与用人单位解除劳动关系而取得的一次性补偿收入（包括用人单位发放的经济补偿金、生活补助费和其他补助费用），其收入在当地上年职工平均工资 3 倍数额以内的部分，免征个人所得税；超过 3 倍数额部分的一次性补偿收入，可视为一次取得数月的工资、薪金收入，允许在一定期限内平均计算。方法为：以超过 3 倍数额部分的一次性补偿收入，除以个人在本企业的工作年限数（超过 12 年的按 12 年计算），以其商数作为个人的月工资、薪金收入，按照税法规定计算缴纳个人所得税。个人在解除劳动合同后又再次任职、受雇的，已纳税的一次性补偿收入不再与再次任职、受雇的工资薪金所得合并计算补缴个人所得税。

二、个体工商户的生产、经营所得应纳税额的计算

（一）应纳税所得额

个体工商户的生产、经营所得，以每一纳税年度的收入总额，减除成本、费用以及损失后的余额，为应纳税所得额。成本、费用，是指纳税义务人从事生产、经营所发生的各项直接支出和分配计入成本的间接费用以及销售费用、管理费用、财务费用；损失，是指纳税义务人在生产、经营过程中发生的各项营业外支出。从事生产、经营的纳税义务人未提供完整、准确的纳税资料，不能正确计算应纳税所得额的，由主管税务机关核定其应纳税所得额。

上述所称生产经营所得，包括企业分配给投资者个人的所得和企业当年留存的所得（利润）。

（二）税率

个体工商户的生产、经营所得适用五级超额累进税率。劳务报酬所得适用的税率及速算扣除数见下表7－2。

表7－2　个体工商户、承包户的生产、经营所得的税率及速算扣除数表

级数	全年应纳税所得额	税率（%）	速算扣除数
1	不超过5 000元的	5	0
2	超过5 000～1万的部分	10	250
3	超过1万～3万的部分	20	1 250
4	超过3万～5万的部分	30	4 250
5	超过5万的部分	35	6 750

（三）个体工商户的生产、经营所得应纳税额的计算公式

应纳税额＝应纳税所得额×适用税率－速算扣除数
＝（全年收入总额－成本、费用以及损失）×适用税率－速算扣除数

（四）特殊规定

（1）个体工商户和从事生产、经营的个人，取得与生产、经营活动无关的其他各项应税所得，应分别按照其他应税项目的有关规定，计算征收个人所得

税。如取得银行存款的利息所得、对外投资取得的股息所得，应按“股息、利息、红利”税目的规定单独计征个人所得税。

（2）自 2000 年 1 月 1 日起，对个人独资企业和合伙企业停征企业所得税，个人独资企业和合伙企业投资者依法缴纳个人所得税，其经营所得，也适用本税目的 5% ~35% 的五级超额累进所得税率。个人独资企业的投资者以全部生产经营所得为应纳税所得额；合伙企业的投资者按照合伙企业的全部生产经营所得和合伙协议约定的分配比例，确定应纳税所得额，合伙协议没有约定分配比例的，以全部生产经营所得和合伙人数量平均计算每个投资者的应纳税所得额。

个人独资企业、合伙企业的个人投资者以企业资金为本人、家庭成员及其相关人员支付与企业生产经营无关的消费性支出及购买汽车、住房等财产性支出，视为企业对个人投资者利润分配，并入投资者个人的生产经营所得，依照“个体工商户的生产经营所得”项目计征个人所得税。

（3）从事个体出租车运营的出租车驾驶员取得的收入，按个体工商户的生产、经营所得项目缴纳个人所得税。出租车属个人所有，但挂靠出租汽车经营单位或企事业单位，驾驶员向挂靠单位缴纳管理费的，或出租汽车经营单位将出租车所有权转移给驾驶员的，出租车驾驶员从事客货运营取得的收入，比照个体工商户的生产、经营所得项目征税。出租汽车经营单位对出租车驾驶员采取单车承包或承租方式运营，出租车驾驶员从事客货营运取得的收入，按工资、薪金所得征税。

三、对企事业单位的承包经营、承租经营所得应纳税额的计算

（一）应纳税所得额

对企事业单位的承包经营、承租经营所得，以每一纳税年度的收入总额，减除必要费用后的余额，为应纳税所得额。每一纳税年度的收入总额，是指纳税义务人按照承包经营、承租经营合同规定分得的经营利润和工资、薪金性质的所得；所说的减除必要费用，是指按月减除 2 000 元。

（二）税率及速算扣除数

对企事业单位的承包经营、承租经营所得适用的速算扣除数，同个体工商户的生产、经营所得适用的速算扣除数。对于个人对企事业单位实行承包经营、承租经营取得的所得，其适用税率分为以下两种情况：

第一种情况：承包、承租人对企业经营成果不拥有所有权，仅是按合同规定取得一定所得的，其所得按工资、薪金所得项目征税，适用 5% ~45% 的九级超额累进税率。

第二种情况：承包、承租人按合同（协议）的规定只向发包、出租方交纳一定费用后，企业经营成果归其所有的，承包、承租人取得的所得，按对企事业单位的承包经营、承租经营所得项目，适用 5% ～35% 的五级超额累进税率征税。

（三）计算公式

对企事业单位的承包经营、承租经营所得，其个人所得税应纳税额的计算公式为：

应纳税额 = 应纳税所得额 × 适用税率 - 速算扣除数

= (纳税年度收入总额 - 必要费用) × 适用税率 - 速算扣除数

【例题 7 - 2】2009 年 1 月 1 日，孙某与某工厂签订承包合同，承包经营工厂的食堂，承包期为 2 年。2009 年食堂实现承包经营利润 100 000 元，按合同规定，孙某每年应从承包经营利润中上交承包费 25 000 元。

要求：计算孙某 2009 年承包经营所得的应纳税额。

解：（1）年应纳税所得额 = 承包经营利润 - 上交费用 - 每月必要费用扣减合计 = 100 000 - 25 000 - (2 000 × 12) = 51 000（元）

（2）应纳税额 = 51 000 × 40% - 7 000 = 13 400（元）

四、劳务报酬所得应纳税额的计算

（一）应纳税所得额

劳务报酬所得、稿酬所得、特许权使用费所得、财产租赁所得，每次收入不超过 4 000 元的，减除费用 800 元；4 000 元以上的，减除 20% 的费用，其余额为应纳税所得额。①

（二）税率及速算扣除数

劳务报酬所得适用的税率及速算扣除数见下表 7 - 3。

表 7 - 3　　劳务报酬所得的税率及速算扣除数表

级数	每次应纳税所得额	税率（%）	速算扣除数
1	不超过 2 万元的部分	20	0

① 劳务报酬所得、稿酬所得、特许权使用费所得及财产租赁所得这四类所得的费用扣除标准都是一样的，即每次收入不超过 4 000 元的，都要减除费用 800 元；4 000 元以上的，都要减除 20% 的费用，然后以余额为这四类所得的应纳税所得额。

续表

级数	每次应纳税所得额	税率（%）	速算扣除数
2	超过2万元~5万元的部分	30	2 000
3	超过5万元的部分	40	7 000

（三）每次收入的确定

劳务报酬所得，实行按次征收。只有一次性收入的，以取得该项收入为一次。例如从事设计、安装、装潢、制图、化验、测试等劳务，往往是接受客户的委托，按照客户的要求，完成一次劳务后取得收入。属于同一事项连续取得收入的，以一个月内取得的收入为一次。例如，某歌手与一歌厅签约，在2009年一年内每天到卡拉OK厅演唱一次，每次演出后付酬50元。在计算其劳务报酬所得时，应视为同一事项的连续性收入，以其一个月内取得的收入为一次计征个人所得税，而不能以每天取得的收入为一次。

（四）劳务报酬所得的应纳税额的计算公式

对劳务报酬所得，其个人所得税应纳税额的计算公式为：

1. 每次收入不足4 000元的

应纳税额＝应纳税所得额×适用税率或＝（每次收入额－800）×20%

2. 每次收入在4 000元以上的

应纳税额＝应纳税所得额×适用税率＝每次收入额×（1－20%）×20%

3. 每次收入的应纳税所得额超过2万元的

应纳税额＝应纳税所得额×适用税率－速算扣除数或
＝每次收入额×（1－20%）×适用税率－速算扣除数

【例题7－3】2009年11月，歌星张某应邀到某县城演出，取得收入80 000元。

要求：请计算张某应缴纳的个人所得税税额。

解：应纳税额＝80 000×（1－20%）×40%－7 000＝18 600（元）

五、稿酬所得应纳税额的计算

（一）应纳税所得额

稿酬所得，每次收入不超过4 000元的，减除费用800元；4 000元以上的，减除 20% 的费用，其余额为应纳税所得额。

（二）税率

稿酬所得，适用比例税率，税率为 20%，并按应纳税额减征 30%，实际税率为 14%。

（三）每次收入的确定

稿酬所得，以每次出版、发表取得的收入为一次。具体又可细分为：

（1）同一作品再版取得的所得，应视作另一次稿酬所得计征个人所得税。

（2）同一作品先在报刊上连载，然后再出版，或先出版，再在报刊上连载的，应视为两次稿酬所得征税。即连载作为一次，出版作为另一次。

（3）同一作品在报刊上连载取得收入的，以连载完成后取得的所有收入合并为一次，计征个人所得税。

（4）同一作品在出版和发表时，以预付稿酬或分次支付稿酬等形式取得的稿酬收入，应合并计算为一次。

（5）同一作品出版、发表后，因添加印数而追加稿酬的，应与以前出版、发表时取得的稿酬合并计算为一次，计征个人所得税。

（四）计算公式

稿酬所得应纳税额的计算公式为：

1. 每次收入不足 4 000 元的

应纳税额 = 应纳税所得额 × 适用税率 ×（1 − 30%）
　　　　= （每次收入额 − 800）× 20% ×（1 − 30%）

2. 每次收入在 4 000 元以上的

应纳税额 = 应纳税所得额 × 适用税率 ×（1 − 30%）
　　　　= 每次收入额 ×（1 − 20%）× 20% ×（1 − 30%）

【例题 7 – 4】 2009 年 10 月，作家吴某取得书稿稿酬收入 20 000 元。

要求： 请计算其应缴纳的个人所得税税额。

解： 应纳税额 = 20 000 ×（1 − 20%）× 20% ×（1 − 30%）= 2 240（元）

六、特许权使用费所得应纳税额的计算

特许权使用费所得，每次收入不超过 4 000 元的，减除费用 1 600 元；4 000 元以上的，减除 20% 的费用，其余额为应纳税所得额。特许权使用费的税率为 20%。

特许权使用费所得应纳税额的计算公式为：

应纳税额 = 应纳税所得额 × 适用税率

1. 每次收入不足 4 000 元的

应纳税额 = 应纳税所得额 × 适用税率 = (每次收入额 − 800) × 20%

2. 每次收入在 4 000 元以上的

应纳税额 = 应纳税所得额 × 适用税率 = 每次收入额 × (1 − 20%) × 20%

七、利息、股息、红利所得应纳税额的计算

利息、股息、红利的每次所得额就是其应纳税所得额，不作任何扣除，税率为 20%。从 2007 年 8 月 15 日起，居民储蓄利息所得的税率调整为 5%。自 2008 年 10 月 9 日起，暂免征收储蓄存款利息所得的个人所得税。

利息、股息、红利所得应纳税额的计算公式为：

应纳税额 = 应纳税所得额 × 适用税率 = 每次收入额 × 20%

八、财产租赁所得应纳税额的计算

（一）应纳税所得额

财产租赁所得一般以个人每次取得的收入，定额或定率减除规定费用后的余额为应纳税所得额。每次收入不超过 4 000 元的，定额减除费用 800 元；每次收入在 4 000 元以上的，定率减除 20% 的费用。财产租赁所得以 1 个月内取得的收入为一次。

在确定财产租赁的应纳税所得额时，纳税人在出租财产过程中缴纳的税金和教育费附加，可持完税（缴款）凭证，从其财产租赁收入中扣除。准予扣除的项目除了规定费用和有关税、费外，还准予扣除能够提供有效、准确凭证，证明由纳税人负担的该出租财产实际开支的修缮费用。允许扣除的修缮费用，以每次 800 元为限。一次扣除不完的，准予在下一次继续扣除，直到扣完为止。因此，个人出租财产取得的财产租赁收入，在计算缴纳个人所得税时，应依次扣除以下费用：

（1）财产租赁过程中缴纳的税费；

（2）由纳税人负担的该出租财产实际开支的修缮费用；

（3）税法规定的费用扣除标准。

（二）税率

财产租赁所得适用 20% 的比例税率。但对个人按市场价格出租的居民住房

取得的所得，自2001年1月1日起暂减按10%的税率征收个人所得税。

（三）计算公式

财产租赁所得应纳税额的计算公式

1. 每次（月）收入不超过4 000元的：

应纳税所得额 =［每次（月）收入额 − 准予扣除项目 − 修缮费用（800元为限）− 800元］× 20%

2. 每次（月）收入超过4 000元的：

应纳税所得额 =［每次（月）收入额 − 准予扣除项目 − 修缮费用（800元为限）］×（1 − 20%）× 20%

需要说明的是，在确定财产租赁的应纳税所得额时，纳税人在出租财产过程中缴纳的税金和教育费附加，可持完税（缴款）凭证，从其财产租赁收入中扣除。准予扣除的项目除了规定费用和有关税、费外，还准予扣除能够提供有效、准确凭证，证明由纳税人负担的该出租财产实际开支的修缮费用。允许扣除的修缮费用，以每次800元为限。一次扣除不完的，准予在下一次继续扣除，直到扣完为止。

【例题7－5】2009年1月1日，胡某将其自有的一套公寓房出租给孙某居住，租期3年。刘某每月取得租金收入1 500元。

要求：请计算胡某2009年租金收入应缴纳的个人所得税（假定不考虑其他税费）。

解：

（1）每月应纳税额 =（1 500 − 800）× 10% = 70（元）

（2）全年应纳税额 = 70 × 12 = 840（元）

需要说明的是，所出租的房屋如果发生修缮费用，则应在计算个人所得税时进行扣除。现假定本例中，6月份发生修缮费用500元，且有维修部门的正式发票，则计算如下：

（1）6月份应纳税额 =（1 500 − 500 − 800）× 10% = 20（元）

（2）全年应纳税额 = 70 × 11 + 20 = 790（元）

九、财产转让所得应纳税额的计算

（一）应纳税所得额

财产转让所得，以转让财产的收入额减除财产原值和合理税费后的余额，为应纳税所得额。纳税义务人未提供完整、准确的财产原值凭证，不能正确计算财产原值的，由主管税务机关核定其财产原值。合理税费，是指卖出财产时按照规定支付的有关税收和费用。

目前，对股票转让所得暂不征收个人所得税，对个人转让自用5年以上并且是家庭惟一生活用房取得的所得，免征个人所得税。

（二）税率

财产转让所得适用20%的比例税率。

（三）计算公式

财产转让所得应纳税额的计算公式

应纳税额 = 应纳税所得额 × 适用税率

= （收入总额 - 财产原值 - 合理税费）× 20%

【例题7-6】 吴某于2006年购买房屋一套，价格为150 000元。2009年12月，吴某将该房出售，售价为300 000元，并支付有关交易费用10 000元。

要求： 计算吴某房屋转让所得应纳的个人所得税税额（假定不考虑其他税费）。

解：

（1）应纳税所得额 = 财产转让收入 - 财产原值 - 合理费用 = 300 000 - 150 000 - 10 000 = 140 000（元）

（2）应纳税额 = 140 000 × 20% = 28 000（元）

十、偶然所得应纳税额的计算

（一）一般规定

利息、股息、红利所得，偶然所得和其他所得，不作任何扣除，以每次收入额为应纳税所得额。

偶然所得应纳税额的计算公式为：

应纳税额 = 应纳税所得额 × 适用税率 = 每次收入额 × 20%

（二）特殊规定

（1）企业为股东购买车辆并将车辆所有权办到股东个人名下，其实质为企业对股东进行了红利性质的实物分配，应按照“利息、股息、红利所得”项目征收个人所得税。考虑到该股东个人名下的车辆同时也为企业经营使用的实际情况，允许合理减除部分所得；减除的具体数额由主管税务机关根据车辆的实际使用情况合理确定。

（2）除个人独资企业、合伙企业以外的其他企业的个人投资者，以企业资金为本人、家庭成员及其相关人员支付与企业生产经营无关的消费性支出及购买汽车、住房等财产性支出，视为企业对个人投资者的红利分配，依照“利息、股息、红利所得”项目计征个人所得税。企业的上述支出不允许在所得税前扣除。①

（3）纳税年度内个人投资者从其投资企业（个人独资企业、合伙企业除外）借款，在该纳税年度终了后既不归还又未用于企业生产经营的，其未归还的借款可视为企业对个人投资者的红利分配，依照“利息、股息、红利所得”项目计征个人所得税。

十一、其他所得应纳税额的计算

其他所得应纳税额的计算公式为：

应纳税额＝应纳税所得额×适用税率＝每次收入额×20%

十二、个人所得税综合计算例题

【例题7－7】大学教师李某2009年11月取得如下收入：（1）工资收入2 900元；（2）一次性稿费收入5 000元；（3）一次性讲学收入1 500元；（4）一次性翻译资料收入3 000元；（5）到期国债利息收入1 286元。

要求：计算李某应纳个人所得税。

解：

（1）工资收入应纳个人所得税＝(2 900－2 000)×10%－25＝65（元）

（2）稿费收入应纳个人所得税＝5 000×（1－20%）×20%×（1－30%）＝560（元）

（3）讲学收入应纳个人所得税＝(1 500－800)×20%＝140（元）

（4）翻译收入应纳个人所得税＝(3 000－800)×20%＝440（元）

（5）国债利息收入免税

（6）11月份应纳个人所得税＝65＋560＋140＋440＝1 205（元）

---

① 前文已述，个人独资企业、合伙企业的个人投资者以企业资金为本人、家庭成员及其相关人员支付与企业生产经营无关的消费性支出及购买汽车、住房等财产性支出，视为企业对个人投资者利润分配，并入投资者个人的生产经营所得，依照“个体工商户的生产经营所得”项目计征个人所得税。

【例题7-8】① 我国公民张先生为国内某企业高级技术人员，2008年3~12月收入情况如下：

(1) 每月取得工薪收入8 400元。

(2) 3月转让2006年购买的三居室精装修房屋一套，售价230万元，转让过程中支付的相关税费13.8万元。该套房屋的购进价为100万元，购房过程中支付的相关税费为3万元。所有税费支出均取得合法凭证。

(3) 9月在参加某商场组织的有奖销售活动中，中奖所得共计价值30 000元。将其中的10 000元通过市教育局用于公益性捐赠。

(4) 10月将自有的一项非职务专利技术提供给境外某公司使用，一次性取得特许权使用费收入60 000元，该项收入已在境外缴纳个人所得税7 800元。

要求：根据上述资料，按照下列序号计算回答问题，每问需计算出合计数。

(1) 计算3~12月工薪收入应缴纳的个人所得税。

(2) 计算转让房屋所得应缴纳的个人所得税。

(3) 计算中奖所得应缴纳的个人所得税。

(4) 计算从境外取得的特许权使用费在我国缴纳个人所得税时可以扣除的税收限额。

(5) 计算从境外取得的特许权使用费在我国实际应缴纳的个人所得税。

解：

(1) 3~12月工薪收入应缴纳的个人所得税=[(8 400-2 000)×20%-375]×10=9 050(元)

(2) 转让房屋所得应缴纳的个人所得税=(230-100-13.8-3)×20%=22.64(万元)

(3) 公益捐赠扣除限额=30 000×30%=9 000(元)

中奖所得应缴纳的个人所得税=(30 000-9 000)×20%=4 200(元)

(4) 从境外取得的特许权使用费在我国缴纳个人所得税时可以扣除的税收限额=60 000×(1-20%)×20%=9 600(元)

(5) 从境外取得的特许权使用费在我国实际应缴纳的个人所得税=9 600-7 800=1 800(元)

① 本题在2009年注会新制度考试《税法》真题的基础上，作了适当的修改。

第五节　个人所得税的征收管理

个人所得税的纳税办法，有自行申报纳税和代扣代缴两种。

一、自行申报纳税

自行申报纳税，是由纳税人自行在税法规定的纳税期限内，向税务机关申报取得的应税所得项目和数额，如实填写个人所得税纳税申报表，并按照税法规定计算应纳税额，据此缴纳个人所得税的一种方法。

（一）自行申报纳税的纳税义务人

以下情况下，由纳税人自行申报：（1）年所得在12万元以上的；（2）从中国境内两处或者两处以上取得工资、薪金所得；（3）从中国境外取得所得的；（4）取得应税所得，没有扣缴义务人的；（5）国务院规定的其他情形。

（二）自行申报纳税的纳税期限

除特殊情况外，纳税人应在取得应纳税所得的次月7日内向主管税务机关申报所得并缴纳税款。

账册健全的个体工商户的生产、经营所得应纳的税款，按年计算、分月预缴，由纳税人在次月7日内申报预缴，年度终了后3个月内汇算清缴，多退少补。账册不健全的个体工商户的生产、经营所得应纳的税款，由各地税务机关依据《税收征收管理法》及其实施细则的有关规定，自行确定征收方式。

纳税人年终一次性取得承包经营、承租经营所得的，自取得收入之日起30日内申报纳税；在1年内分次取得承包经营、承租经营所得的，应在取得每次所得后的7日内申报预缴，年度终了后3个月内汇算清缴，多退少补。

从中国境外取得所得的纳税人，其来源于中国境外的应纳税所得，如在境外以纳税年度计算缴纳个人所得税的，应在所得来源国的纳税年度终了、结清税款后的30日内，向中国主管税务机关申报纳税；如在取得境外所得时结清税款的，或者在境外按所得来源国税法规定免予缴纳个人所得视的，应在次年1月1日起30日内向中国主管税务机关申报纳税。

个人独资企业和合伙企业投资者应纳的个人所得税税款，按年计算，分月或者分季预缴，由投资者在每月或者每季度终了后7日内预缴，年度终了后3个月内汇算清缴，多退少补。个人独资企业和合伙企业在年度中间合并、分立、终止时，投资者应当在停止生产经营之日起60日内，向主管税务机关办理当期个人所得税汇算清缴。在纳税年度的中间开业，或者由于合并、关闭等原因，使该纳税年度的实际经营期不足12个月的，应当以其实际经营期为一个纳税年度。

（三）自行申报纳税的申报地点

申报地点一般应为收入来源地的主管税务机关。纳税人从两处或两处以上取得工资、薪金所得的，可选择并固定在其中一地税务机关申报纳税；从境外取得所得的，应向境内户籍所在地或经常居住地税务机关申报纳税。纳税人要求变更申报纳税地点的，须经原主管税务机关批准。

个人独资企业和合伙企业投资者应向企业实际经营管理所在地主管税务机关申报缴纳个人所得税。投资者从合伙企业取得的生产经营所得，由合伙企业向企业实际经营管理所在地主管税务机关申报缴纳投资者应纳的个人所得税，并将个人所得税申报表抄送投资者。

二、代扣代缴

代扣代缴，是指按照税法规定负有扣缴税款义务的单位或者个人，在向个人支付应纳税所得时，应计算应纳税额，从其所得中扣出并缴入国库，同时向税务机关报送扣缴个人所得税报告表。根据《个人所得税法》及其实施条例以及《征管法》及其实施细则的有关规定，国家税务总局制定下发了《个人所得税代扣代缴暂行办法》)。自1995年4月1日起执行的《个人所得税代扣代缴暂行办法》，对扣缴义务人和代扣代缴的范围、扣缴义务人的义务及应承担的责任、代扣代缴期限等作了明确规定。

（一）扣缴义务人和代扣代缴的范围

1. 扣缴义务人

凡支付个人应纳税所得的企业（公司）、事业单位、机关、社团组织、军队、驻华机构、个体户等单位或者个人，为个人所得税的扣缴义务人。

2. 代扣代缴的范围

扣缴义务人向个人支付下列所得，应代扣代缴个人所得税：（1）工资、薪金所得；（2）对企事业单位的承包经营、承租经营所得；（3）劳务报酬所得；（4）稿酬所得；（5）特许权使用费所得；（6）利息、股息、红利所得；（7）财产租赁所得；（8）财产转让所得；（9）偶然所得；（10）经国务院财政部门确定征税的其他所得。

扣缴义务人向个人支付应纳税所得（包括现金、实物和有价证券）时，不论纳税人是否属于本单位人员，均应代扣代缴其应纳的个人所得税税款。

（二）代扣代缴期限

扣缴义务人每月所扣的税款，应当在次月 7 日内缴入国库，并向主管税务机关报送《扣缴个人所得税报告表》、代扣代收税款凭证和包括每一纳税人姓名、单位、职务、收入、税款等内容的支付个人收入明细表以及税务机关要求报送的其他有关资料。扣缴义务人违反上述规定不报送或者报送虚假纳税资料的，一经查实，其未在支付个人收入明细表中反映的向个人支付的款项，在计算扣缴义务人应纳税所得额时不得作为成本费用扣除。扣缴义务人因有特殊困难不能按期报送《扣缴个人所得税报告表》及其他有关资料的，经县级税务机关批准，可以延期申报。

本章小结

1. 个人所得税的纳税主体，包括中国公民、个体工商业户以及在中国有所得的外籍人员（包括无国籍人员，下同）和香港、澳门、台湾同胞。上述纳税义务人依据住所和居住时间两个标准，区分为居民和非居民，分别承担不同的纳税义务。

2. 我国个人所得税采取的是分类所得税制，具体包括 11 个税目：工资、薪金所得，个体工商户生产、经营所得，对企事业单位的承包、承租经营所得，劳务报酬所得，稿酬所得，特许权使用费所得，利息、股息、红利所得，财产租赁所得，财产转让所得，偶然所得和其他所得。

3. 自行申报纳税，是由纳税人自行在税法规定的纳税期限内，向税务机关申报取得的应税所得项目和数额，如实填写个人所得税纳税申报表，并按照税法规定计算应纳税额，据此缴纳个人所得税的一种方法。

4. 代扣代缴，是指按照税法规定负有扣缴税款义务的单位或者个人，在向个人支付应纳税所得时，应计算应纳税额，从其所得中扣出并缴入国库，同时向税务机关报送扣缴个人所得税报告表。

5. 扣缴义务人每月所扣的税款，应当在次月 7 日内缴入国库，并向主管税务机关报送《扣缴个人所得税报告表》、代扣代收税款凭证和包括每一纳税人姓名、单位、职务、收入、税款等内容的支付个人收入明细表以及税务机关要求报送的其他有关资料。扣缴义务人违反上述规定不报送或者报送虚假纳税资料的，一经查实，其未在支付个人收入明细表中反映的向个人支付的款项，在计算扣缴义务人应纳税所得额时不得作为成本费用扣除。扣缴义务人因有特殊困难不能按期报送《扣缴个人所得税报告表》及其他有关资料的，经县级税务机关批准，可以延期申报。

思考题

1. 简述个人所得税的纳税人。
2. 个人所得税的立法模式有哪些？
3. 劳务报酬所得适用的税率是什么？
4. 纳税人自行申报的情况有哪些？

第八章

财产税法

第一节　财产税法概述

一、财产税的概念和特点

财产税是以纳税人拥有或支配的某些财产为征税对象的一类税。

财产税历史悠久，现代意义上的财产税 1892 年出现在荷兰。财产税法是调整财产税征纳关系的法律规范的总称。

财产税的征税对象是财产。作为财产税征税对象的财产并不是广义上的全部财产，而只是某些特定财产。财产在广义上包括不动产和动产，而动产又包括有形动产和无形动产。由于无形动产容易被隐瞒和转移，税源难以有效控制，因此各国一般只对不动产和有形动产征税。

财产税与所得税不同。财产税是对财富的存量即财产本身的数量或价值征税。而所得税是对财富的流量即财产产生的收益或纳税人所得征税。财产税的纳税人未必是财产的所有者，而所得税的纳税人则多是拥有所得的人。

财产税与流转税也存在差别。财产税的征税对象是财产，是财富中的存量部分，这些财产一般不参与流通、不发生交易。而流转税的征税对象是流通中的商品，属于货币资金流量部分，这些商品参与流通，发生一次或多次交易。①

财产税一般具有以下特点：

1. 财产税税源充足，收入稳定

财产税大多是对财产的占有和财产增值征税，税源比较充足。由于财产具有

① 刘少军，翟继光．税法学．北京：中国政法大学出版社，2009：169.

相对稳定性，财产税不易受经济变动等因素的影响，税收收入稳定可靠。①

2. 财产税属于直接税，税负难以转嫁

财产税主要是对使用、消费过程中的财产征收，不是对生产、流通中的财产征收，因此财产税的税负难以转嫁。

3. 财产税在功能上与所得税、消费税相辅相成

纳税人的所得，如果不是用于积累，就是用于消费，或者用于投资。通过对特定财产征收财产税，对特定消费征收消费税，可以起到抑制消费、促进投资、发展经济的作用。财产税通常是以纳税人的应税财产数量或价值为计税依据，其应纳税额与纳税人拥有或支配的财产数量成正比，将财产税与所得税结合能够在一定程度上缓解社会财富分配不均的矛盾，更有效地促进社会财富的公平分配。

4. 财产税大多属于地方税，在税制体系中处于辅助地位

在商品经济社会，各国一般以商品税、所得税作为主体税种，财产税在各国税制结构中不占主导地位。作为辅助性税种，财产税被划为地方税，成为地方财政收入的重要来源。

二、财产税的分类

依据不同标准，可以对财产税进行不同的分类，常见的有以下几种：

（一）依据征税范围的不同，分为一般财产税和特别财产税

1. 一般财产税

一般财产税，又称综合财产税，是对纳税人拥有的全部财产，按其综合计算的价值进行课征的财产税。但在现实中，一般财产税并非以纳税人全部财产为计税依据，而是要考虑到对一定货币数量以下的财产和日常生活必需品免税，同时考虑负债的扣除，因此在计算和征收时较为复杂。目前世界各国的一般财产税主要有以下三类：（1）名为一般财产税，实为有选择的财产税。它不是对全部财产征税。美国的财产税就属于这一类。（2）规定免税项目，以减少税基。它是以应税财产总价值减去负债后的净值额为计税依据，设免税扣除及给予生活费豁免，采用比例税率的一般财产税。德国、荷兰等国就实行这种财产税。（3）以应税财产总价值减去负债后的净值额为计税依据，采用累进税率的一般财产税。英国、瑞典等国推行这种财产税。②

---

① 刘剑文，熊伟．财政税收法．4版．北京：法律出版社，2007：303.

② 刘剑文，熊伟．财政税收法．4版．北京：法律出版社，2007：304.

2. 特别财产税

特别财产税，又称个别财产税或特种财产税，是对纳税人的一种或几种财产单独或合并课征的财产税。如对房产课征的房产税。个别财产税在课征时一般不需要考虑免税和扣除，在计算和征收时都比较容易，是财产税最早存在的形式。

（二）依据征税对象形态的不同，分为静态财产税和动态财产税

1. 静态财产税

静态财产税是指对纳税人在一定时期内权利未发生变动的静态财产课征的一种财产税，如房产税、地产税等均属于静态财产税。其特点是纳税人在一定时期内保有财产的占有、用益等权利，必须依法纳税，而且通常是定期征收。

2. 动态财产税

动态财产税是指对纳税人在一定时期内所有权发生变动和转移的财产课征的一种财产税。例如遗产税和赠与税、契税等均属于动态财产税。其特点是它以财产所有权的变动和转移为课征条件，并且在财产变动或转移时一次征收。①

（三）依据财产的存续时间不同，分为经常财产税和临时财产税

1. 经常财产税

经常财产税是指每年按期课征具有经常性收入的财产税，这种税收通常占财产税收入的大部分。

2. 临时财产税

临时财产税是指在非常时期政府为筹措财政资金而临时课征的财产税。例如在遭遇战争、发生严重自然灾害等非常时期政府会征收临时财产税。临时财产税所占比重一般不大，但税率比经常财产税税率要高。

（四）按照计税方法的不同，分为从量财产税和从价财产税

1. 从量财产税

从量财产税是指以纳税人应税财产的数量为计税依据，实行从量定额征收的财产税。从量财产税一般不受价格变动影响，纳税人应纳税额的多少，取决于拥有财产的数量。

2. 从价财产税

从价财产税是指以纳税人应税财产的价值为计税依据，实行从价定率征收的财产税。从价财产税受市场价格变动影响较大，纳税人应纳税额的多少，取决于

---

① 徐孟洲．税法原理．北京：人民大学出版社，2008：282.

拥有财产的价值大小。

三、财产税的历史沿革

财产税是一个古老的税种，早在古希腊、古罗马时期，就已经开征了一般财产税。例如古希腊财产税的征税范围包括土地、房屋、奴隶、牲畜、家具等。现代意义上的财产税于1892年由荷兰首先开征。其后，德国、瑞典、丹麦等国也相继开征财产税。随着财产税在各国普遍开征，许多国家开始以个别财产税代替一般财产税，并且在个别财产税中，更侧重对不动产征税；同时注重征收遗产税和赠与税等动态财产税。[①] 19世纪末以后，随着商品税和所得税的兴起发展，财产税从各国税法体系中的主体地位退居从属地位，成为地方政府财政收入的主要来源。

我国早在秦汉时期已征收牲畜税等个别财产税。源于土地等不动产的土地税、田赋等税收收入是各朝代财政收入的主要来源。新中国成立后，1950年曾开征房产税、地产税、契税等财产税。1994年税制改革提出要征收遗产税与赠与税，以形成以房产税、车船税等静态财产税和契税、遗产税与赠与税等动态财产税为主要组成部分的较为完整的财产税体系。目前，我国契税制度改革已经基本完成，适时开征遗产税与赠与税已列入规划，正在考虑深化房地产税制改革，针对房地产研究开征物业税。

第二节 房产税法

一、房产税法概述

（一）*房产税和房产税法的概念*

房产税是以房产为征税对象，以房产的计税余值或房产的租金收入为计税依据，向房产的所有权人或使用权人征收的一种财产税。

房产税法是指调整房屋征纳关系的法律规范的总称。我国现行房地产税法主要包括1986年9月国务院发布的《中华人民共和国房产税暂行条例》和财政部、国家税务总局1986年制定的《关于房地产税若干具体问题的解释和暂行规定》等。

---

① 张守文. 税法原理. 5版. 北京：北京大学出版社，2009：304~305.

（二）房产税的作用

开征房产税有利于运用税收法律手段，调节房产所有人和经营人的收入水平，理顺分配关系；有利于加强房产管理，提高房产的使用效益；有利于保证地方收入，促进房产开发建设，改善城乡居民的居住条件。

（三）房产税的沿革

我国房产税征收历史悠久。最早开始于周朝的“廛布”，唐朝称作“间架税”，清朝称为“市廛输钞”，清末和国民党统治时期称为“房捐”。新中国成立后，政务院于1951年颁布了《城市房地产税暂行条例》，条例规定对城市中的房屋统一征收房产税和地产税，称为房地产税。1973年简化税制，将对内资企业征收的城市房地产税并入工商税；只对房产管理部门、个人以及外资企业、外国企业的房产继续征收城市房地产税。1984年税制改革时，对内资企业恢复征收房地产税，并将城市房地产税分为房产税和土地使用税两个税种分别征税。

二、房产税法的主要内容

（一）房产税的纳税主体

房产税的纳税主体是在我国拥有房屋产权的单位和个人（2009年1月1日以后外商投资企业、外国企业和外国人也是房产税的纳税人）。产权属于全民所有的，由经营管理的单位缴纳。产权出典的，由承典人缴纳。产权所有人、承典人不在房产所在地的，或者产权未确定及租典纠纷未解决的，由房产代管人或者使用人缴纳。产权所有人、经营管理单位、承典人、房产代管人或者使用人，统称为纳税义务人。

房产税的征税对象是我国境内用于生产经营的房屋，不包括城乡居民用于居住的房屋，与房屋不可分割的各附属设施或一般不单独计算价值的配套设施，也应作为房屋一并征税。

（二）房产税的征税范围

房产税的征税范围包括城市、县城、建制镇和工矿区的房屋，不包括农村农民的房屋。城市的征税范围为市区、郊区和市辖县县城，不包括农村。县城是指未设立建制镇的县人民政府所在地。建制镇的征税范围为镇人民政府所在地，不包括所辖行政村。

（三）房产税的计税依据和税率

房产税的计税依据是房产的计税价值或房产的租金收入。房产税的计税依据分为两种：从价计征和从租计征。

1. 从价计征

从价计征是按照房产计税价值征税。根据房产税暂行条例规定，房产税依照房产原值一次减除10%至30%后的余值计算缴纳。具体减除幅度，由省、自治区、直辖市人民政府规定。没有房产原值作为依据的，由房产所在地税务机关参考同类房产核定。这里“房产原值”是指纳税人按照会计制度规定，在账簿“固定资产”科目中记载的房屋造价（或原价）。房产原值应包括与房屋不可分割的各种附属设备或一般不单独计算价值的配套设施。纳税人对原有房屋进行改建、扩建的，要相应增加房屋的原值。对纳税人未按会计制度规定记载的，在计征房产税时，应按规定调整房产原值；对房产原值记载明显不合理的，应重新评估；没有房产原值的，应由房屋所在地的税务机关参考同类房屋的价值核定。

从价计征的房产税税率为1.2%。从价计征应纳税额的计算公式为：

应纳税额＝应税房产原值×(1－扣除比例)×适用税率(1.2%)

【例题8－1】某企业2008年固定资产账簿上记载房屋原值为500万元，根据规定减除幅度为30%。

要求：计算甲企业2008年应纳的房产税。

解：该企业应缴纳房产税为：500万元×(1－30%)×1.2%＝4.2（万元）

2. 从租计征

从租计征是按照房产租金收入计征。根据房产税暂行条例规定，房产出租的，以房产租金收入为房产税的计税依据。房产的租金收入，是指房屋产权所有人出租房产使用权所得的报酬，包括货币收入和实物收入。如果以劳务或其他形式为报酬抵付房租收入的，应根据同类房屋的租金水平，确定一个标准租金额从租计征。

从租计征的房产税税率为12%。但是从2001年1月1日起对个人按市场价格出租居民住房的，可暂减按4%的税率征收房产税。从租计征应纳税额的计算公式为：

应纳税额＝租金收入×适用税率(12%或4%)

【例题8－2】甲企业一办公楼的房屋原值为1 000万元。2008年1月1日，甲企业将办公楼出租给乙企业，租金为200万元，租赁期限为一年，该企业于3月1日一次性取得全部租金。

要求：计算甲企业2008年全年应纳的房产税。

解：甲企业2008年全年应纳的房产税＝200万元×12%＝24（万元）

（四）房产税的减免

根据《房产税暂行条例》规定，下列房产免纳房产税：

（1）国家机关、人民团体、军队自用的房产。此处“人民团体”是指经国务院授权的部门批准设立或登记备案并由国家拨付行政事业费的各种社会团体。“国家机关、人民团体、军队自用的房产”是指这些单位本身的办公用房和公务用房。但是上述免征单位的出租房产以及非自身业务使用的生产、经营用房，不属于免税范围。

（2）由国家财政部门拨付事业经费的单位自用的房产。上述事业单位在本身业务范围内使用的房产，免征房产税。经费来源自收自支的事业单位，从实行自收自支的年度起，免征3年房地产税。企业办的各类学校、医院、托儿所、幼儿园自用的房产，可以比照由国家财政部门拨付事业经费的单位自用的房产，免征房产税。

（3）宗教寺庙、公园、名胜古迹自用的房产。这里“宗教寺庙自用的房产”是指举行宗教仪式等的房屋和宗教人员使用的生活用房屋。但宗教寺庙、公园、名胜古迹出租的房产及其附设的营业单位（如餐饮部等）所使用的房产，不属于免税范围。

（4）个人所有非营业用的房产。这里主要指居民居住用房。个人拥有的营业用房或者出租的房产，不属于免税房产。

（5）经财政部批准免税的其他房产。如临时性房屋、地下人防设施、非营利性老年服务机构等的房产。经有关部门鉴定，对毁损不堪居住的房屋和危险房屋，在停止使用后，可免征房产税。对微利企业和亏损企业的房产，为了照顾企业的实际负担能力，可由地方根据实际情况在一定期限内暂免征收房产税；企业停产、撤销后，对他们原有的房产闲置不用的，经省、自治区、直辖市税务局批准可暂不征收房产税；房屋大修停用在半年以上的，经纳税人申请，税务机关审核，在大修期间可免征房产税；凡是在基建工地为基建工地服务的各种工棚、材料棚、休息棚和办公室、食堂、茶炉房、汽车房等临时性房屋，不论是施工企业自行建造还是由基建单位出资建造交施工企业使用的，在施工期间，一律免征房产税。

除上述可以免纳房产税的情形外，纳税人纳税确有困难的，可由省、自治区、直辖市人民政府确定，定期减征或者免征房产税。

（五）房产税的征收管理

1. 纳税义务发生时间

（1）纳税人将原有房产用于生产经营的，从生产经营之月起，缴纳房产税；

（2）纳税人自行新建房屋用于生产经营，从建成之次月起，缴纳房产税；

（3）纳税人委托施工企业建设房屋，从办理验收手续之次月起，缴纳房产税；

（4）纳税人购置新建商品房，从房屋交付使用之次月起，缴纳房产税；

（5）纳税人购置存量房，从办理房屋权属转移、变更手续，房地产权属登记机关签发房屋权属证书之次月起，缴纳房产税；

（6）纳税人出租、出借房产，从交付出租、出借房屋之次月起，缴纳房产税；

（7）房地产开发企业自用、出租、出借本企业建造的商品房，自房屋使用或交付之次月起，缴纳房产税。

2. 纳税期限

房产税按年征收、分期缴纳。具体纳税期限由省、自治区、直辖市人民政府规定。

3. 纳税地点

房产税由房产所在地的税务机关征收，在房产所在地缴纳。房产不在同一地方的纳税人，应按房产的座落地点分别向房产所在地的税务机关缴纳。纳税人应依法将现有房屋的座落地点、数量、房屋原值或租金收入等情况，以及产权转移、房屋原值或租金收入变更等情况及时向税务机关申报。

第三节 契 税 法

一、契税法概述

（一）契税和契税法的概念

契税是因土地、房屋权属发生移转变更而在当事人之间订立契约时，由产权承受人缴纳的一种财产税。它属于动态财产税。① 我国的契税是在因国有土地使用权出让、土地使用权转让、房屋买卖、房屋赠与、房屋交换而发生产权移转或变动订立契约时，向产权承受人征收的一种税。

契税属于地方税种，对产权承受者而不是转让方征收；采用有幅度的比例税率，税负较轻。契税的征收对于增加财政收入，公平税负，规范不动产交易，促

① 张守文．税法原理．5版．北京：北京大学出版社，2009：320~321.

进房地产经济的发展均有一定意义。①

与其他财产税种相比，契税的特征有二：第一，征收对象范围不大，只是针对在境内转移土地、房屋权属的行为；第二，契税的纳税主体主要是不动产的承受者。

契税法是调整契税征纳关系的法律规范的总称。我国现行契税法主要包括1997年国务院发布的《中华人民共和国契税暂行条例》和财政部制定的《中华人民共和国契税暂行条例细则》等。

（二）契税的历史沿革

契税在我国历史悠久，最早起源于东晋时期对买卖田宅征收的“估税”，以后历代对房屋等不动产的买卖、典当都要征税。自元朝开始称为契税。新中国成立后，1950年制定了《契税暂行条例》，1997年国务院重新制定了《中华人民共和国契税暂行条例》（以下称《契税暂行条例》），从1997年10月1日开始实施沿用至今。

二、契税法的主要内容

（一）契税的纳税主体

契税的纳税主体是指在我国境内转移土地、房屋权属过程中，承受土地使用权、房屋所有权的单位和个人。在这里“承受”是指以受让，购买、受赠、交换等方式取得土地、房屋权属的行为。“单位”是指企业单位、事业单位、国家机关、军事单位和社会团体以及其他组织。“个人”是指个体经营者及其他个人。

（二）契税的征税范围

契税的征税范围是在境内转移土地、房屋权属的行为。根据《契税暂行条例》规定，契税的征税范围具体包括：

1. 国有土地使用权出让

国有土地使用权出让是指土地使用者向国家交付土地使用权出让费用，国家将国有土地使用权在一定年限内让予土地使用者的行为。对承受国有土地使用权所应交付的土地出让金，要计征契税，不得因减免土地出让金而减免契税。

2. 土地使用权转让

土地使用权转让，是指土地使用者以出售、赠与、交换或者其他方式将土地使用权转移给其他单位和个人的行为，不包括农村集体土地承包经营权转移给其

---

① 王曙光，李兰．税法学．2版．大连：东北财经大学出版社，2007：348.

他单位和个人的行为。

3. 房屋买卖

房屋买卖是指房屋所有者将其房屋出售，由承受者交付货币、实物、无形资产或者其他经济利益的行为。

4. 房屋赠与

房屋赠与是指房屋所有者将其房屋无偿转让给受赠者的行为。

5. 房屋交换

房屋交换是指房屋所有者之间相互交换房屋的行为。

此外，土地、房屋权属以下列方式转移的，视同土地使用权转让、房屋买卖或者房屋赠与征税：以土地、房屋权属作价投资、入股；以土地、房屋权属抵债；以获奖方式承受土地、房屋权属；以预购方式或者预付集资建房款方式承受土地、房屋权属。

（三）契税的计税依据

总体而言，契税的计税依据为不动产的价格。因土地或房屋的移转方式、定价不同，契税的计税依据可能是成交价格、核定价格或价格差额。①

具体规定如下：

（1）国有土地使用权出让、土地使用权出售、房屋买卖，为成交价格。所谓成交价格，是指土地、房屋权属转移合同确定的价格。包括承受者应交付的货币、实物、无形资产或者其他经济利益。

（2）土地使用权赠与、房屋赠与，由征收机关参照土地使用权出售、房屋买卖的市场价格核定。

（3）土地使用权交换、房屋交换，为所交换的土地使用权、房屋的价格的差额。土地使用权交换、房屋交换，交换价格不相等的，由多交付货币、实物、无形资产或者其他经济利益的一方缴纳税款。交换价格相等的，免征契税。

（4）以划拨方式取得土地使用权的，经批准转让房地产时，应由房地产转让者补缴契税。其计税依据为补缴的土地使用权出让费用或者土地收益。

（5）成交价格明显低于市场价格并且无正当理由的，或者所交换土地使用权、房屋的价格的差额明显不合理并且无正当理由的，由征收机关参照市场价格核定。

（四）契税的税率和计算

契税实行3%～5%的幅度税率。契税的具体适用税率，由省、自治区、直

---

① 刘隆亨．税法学．北京：法律出版社，2006：331.

辖市人民政府在3% ~5%的幅度内按照本地区的实际情况确定，并报财政部和国家税务总局备案。

契税应纳税额的计算公式为：应纳税额 = 计税依据 × 税率。

【例题8－3】甲用价值100万的住房一套交换乙价值130万元的住房一套，同时甲支付给乙30万元的差价款。该地的契税税率为3%。

要求：计算甲应纳的契税数额。

解：甲应纳的契税 = 30万元 × 3% = 0.9（万元）

【例题8－4】甲公司将划拨取得的某块土地使用权转让给乙公司，转让价格为3 000万元；经计算甲公司需要补交土地出让金1 000万元。该地的契税税率为3%。

要求：计算甲公司和乙公司应缴纳的契税数额。

解：甲公司应纳的契税 = 1 000万元 × 3% = 30（万元）

乙公司应纳的契税 = 3 000万元 × 3% = 90（万元）

（五）契税的减免

根据规定，有下列情形之一的，减征或免征契税：

（1）国家机关、事业单位、社会团体、军事单位承受土地、房屋用于办公、教学、医疗、科研和军事设施的，免征。

（2）城镇职工按规定第一次购买公有住房的，免征。第一次购买公有住房的，是指经县以上人民政府批准，在国家规定标准面积以内购买的公有住房。城镇职工享受免征契税，仅限于第一次购买的公有住房。超过国家规定标准面积的部分，仍应按照规定缴纳契税。

（3）因不可抗力灭失住房而重新购买住房的，酌情准予减征或者免征。

（4）财政部规定的其他减征、免征契税的项目。如土地、房屋被县级以上人民政府征用、占用后，重新承受土地、房屋权属的，是否减征或者免征契税，由省、自治区、直辖市、人民政府确定；纳税人承受荒山、荒沟、荒丘、荒滩土地使用权，用于农、林、牧、渔业生产的，免征契税；依照我国有关法律规定以及我国缔结或参加的双边和多边条约或协定的规定应当予以免税的外国驻华使馆、领事馆、联合国驻华机构及其外交代表、领事官员和其他外交人员承受土地、房屋权属的，经外交部确认，可以免征契税。

经批准减征、免征契税的纳税人改变有关土地、房屋的用途，不再属于《契税暂行条例》规定的减征、免征契税范围的，应当补缴已经减征、免征的税款。

（六）契税的征收管理

1. 契税的纳税义务发生时间

契税的纳税义务发生时间为纳税人签订土地、房屋权属转移合同的当天，或者纳税人取得其他具有土地、房屋权属转移合同性质凭证的当天。这里“其他具有土地、房屋权属转移合同性质凭证”是指具有合同效力的契约、协议、合约、单据、确认书以及由省、自治区、直辖市人民政府确定的其他凭证。

纳税人应当在纳税义务发生之日起 10 日内，向土地、房屋所在地的契税征收机关办理纳税申报，并在契税征收机关核定的期限内缴纳税款。

纳税人办理纳税事宜后，契税征收机关应当向纳税人开具契税完税凭证。

2. 契税的征收机关

契税征收机关为土地、房屋所在地的财政机关或者地方税务机关。具体征收机关由省、自治区、直辖市人民政府确定。征收机关可以根据征收管理的需要，委托有关单位代征契税，具体代征单位由省、自治区、直辖市人民政府确定。

土地管理部门、房产管理部门应当向契税征收机关提供有关资料，并协助契税征收机关依法征收契税。

纳税人应当持契税完税凭证和其他规定的文件材料，依法向土地管理部门、房产管理部门办理有关土地、房屋的权属变更登记手续。纳税人未出具契税完税凭证的，土地管理部门、房产管理部门不予办理有关土地、房屋的权属变更登记手续。

第四节　车辆购置税法与车船税法

一、车辆购置税法

（一）车辆购置税法概述

车辆购置税是对在我国境内购置应税车辆的单位和个人，按其所购车辆价格的一定比率征收的一种税。

车辆购置税是从车辆购置附加费演变而来的。车辆购置税属于中央税，由国家税务局征收。车辆购置税的征收，有利于调节收入分配，体现社会公平；同时通过增加购置车辆成本，有利于调控购置车辆比例；此外，车辆购置税的征收还有利于筹集交通基础设施建设资金，促进交通基础建设。

我国现行车辆购置税法主要包括国务院 2000 年发布的《中华人民共和国车

辆购置税暂行条例》（下称《车辆购置税暂行条例》）和2005年国家税务总局发布的《车辆购置税征收管理办法》等。

（二）车辆购置税法的主要内容

1. 车辆购置税的纳税主体

车辆购置税的纳税主体为在我国境内购置车辆购置税暂行条例规定的车辆的单位和个人。这里所称的“购置”包括购买、进口、自产、受赠、获奖和以其他方式取得并自用应税车辆的行为。“单位”包括国有企业、集体企业、私营企业、股份制企业、外商投资企业、外国企业以及其他企事业单位、社会团体、国家机关、部队以及其他单位。“个人”包括个体工商业户以及其他个人。

2. 车辆购置税的征税范围

根据《车辆购置税暂行条例》规定，车辆购置税的征收范围包括：

（1）汽车。

（2）摩托车。包括轻便摩托车、两轮摩托车、三轮摩托车。

（3）电车。包括无轨电车和有轨电车。

（4）挂车。包括全挂车和半挂车。

（5）农用运输车。包括三轮农用运输车和四轮农用运输车。

具体征收范围依照《车辆购置税暂行条例》所附的《车辆购置税征收范围表》执行。车辆购置税征收范围的调整，由国务院决定并公布。

3. 车辆购置税的计税依据和税率

车辆购置税的计税依据是纳税人所购置的应税车辆的价格。根据不同情况，按照下列规定确定：

（1）纳税人购置自用税车辆的计税价格，为纳税人购买应税车辆而支付给销售者的全部价款和价外费用，不包括增值税税款。这里“价外费用”是指销售方价外向购买方收取的基金、集资费、返还利润、补贴、违约金（延期付款利息）和手续费、包装费、储存费、优质费、运输装卸费、保管费、代收款项、代垫款项以及其他各种性质的价外收费。

纳税人购置自用税车辆的计税价格的计算公式为：

计税价格 =（全部价款 + 价外费用）÷（1 + 增值税税率或征收率）

（2）纳税人进口自用的应税车辆的计税价格的计算公式为：

计税价格 = 关税完税价格 + 关税 + 消费税

（3）纳税人自产、受赠、获奖和以其他方式取得并自用的应税车辆的计税价格，由主管税务机关参照最低计税价格核定。

国家税务总局参照应税车辆市场平均交易价格，规定不同类型应税车辆的最低计税价格。

底盘发生更换的车辆，计税依据为最新核发的同类型车辆最低计税价格的70%。同类型车辆是指同国别、同排量、同车长、同吨位、配置近似等。

免税条件消失的车辆，自初次办理纳税申报之日起，使用年限未满10年的，计税依据为最新核发的同类型车辆最低计税价格按每满1年扣减10%，未满1年的计税依据为最新核发的同类型车辆最低计税价格；使用年限10年（含）以上的，计税依据为零。

纳税人购买自用或进口自用应税车辆，申报的计税价格低于同类型应税车辆最低计税价格，又无正当理由的，主管税务机关可比照已核定的同类型车辆最低计税价格征收车辆购置税。同类型车辆由主管税务机关确定，并报上级税务机关备案。各省、自治区、直辖市和计划单列市国家税务局应制定具体办法及时将备案的价格在本地区统一。

4. 车辆购置税的税率和计算

车辆购置税采用比例税率为10%。车辆购置税税率的调整，由国务院决定并公布。

车辆购置税应纳税额的计算公式为：

应纳税额 = 计税价格 × 税率

【例题8-5】甲购买一辆新出厂的小汽车。价款和价外费用以及增值税款合计23.4万元。

要求：计算甲应纳的车辆购置税数额。

解：甲应纳的车辆购置税 = 23.4万元 ÷ (1 + 17%) × 10% = 2（万元）

【例题8-6】甲购买彩票中奖获得汽车一辆。国家税务总局确定该类型应税车辆的最低计税价格为10万元。

要求：计算甲应纳的车辆购置税数额。

解：甲应纳的车辆购置税 = 10万元 × 10% = 1（万元）

5. 车辆购置税的减免

（1）外国驻华使馆、领事馆和国际组织驻华机构及其外交人员自用的车辆，免税。

（2）中国人民解放军和中国人民武装警察部队列入军队武器装备订货计划的车辆，免税。

(3) 设有固定装置的非运输车辆，免税。这里“设有固定装置的非运输车辆”是指列入国家税务总局印发的免税图册的车辆或未列入免税图册但经国家税务总局批准免税的车辆。

(4) 有国务院规定免税或者减税的其他情形的，按照规定免税或者减税。

6. 车辆购置税的征收管理

车辆购置税实行一次征收制度。购置已征车辆购置税的车辆，不再征收车辆购置税。免税、减税车辆因转让、改变用途等原因不再属于免税、减税范围的，应当在办理车辆过户手续前或者办理变更车辆登记注册手续前缴纳车辆购置税。

车辆购置税由国家税务局负责征收。纳税人购置应税车辆，应当向车辆登记注册地的主管税务机关申报缴纳；购置不需要办理车辆登记注册手续的应税车辆，应当向纳税人所在地的主管税务机关申报纳税。

纳税人申报纳税的期限为60日。纳税人购买的应税车辆，应当自购买之日起60日内申报纳税；进口自用应税车辆的，应当自进口之日起60日内申报纳税；自产、受赠、获奖和以其他方式取得并自用应税车辆的，在投入使用前60日内申报纳税。

车辆购置税税款应当一次缴清。纳税人应当在向公安机关车辆管理机构办理车辆登记注册前，缴纳车辆购置税。

纳税人应当持主管税务机关出具的完税证明或者免税证明，向公安机关车辆管理机构办理车辆登记注册手续；没有完税证明或者免税证明的，公安机关车辆管理机构不得办理车辆登记注册手续。

税务机关应当及时向公安机关车辆管理机构通报纳税人缴纳车辆购置税的情况。公安机关车辆管理机构应当定期向税务机关通报车辆登记注册的情况。

二、车船税法

(一) 车船税法概述

车船税是以车辆、船舶为征税对象，对中国境内，车辆、船舶的所有人或者管理人征收的一种税。

车船税在各国开征较为普遍，对于加强车船管理，提高车船使用效率，调节收入分配，增加地方财政收入以及缓解交通运输事业发展与基础设施建设资金短缺矛盾等均有重要意义。

车船税法是指调整车船税的征收和缴纳关系的法律规范的总称。我国现行车船税法主要包括2006年国务院发布的《中华人民共和国车船税暂行条例》和2007年财政部、国家税务总局制定的《中华人民共和国车船税暂行条例实施细则》等。

车船税在我国历史悠久。早在汉武帝时期已经开始对商人运输货物的车船征收“算商车”，明清两代对内河商船征收“船钞”，国民政府对车船征收“牌照税”。[①] 新中国成立后，中央人民政府政务院于1951年颁布了《车船使用牌照税暂行条例》，对车船征收车船使用牌照税。1986年9月国务院在实施工商税制改革时，又发布了《中华人民共和国车船使用税暂行条例》。根据有关规定，该条例不适用于外商投资企业和外国企业及外籍个人。因此，对外商投资企业和外国企业及外籍个人仍征收车船使用牌照税。以上两个税种自开征以来，在组织地方财政收入，调节和促进经济发展方面发挥了积极作用。但内外两个税种，不符合简化税制的要求，也与WTO有关国民待遇等规则不相符合；而且这两个税种的征免税规定不够合理，税源控管手段不足，税额标准与我国社会经济发展水平和当前物价水平相比已明显偏低。因此，根据我国目前车船拥有、使用和管理现状及发展趋势，本着简化税制、公平税负、拓宽税基，方便税收征管的原则，国务院将《车船使用牌照税暂行条例》和《中华人民共和国车船使用税暂行条例》进行了合并修订，于2006年新发布了《中华人民共和国车船税暂行条例》，对各类企业、行政事业单位和个人统一征收车船税。

（二）车船税法的主要内容

1. 车船税的纳税主体

根据《车船税暂行条例》规定，车船税的纳税主体为中国境内车辆、船舶的所有人或者管理人。这里“管理人”是指对车船具有管理使用权，不具有所有权的单位。应税车船所有人或管理人未缴纳车船税的，应由使用人代缴。

2. 车船税的征税范围

车船税的征税范围是车辆和船舶。包括各类依法应在公安、交通、农业、渔业、军事等具有车船管理职能的部门登记的车船。在机场、港口以及其他企业内部场所行驶或者作业，并在车船管理部门登记的车船，应当缴纳车船税。这里的“车辆”为机动车，包括载客汽车、载货汽车、三轮汽车、低速货车、摩托车、专项作业车和轮式专用机械车；“船舶”为机动船和非机动驳船。

3. 车船税的计税依据和税率

车船税是从量税。载客汽车和摩托车的计税依据是“每辆”；载货汽车、三轮汽车、低速货车的计税依据为“自重每吨”；船舶的计税依据为“净吨位”。这里“自重”是指机动车的整备质量。

---

① 王曙光，李兰，金瑛．税法学．北京：经济科学出版社，2008：426.

车船税实行幅度税额，具体规定如下：

（1）载客汽车的年税额为60元～660元。按照《车船税暂行条例》附件《车船税税目税额表》中的规定，载客汽车划分为大型客车、中型客车、小型客车和微型客车4个子税目。其中，大型客车是指核定载客人数大于或者等于20人的载客汽车；中型客车是指核定载客人数大于9人且小于20人的载客汽车；小型客车是指核定载客人数小于或者等于9人的载客汽车；微型客车是指发动机气缸总排气量小于或者等于1升的载客汽车。载客汽车各子税目的每年税额幅度为：大型客车，480元～660元；中型客车，420元～660元；小型客车，360元～660元；微型客车，60元～480元。

（2）载货汽车的年税额按自重每吨16元～120元。客货两用汽车按照载货汽车的计税单位和税额标准计征车船税。

（3）三轮汽车、低速货车的年税额按自重每吨24元～120元。《车船税税目税额表》中的三轮汽车，是指在车辆管理部门登记为三轮汽车或者三轮农用运输车的机动车。《车船税税目税额表》中的低速货车，是指在车辆管理部门登记为低速货车或者四轮农用运输车的机动车。

（4）摩托车的年税额为每辆36元～180元。

（5）专项作业车和轮式专用机械车的计税单位为自重每吨，每年税额为16元～120元。具体适用税额由省、自治区、直辖市人民政府参照载货汽车的税额标准在规定的幅度内确定。《车船税税目税额表》中的专项作业车，是指装置有专用设备或者器具，用于专项作业的机动车；轮式专用机械车是指具有装卸、挖掘、平整等设备的轮式自行机械。

（6）船舶的年税额为按净吨位每吨3元～6元。《车船税税目税额表》中的船舶，具体适用税额为：净吨位小于或者等于200吨的，每吨3元；净吨位201吨～2 000吨的，每吨4元；净吨位2 001吨～10 000吨的，每吨5元；净吨位10 001吨及其以上的，每吨6元。拖船和非机动驳船分别按船舶税额的50%计算。这里“拖船”是指专门用于拖（推）动运输船舶的专业作业船舶。拖船按照发动机功率每2马力折合净吨位1吨计算征收车船税。

核定载客人数、自重、净吨位、马力等计税标准，以车船管理部门核发的车船登记证书或者行驶证书相应项目所载数额为准。纳税人未按照规定到车船管理部门办理登记手续的，上述计税标准以车船出厂合格证明或者进口凭证相应项目所载数额为准；不能提供车船出厂合格证明或者进口凭证的，由主管地方税务机关根据车船自身状况并参照同类车船核定。车辆自重尾数在0.5吨以下（含0.5吨）的，按照0.5吨计算；超过0.5吨的，按照1吨计算。船舶净吨位尾数在

0.5 吨以下（含 0.5 吨）的不予计算，超过 0.5 吨的按照 1 吨计算。1 吨以下的小型车船，一律按照 1 吨计算。

国务院财政部门、税务主管部门可以根据实际情况，在《车船税税目税额表》规定的税目范围和税额幅度内，划分子税目，并明确车辆的子税目税额幅度和船舶的具体适用税额。车辆的具体适用税额由省、自治区、直辖市人民政府在规定的子税目税额幅度内确定。

车船税应纳税额的计算公式为：

应纳税额 = 计税依据 × 税率

购置的新车船，购置当年的应纳税额自纳税义务发生的当月起按月计算。计算公式为：

应纳税额 =（年应纳税额/12）× 应纳税月份数

【例题 8－7】 甲公司拥有客车 5 辆，载重吨位 5 吨货车 2 辆。该地规定客车车船税年税额为 180 元，载货汽车车船税年税额为每吨 60 元。

要求： 计算甲公司应纳的车船税数额。

解： 甲应纳的车船税 = 180 × 5 + 5 × 2 × 60 = 1 500（元）

【例题 8－8】 甲公司拥有机动船 5 艘，每艘吨位为 180 吨，另外还有非机动船 3 艘，每艘吨位为 10 吨。该地规定船舶的年税额为按净吨位每吨 6 元。

要求： 计算甲公司应纳的车船税数额。

解： 甲应纳的车船税 = 180 × 5 × 6 + 3 × 10 × 6 × 50% = 5 490（元）

4. 车船税的减免

根据《车船税暂行条例》规定，下列车船免征车船税：

（1）非机动车船（不包括非机动驳船）。这里所称的非机动车，是指以人力或者畜力驱动的车辆，以及符合国家有关标准的残疾人机动轮椅车、电动自行车等车辆；非机动船是指自身没有动力装置，依靠外力驱动的船舶；非机动驳船是指在船舶管理部门登记为驳船的非机动船。

（2）拖拉机。这里所称的拖拉机，是指在农业（农业机械）部门登记为拖拉机的车辆。

（3）捕捞、养殖渔船。这里所称的捕捞、养殖渔船，是指在渔业船舶管理部门登记为捕捞船或者养殖船的渔业船舶。不包括在渔业船舶管理部门登记为捕捞船或者养殖船以外类型的渔业船舶。

（4）军队、武警专用的车船。这里所称的军队、武警专用的车船，是指按照规定在军队、武警车船管理部门登记，并领取军用牌照、武警牌照的车船。

（5）警用车船。这里所称的警用车船，是指公安机关、国家安全机关、监狱、劳动教养管理机关和人民法院、人民检察院领取警用牌照的车辆和执行警务的专用船舶。

（6）按照有关规定已经缴纳船舶吨税的船舶。

（7）依照我国有关法律和我国缔结或者参加的国际条约的规定应当予以免税的外国驻华使馆、领事馆和国际组织驻华机构及其有关人员的车船。这里所称的我国有关法律，是指《中华人民共和国外交特权与豁免条例》、《中华人民共和国领事特权与豁免条例》。外国驻华使馆、领事馆和国际组织驻华机构及其有关人员在办理免税事项时，应当向主管地方税务机关出具本机构或个人身份的证明文件和车船所有权证明文件，并申明免税的依据和理由。

省、自治区、直辖市人民政府可以根据当地实际情况，对城市、农村公共交通车船给予定期减税、免税。

5. 车船税的征收管理

车船税由地方税务机关负责征收。各级车船管理部门应当在提供车船管理信息等方面，协助地方税务机关加强对车船税的征收管理。

车船的所有人或者管理人未缴纳车船税的，使用人应当代为缴纳车船税。

从事机动车交通事故责任强制保险业务的保险机构为机动车车船税的扣缴义务人，应当依法代收代缴车船税。由扣缴义务人代收代缴机动车车船税的，纳税人应当在购买机动车交通事故责任强制保险的同时缴纳车船税。纳税人在购买机动车交通事故责任强制保险时，应当向扣缴义务人提供地方税务机关出具的本年度车船税的完税凭证或者减免税证明。不能提供完税凭证或者减免税证明的，应当在购买保险时按照当地的车船税税额标准计算缴纳车船税。扣缴义务人在代收车船税时，应当在机动车交通事故责任强制保险的保险单上注明已收税款的信息，作为纳税人完税的证明。除另有规定外，扣缴义务人不再给纳税人开具代扣代收税款凭证。纳税人如有需要，可以持注明已收税款信息的保险单，到主管地方税务机关开具完税凭证。扣缴义务人应当及时解缴代收代缴的税款，并向地方税务机关申报。扣缴义务人解缴税款的具体期限，由各省、自治区、直辖市地方税务机关依照法律、行政法规的规定确定。税务机关付给扣缴义务人代收代缴手续费的标准由国务院财政部门、税务主管部门制定。

机动车车船税的扣缴义务人依法代收代缴车船税时，纳税人不得拒绝。纳税人对扣缴义务人代收代缴税款有异议的，可以向纳税所在地的主管地方税务机关提出。纳税人在购买机动车交通事故责任强制保险时缴纳车船税的，不再向地方税务机关申报纳税。

在一个纳税年度内，已完税的车船被盗抢、报废、灭失的，纳税人可以凭有关管理机关出具的证明和完税证明，向纳税所在地的主管地方税务机关申请退还自被盗抢、报废、灭失月份起至该纳税年度终了期间的税款。已办理退税的被盗抢车船，失而复得的，纳税人应当从公安机关出具相关证明的当月起计算缴纳车船税。

船税按年申报缴纳。具体申报纳税期限由省、自治区、直辖市人民政府确定。

车船税的纳税义务发生时间，为车船管理部门核发的车船登记证书或者行驶证书所记载日期的当月。纳税人未按照规定到车船管理部门办理应税车船登记手续的，以车船购置发票所载开具时间的当月作为车船税的纳税义务发生时间。对未办理车船登记手续且无法提供车船购置发票的，由主管地方税务机关核定纳税义务发生时间。

车船税的纳税地点，由省、自治区、直辖市人民政府根据当地实际情况确定。跨省、自治区、直辖市使用的车船，纳税地点为车船的登记地。

本章小结

1. 财产税是以纳税人拥有或支配的某些财产为征税对象的一类税。财产税的征税对象是财产。作为财产税征税对象的财产并不是广义上的全部财产，而只是某些特定财产。财产在广义上包括不动产和动产，而动产又包括有形动产和无形动产。

2. 房产税是以房产为征税对象，以房产的计税余值或房产的租金收入为计税依据，向房产的所有权人或使用权人征收的一种财产税。房产税法是指调整房屋征纳关系的法律规范的总称。

3. 开征房产税有利于运用税收法律手段，调节房产所有人和经营人的收入水平，理顺分配关系；有利于加强房产管理，提高房产的使用效益；有利于保证地方收入，促进房产开发建设，改善城乡居民的居住条件。

4. 房产税的征税范围包括城市、县城、建制镇和工矿区的房屋，不包括农村农民的房屋。城市的征税范围为市区、郊区和市辖县县城，不包括农村。县城是指未设立建制镇的县人民政府所在地。建制镇的征税范围为镇人民政府所在地，不包括所辖行政村。

5. 契税是因土地、房屋权属发生移转变更而在当事人之间订立契约时，由产权承受人缴纳的一种财产税。它属于动态财产税。我国的契税是在因国有土地使用权出让、土地使用权转让、房屋买卖、房屋赠与、房屋交换而发生产权移转或变动订立契约时，向产权承受人征收的一种税。

6. 车辆购置税是对在我国境内购置应税车辆的单位和个人，按其所购车辆价格的一定比率征收的一种税。车辆购置税是从车辆购置附加费演变而来的。车辆购置税的征收，有利于调节收入分配，体现社会公平；同时通过增加购置车辆成本，有利于调控购置车辆比例；此外，车辆购置税的征收还有利于筹集交通基础设施建设资金，促进交通基础建设。

7. 车船税是以车辆、船舶为征税对象，对中国境内，车辆、船舶的所有人或者管理人征收的一种税。车船税在各国开征较为普遍，对于加强车船管理，提高车船使用效率，增加地方财政收入等均有重要意义。

8. 车船税的征税范围是车辆和船舶。包括各类依法应在公安、交通、农业、渔业、军事等具有车船管理职能的部门登记的车船。在机场、港口以及其他企业内部场所行驶或者作业，并在车船管理部门登记的车船，应当缴纳车船税。

思考题

1. 什么是财产税？
2. 财产税的基本分类有哪些？
3. 如何理解房产税的作用？
4. 契税的征税对象是什么？
5. 车辆购置税的纳税主体包括哪些？
6. 简述车船税的征收管理制度。

第九章

资源税法

为了合理利用并保护有限的自然资源，调节因资源禀赋差异而形成的级差收入，世界各国普遍开征了资源类税种。目前我国已经开征的资源类税种有限，只包括资源税、土地使用税、耕地占用税、土地增值税共四种。由于资源类税既包含对原油、天然气、煤炭、盐、金属矿产品、非金属矿产品等资源征税的狭义资源税，也包含对于土地资源征税的土地使用税、耕地占用税和土地增值税，因此也有学者将资源类税称为土地与资源税。

第一节 资源税法

一、资源税法概述

（一）资源税概述

资源税是国家对于在境内开发、利用自然资源的单位和个人，就其所开发利用的资源数量或价值征收的一种税。这里的自然资源是指存在于自然界，能为人类所利用的物质财富，包括土地资源、矿产资源、森林资源、草原资源、海洋资源、生物资源等。

资源的范围很广，但资源税并非对所有资源课征，它只是选择某些特殊的资源作为征税对象，并通过列举的方式加以规定。

资源税的开征不仅有利于增加财政收入，加强对资源开发、利用的引导和监督，实现国有资源的有偿利用，而且有利于调节资源开采企业因资源开采条件的差异所形成的级差收入，为相关企业开展公平竞争创造条件。我国自然资源分布广泛，种类较多，各地自然资源的结构和开发条件差异较大。因而资源开采者的利润水平相差悬殊。如果不开征资源税，对开发、利用资源在经济利益方面缺乏有力的调整，会导致资源的开发、利用处于一种无序状态，降低资源的使用效益，导致开采中出现采富弃贫、采易弃难等破坏国家资源的现象。

我国春秋时期的盐铁专卖被认为是以“专卖为名行、征税之实”，是资源税的萌芽。此后各个朝代都将盐、铁等资源的专卖收入（征税收入）作为国家财政收入的重要来源之一。对矿产品征税可以追溯到明代，明代开始“坑治之课”，对金、银、铜、铁、汞等矿产品征税，其中银税收入最多。到清代后，矿税成为经常税。国民党、北洋政府统治时期的矿税分为矿区税、矿产税和矿统税。建国以后，自1950年开始征收盐税。1973年税制改革将盐税并入工商税。1984年工商税制改革，将盐税独立，同时开征资源税，对原油、天然气、煤炭等矿产品征税。1993年国务院发布《中华人民共和国资源税暂行条例》（下称《资源税暂行条例》），体现了“普遍征收、级差调节”的原则，并将盐与矿产品合并计征资源税，还增加了一些新的税目。税率由1984年开始实施时的超率累进税率到1986年改为实行定额税率。当然，从社会经济发展要求和资源税发展趋势看，资源税的征税范围还应该进一步扩大，把水资源、森林资源等纳入其中。

（二）资源税的特点

1. 资源税征税范围有限

可以开发、利用的自然资源范围很广。理论上讲，资源税的征税范围不仅包括矿产资源，也包括所有其他自然资源。世界上开征资源税的国家，其征税范围都非常广。但我国现行资源税法只是采用列举的方式将原油、天然气、煤炭、盐、黑色金属矿原矿、有色金属矿原矿、非金属矿产品、煤炭等资源列入征税范围，征税范围较窄。

2. 资源税采用差别税额，实行从量定额征收

目前世界各国征收资源税的方法有三种：一是从价定率计征；二是从量定额计征；三是以矿产资源净收入为计税依据征收。为了便于计征和缴纳，我国资源税以应税资源产品的销售量为计税依据，采取较大幅度的定额税率，依据投资条件好坏、盈利多少，实行从量定额征收。

3. 属于中央和地方共享税

在资源税的管理权限和收入归属上，开征资源税的世界各国主要有三种类型，即作为中央税、作为地方税、作为中央和地方共享税。我国现行资源税属于共享税，并按资源种类划分归属。目前海洋石油资源税属于中央税收，其他资源税属于地方税收。

4. 资源税征收目的主要在于调节级差收入

随着市场机制作用的充分发挥，资源级差收益的效益会越来越明显，那些资源条件好、开采条件优越的企业，开采成本较低、利润水平自然就高。开征资源税的主要目的是把由于自然条件优越而形成的级差收入收归国有，排除自然因素造成分配不合理，调节资源开采企业因资源开采条件的差异所形成的级差收入，为相关企业开展公平竞争创造条件。

(三) 资源税的分类

资源税按性质可分为一般资源税和级差资源税两类。

一般资源税是不考虑资源开采者所使用资源的贫富状况和开采条件，也不考虑因开发资源所取得收入的多少，对开发利用某种自然资源的单位和个人就其资源的数量或价值征收的一种税。

级差资源税是按资源的级差收入分别征税，纳税人应纳税额多少同其所开发利用资源的贫富状况和开采利用条件有关。所谓级差收入是指同一种资源由于所处地理位置、内部结构、成分不同而所获收益数量上的差异。从各国资源税的立法状况看，现今征收的资源税大多属于级差资源税，我国也不例外。①

(四) 资源税法

资源税法是调整开发、利用自然资源过程中，国家与纳税人之间因级差收入征税而形成的税收征纳关系的法律规范的总称。我国现行的资源法包括 1993 年国务院发布的《中华人民共和国资源税暂行条例》，1993 年财政部发布的《中华人民共和国资源税暂行条例实施细则》和 1994 年国家税务总局发布的《资源税若干问题的规定》等。

二、资源税法的主要内容

(一) 资源税的纳税主体

资源税的纳税主体是在我国境内开采应税的矿产品或者生产盐的单位和个人。具体包括：国有企业、集体企业、私有企业、股份制企业、外商投资企业、外国企业和行政单位、事业单位、军事单位、社会团体及其他单位、个体经营者及其他个人。

按照现行规定，对已经征收矿区使用费但尚未征收资源税的海上、路上油田、外商投资企业，也一律征收资源税。但对于中外合作开采石油、天然气只征

① 刘隆亨．税法学．北京：法律出版社，2006：229.

收矿区使用费，暂不征收资源税。因此中外合作开采石油、天然气的企业不是资源税的纳税人。此外，进口矿产品和盐以及经营已税矿产品和盐的单位和个人也不是资源税的纳税人。

（二）资源税的征税范围

理论上讲资源税的征税范围应该包括一切可供开发、利用的国有资源。但是我国现行资源税的征税范围还只包括矿产品和盐两大类。具体而言资源税的征税范围包括：

1. 原油

这里指开采的天然原油，不包括人造石油。其中“稠油”是指在油层温度条件下，原油粘度大于 100 毫帕/秒或原油重度大于 0.92 的原油。“高凝油”，是指凝固点大于 40℃，含蜡量超过 30% 的用普通开采方式不能正常生产的原油。凝析油视同原油，征收资源税。

2. 天然气

这里指专门开采或与原油同时开采的天然气，暂不包括煤矿生产的天然气。

3. 煤炭

这里指原煤，不包括洗煤、选煤及其他煤炭制品。

4. 其他非金属矿原矿

这里指上列产品和井矿盐以外的非金属矿原矿。

5. 黑色金属矿原矿

这里包括铁矿石、锰矿石、铬矿石。

6. 有色金属矿原矿

这里包括金矿石、铜矿石、铅锌矿石、钨矿石、锑矿石、钼矿石、锡矿石、镍矿石等。①

7. 盐

这里包括固体盐和液体盐。固体盐是指海盐原盐、湖盐原盐和井矿盐。液体盐是指卤水，即氯化钠含量达到一定浓度的溶液，是用于生产碱和其他产品的原料。

未列举名称的其他非金属矿原矿和其他有色金属矿原矿，由省、自治区、直辖市人民政府决定征收或暂缓征收资源税，并报财政部和国家税务总局备案。

---

① 黑色金属矿原矿、有色金属矿原矿是指纳税人开采后自用、销售的，用于直接入炉冶炼或作为主产品先入选精矿、制造人工矿，再最终入炉冶炼的金属矿石原矿。

（三）资源税的计税依据

依据《资源税暂行条例》规定，资源税实行从量定额征收。以应税资源产品的课税数量为计税依据，其应纳税额按应税产品的课税数量和规定的单位税额计算。纳税人开采或者生产不同税目应税产品的，应当分别核算不同税目应税产品的课税数量；未分别核算或者不能准确提供不同税目应税产品的课税数量的，从高适用税额。

关于课税数量的具体确定方法如下：

（1）纳税人开采或者生产应税产品销售的，以销售数量为课税数量。

（2）纳税人开采或者生产应税产品自用的，以自用数量为课税数量。

（3）纳税人不能准确提供应税产品销售数量或移送使用数量的，以应税产品的产量或主管税务机关确定的折算比换算成的数量为课税数量。

（4）原油中的稠油、高凝油与稀油划分不清或不易划分的，一律按原油的数量课税。

（5）对于连续加工前无法正确计算原煤移送使用量的，可按加工产品的综合回收率，将加工产品实际销量和自用量折算成原煤数量作为课税数量。

（6）金属和非金属矿产品原矿，因无法准确掌握纳税人移送使用原矿数量的，可将其精矿按选矿比折算成原矿数量作为课税数量。

（7）纳税人以自产的液体盐加工固体盐，按固体盐税额征税，以加工的固体盐数量为课税数量。纳税人以外购的液体盐加工固体盐，其加工固体盐所耗用液体盐的已纳税额准予抵扣。

（四）资源税的税率和计算

我国现行资源税采用幅度定额税率，按照应税资源产品的课税单位来直接规定固定的税额幅度，实行从量定额征收，并实行“普遍征收，级差调节”的原则。普遍征收是指对在我国境内开发的一切应税资源产品征收资源税。级差调节是指运用资源税对因资源开采条件、储存状况、地理位置等客观存在的差别而产生的资源级差收入，通过实施差别税额标准进行调节。[①] 具体税额幅度见下表9－1：

表9－1　资源税税目税额幅度表

税目	税额幅度
一、原油	8元～30元/吨
二、天然气	2元～15元/千立方米

① 刘隆亨．税法学．北京：法律出版社，2006：302.

续表

税　　目	税额幅度
三、煤炭	0.3 元 ~8 元/吨
四、其他非金属矿原矿	0.5 元 ~20 元/吨或者立方米
五、黑色金属矿原矿	2 元 ~30 元/吨
六、有色金属矿原矿	0.4 元 ~30 元/吨
七、盐	
固体盐	10 元 ~60 元/吨
液体盐	2 元 ~10 元/吨

纳税人具体适用的单位税额，由财政部根据其资源和开采条件等因素的变化情况适当进行定期调整。

资源税应纳税额的计算公式为：

应纳税额 = 课税数量 × 单位税额

资源税纳税人自产自用应税产品，因无法准确提供移送使用量而采取折算比换算课税数量办法的，具体规定如下：

（1）煤炭。对于连续加工前无法正确计算原煤移送使用量的，可按加工产品的综合回收率，将加工产品实际销量和自用量折算成原煤数量作为课税数量。

（2）金属和非金属矿产品原矿，因无法准确掌握纳税人移送使用原矿数量的，可将其精矿按选矿比折算成原矿数量作为课税数量。《资源税暂行条例》及其实施细则中所说的自产自用产品，包括用于生产和非生产两部分。

【例题 9－1】 某油田生产原油 40 万吨，其中 20 万吨用于外销，10 万吨移送所属化工厂进行加工提炼，2 万吨用于加热和修井，还有 8 万吨待销售。原油单位税额 8 元/吨。

要求： 计算该油田应缴纳的资源税税额。

解： 该油田应纳税额 =（20 + 10）× 8 = 240（万元）

【例题 9－2】 某企业开采锰矿石和铬矿石，开采销售锰矿石 200 吨，适用税率 2 元/吨；开采销售铬矿石 400 吨，适用税率 3 元/吨。

要求： 计算该企业应纳资源税税额。

解： 该企业应纳税额 = 2 × 200 + 3 × 400 = 1 600（元）

【例题 9－3】 某油田 2009 年 12 月开采原油 6 000 吨，与原油同时开采的天然气 4 000 立方米，均已全部销售。已知该油田的原油适用的税额为 15 元/吨，天然气适用的税额为12元/立方米。

要求：计算该企业应纳资源税税额。

解：该企业应纳税额 = 6 000 × 15 + 4 000 × 12 = 138 000（元）

（五）资源税的减免

由于资源税遵循“普遍征收、级差调节”的原则，因此税法对其减免规定较为严格，减免项目较少。主要包括：

（1）开采原油过程中用于加热、修井的原油，免税。

（2）纳税人开采或者生产应税产品过程中，因意外事故或者自然灾害等原因遭受重大损失的，由省、自治区、直辖市人民政府酌情决定减税或者免税。

（3）国务院规定的其他减税、免税项目。例如对冶金联合企业矿山铁矿石的资源，减按规定标准税额的60%征收。对有色金属矿的资源税在规定税额基础上减征30%。

纳税人的减税、免税项目，应当单独核算课税数量，未单独核算或者不能准确提供课税数量的，不予减税或者免税。

（六）资源税的征收管理

1. 纳税义务发生时间

纳税人销售应税产品，纳税义务发生时间为收讫销售款或者取得索取销售款凭据的当天。具体而言又分为以下几种情况：（1）纳税人采取分期收款结算方式的，其纳税义务发生时间，为销售合同规定的收款日期的当天；（2）纳税人采取预收货款结算方式的，其纳税义务发生时间，为发出应税产品的当天；（3）纳税人采取其他结算方式的，其纳税义务发生时间，为收讫销售款或者取得索取销售款凭据的当天。

纳税人自产自用应税产品，纳税义务发生时间为移送使用的当天。

扣缴义务人代扣代缴税款的纳税义务发生时间，为支付货款的当天。这里“扣缴义务人”是指独立矿山、联合企业及其他收购未税矿产品的单位。这里“独立矿山”指只有采矿或只有采矿和选矿，独立核算、自负盈亏的单位，其生产的原矿和精矿主要用于对外销售。“联合企业”指采矿、选矿、冶炼（或加工）连续生产的企业或采矿、冶炼（或加工）连续生产的企业，其采矿单位，一般是该企业的二级或二级以下核算单位。将收购未税矿产品的单位规定为资源税的扣缴义务人，是为了加强资源税的征管，主要适应税源小、零散、不定期开采、易漏税等情况，税务机关认为不易控管，由扣缴义务人在收购时代扣代缴未税矿产品为宜的。扣缴义务人代扣代缴的资源税，应当向收购地主管税务机关缴纳。

2. 纳税期限

纳税人的纳税期限分别为1日、3日、5日、10日、15日或者1个月，由主管税务机关根据实际情况具体核定。不能按固定期限计算纳税的，可以按次计算纳税。

纳税人以1个月为一期纳税的，自期满之日起10日内申报纳税；以1日、3日、5日、10日或者15日为一期纳税的，自期满之日起5日内预缴税款，于次月1日起10日内申报纳税并结清上月税款。

3. 纳税地点

纳税人应纳的资源税，应当向应税产品的开采或者生产所在地主管税务机关缴纳。

纳税人在本省、自治区、直辖市范围内开采或者生产应税产品，其纳税地点需要调整的，由省、自治区、直辖市税务机关决定。

纳税人跨省开采资源税应税产品，其下属生产单位与核算单位不在同一省、自治区、直辖市的，对其开采的矿产品，一律在开采地纳税，其应纳税款由独立核算、自负盈亏的单位，按照开采地的实际销售量（或者自用量）及适用的单位税额计算划拨。

第二节 城镇土地使用税法

一、城镇土地使用税法概述

（一）城镇土地使用税概述

城镇土地使用税是以城镇土地为征税对象，对在我国城市、县城、建制镇、工矿区范围内使用土地的单位和个人，以其实际占用的土地面积为计税依据征收的一种税。

民国时期我国就开始对城镇土地征税。1928年首先在广州开征土地税。1930年，国民党政府颁布了土地法，依据该法在部分城市和地区开征地价税和土地增值税。建国之初，地产税已作为一个独立税种。1951年，地产税与房产税合并为城市房地产税。1973年为简化税制，将国内企业缴纳的城市房地产税并入工商税。1984年，工商税制改革，国务院决定将地产税从房地产税中划出，并更名为土地使用税，但由于条件不成熟暂缓征收。为了合理利用城镇土地，调节土地级差收入，提高土地使用效益，加强土地管理，1988年国务院发布《中华人民共和国城镇土地使用税暂行条例》，并于1988年11月1日在全国正式开征城镇土地使用税。但对于外商投资企业、在华外国企业以及外籍个人所使用的土地，仍按城市房地产税的规定征税。为适应对涉外企业土地使用的征税需要。国务院于2006年发布的《关于修改〈中华人民共和国城镇土地使用税暂行条例〉的决定》，对土地使用税的纳税人和适用税率进行了修改。

征收城镇土地使用税有利于合理利用土地资源，提高土地使用效益；有利于调节土地级差收入，促进城镇建设的合理布局；有利于理顺国家与土地使用者之间的分配关系；有利于增加地方财政收入，积累城市建设资金。

（二）城镇土地使用税法

城镇土地使用税法是调整国家与土地使用税纳税人之间税收征纳关系的法律规范的总称。我国现行城镇土地使用税法主要包括1988年国务院发布的《中华人民共和国城镇土地使用税暂行条例》，1988年国家税务总局签发的《关于土地使用税若干具体问题的解释和暂行规定》，2006年国务院发布的《关于修改〈中华人民共和国城镇土地使用税暂行条例〉的决定》等。

二、城镇土地使用税法的主要内容

（一）城镇土地使用税的纳税主体

城镇土地使用税的纳税人包括在城市、县城、建制镇、工矿区范围内使用土地的单位和个人。这里的“单位”包括国有企业、集体企业、私营企业、股份制企业、外商投资企业、外国企业以及其他企业和事业单位、社会团体、国家机关、军队以及其他单位。这里“个人”包括个体工商户以及其他个人。

关于纳税人，确定的具体规定如下：城镇土地使用税一般由拥有土地使用权的单位或个人缴纳。如果拥有土地使用权的纳税人不在土地所在地的，由代管人或实际使用人纳税；如果土地使用权未确定或权属纠纷未解决的，由实际使用人纳税；如果土地使用权共有的，由共有各方分别纳税；房管部门经租的公房用地，凡土地使用权属于房管部门的，由房管部门缴纳土地使用税。

（二）城镇土地使用税的征税范围

城镇土地使用税的征税范围包括在城市、县城、建制镇、工矿区范围内的国家所有和集体所有的土地。

城市是指经国务院批准设立的市。城市的征税范围为市区和郊区。

县城是指县人民政府所在地。县城的征税范围为县人民政府所在的城镇。

建制镇是指经省、自治区、直辖市人民政府批准设立的建制镇。建制镇的征税范围为镇人民政府所在地。

工矿区是指工商业比较发达，人口比较集中，符合国务院规定的建制镇标准，但尚未设立镇建制的大中型工矿企业所在地。工矿区须经省、自治区、直辖市人民政府批准。

城市、县城、建制镇、工矿区的具体征税范围，由各省、自治区、直辖市人民政府划定。

（三）城镇土地使用税计税依据

城镇土地使用税以纳税人实际占用的土地面积为计税依据，依照规定税额计算征收。土地使用权共有的各方，应按其实际使用的土地面积占总面积的比例，分别计算缴纳土地使用税。

纳税人实际占用的土地面积，是指由省、自治区、直辖市人民政府确定的单位组织测定的土地面积。尚未组织测量，但纳税人持有政府部门核发的土地使用证书的，以证书确认的土地面积为准；尚未核发土地使用证书的，应由纳税人据实申报土地面积。

（四）城镇土地使用税的税率和计算

城镇土地使用税采用定额税率，并且采用幅度差别税率。按照大城市、中等城市、小城市和县城、建制镇、工矿区四个档次，分别规定每平方米土地使用税应纳税额。具体规定为：大城市每平方米年税额 1.5 元～30 元；中等城市每平方米年税额 1.2 元～24 元；小城市每平方米年税额 0.9 元～18 元；县城、建制镇、工矿区每平方米年税额 0.6 元～12 元。大、中、小城市以公安部门登记在册的非农业正式户口人数为依据，按照国务院颁布的《城市规划条例》中规定的标准划分。现行的划分标准是：市区及郊区非农业人口总计在 50 万以上的，为大城市；市区及郊区非农业人口总计在 20 万～50 万的，为中等城市；市区及郊区非农业人口总计在 20 万以下的，为小城市。

省、自治区、直辖市人民政府，应当在规定的税额幅度内，根据市政建设状况、经济繁荣程度等条件，确定所辖地区的适用税额幅度。

市、县人民政府应当根据实际情况，将本地区土地划分为若干等级，在省、自治区、直辖市人民政府确定的税额幅度内，制定相应的适用税额标准，报省、自治区、直辖市人民政府批准执行。

经省、自治区、直辖市人民政府批准，经济落后地区城镇土地使用税的适用税额标准可以适当降低，但降低额不得超过《城镇土地使用税暂行条例》第 4 条规定最低税额的 30%。经济发达地区城镇土地使用税的适用税额标准可以适当提高，但须报经财政部批准。

城镇土地使用税应纳税额的计算公式为：

应纳税额 = 实际占用的土地面积 × 适用税额

【例题 9-4】 某企业占用的应纳城镇土地使用税的土地面积为 10 000 平方米，已知该企业所属地区适用的城镇土地使用税的税额为 20 元/平方米。

要求： 计算该企业应纳城镇土地使用税税额。

解： 该企业应纳城镇土地使用税税额 = 10 000 × 20 = 200 000（元）

【例题 9-5】 某公司实际占地面积共计 20 000 平方米，其中 2 000 平方米为厂区以外的绿化区，企业内学校和医院共占地 3 000 平方米，另外该企业出租面积 500 平方米的土地使用权。该企业所处地段适用年税额为 3 元/平方米。

要求： 计算该企业应缴纳城镇土地使用税税额。

解： 该企业应纳城镇土地使用税税额 =（20 000 - 2 000 - 3 000）× 3 = 45 000（元）

【例题 9-6】 某人民团体拥有甲、乙两栋办公楼，甲栋占地 3 000 平方米，乙两栋占地 5 000 平方米。2009 年 3 月 30 日至 12 月 31 日该团体将甲栋出租。当地城镇土地使用税的税率为每平方米 10 元。

要求： 计算该团体应缴纳城镇土地使用税。

解： 该团体 2009 年应纳城镇土地使用税税额 = 3 000 × 10 × 9 ÷ 12 = 22 500（元）

（五）城镇土地使用税的减免

根据《中华人民共和国城镇土地使用税暂行条例》规定，下列土地免缴城镇土地使用税：

（1）国家机关、人民团体、军队自用的土地。即这些单位本身的办公用地和公务用地。这里“人民团体”是指经国务院授权的政府部门批准设立或登记备案并由国家拨付行政事业费的各种社会团体。

（2）由国家财政部门拨付事业经费的单位自用的土地。即这些单位本身的业务用地。这里“由国家财政部门拨付事业经费的单位”是指由国家财政部门拨付经费、实行全额预算管理或差额预算管理的事业单位，不包括实行自收自支、自负盈亏的事业单位。企业办的学校、医院、托儿所、幼儿园，其用地能与企业其他用地明确区分的，可以比照由国家财政部门拨付事业经费的单位自用的土地，免征土地使用税。

（3）宗教寺庙、公园、名胜古迹自用的土地。“宗教寺庙自用的土地”是指举行宗教仪式等的用地和寺庙内的宗教人员生活用地。“公园、名胜古迹自用的土地”是指供公共参观游览的用地及其管理单位的办公用地。

（4）市政街道、广场、绿化地带等公共用地。

（5）直接用于农、林、牧、渔业的生产用地。即直接从事于种植、养殖、饲养的专业用地，不包括农副产品加工场地和生活、办公用地。

（6）经批准开山填海整治的土地和改造的废弃土地，从使用的月份起免缴土地使用税5年至10年。开山填海整治的土地和改造的废弃土地，以土地管理机关出具的证明文件为依据确定；具体免税期限由各省、自治区、直辖市税务局在土地使用税暂行条例规定的期限内自行确定。

（7）由财政部另行规定免税的能源、交通、水利设施用地和其他用地。

此外，下列土地的征免税，由省、自治区、直辖市税务局确定：个人所有的居住房屋及院落用地；房产管理部门在房租调整改革前经租的居民住房用地；免税单位职工家属的宿舍用地；民政部门举办的安置残疾人占一定比例的福利工厂用地；集体和个人办的各类学校、医院、托儿所、幼儿园用地。

除以上规定外，纳税人缴纳城镇土地使用税确有困难需要定期减免的，由省、自治区、直辖市税务机关审核后，报国家税务局批准。

（六）城镇土地使用税的征收管理

城镇土地使用税按年计算、分期缴纳。缴纳期限由省、自治区、直辖市人民政府确定。

纳税人新征用的土地，如果属于耕地，自批准征用之日起满1年时开始缴纳城镇土地使用税；如果属于非耕地，自批准征用次月起缴纳城镇土地使用税。征用的耕地与非耕地，以土地管理机关批准征地的文件为依据确定。

城镇土地使用税由土地所在地的税务机关征收。城镇土地使用税收入纳入财政预算管理。土地管理机关应当向土地所在地的税务机关提供土地使用权属资料。

纳税人使用的土地不属于同一省（自治区、直辖市）管辖范围的，应由纳税人分别向土地所在地的税务机关缴纳城镇土地使用税。在同一省（自治区、直辖市）管辖范围内，纳税人跨地区使用的土地，如何确定纳税地点，由各省、自治区、直辖市税务局确定。

第三节　耕地占用税法

一、耕地占用税法概述

（一）耕地占用税概述

耕地占用税是对在我国境内占用耕地建房或者从事非农业建设的单位或者个

人，按其实际占用的耕地面积征收的一种税。

开征耕地占用税的主要目的在于运用税收手段加强土地管理，保护耕地，促进土地资源的合理利用。众所周知，农业是国民经济基础，而耕地又是农业生产的基本要素。我国目前用占世界7%耕地养活着占世界22%的人口，人均耕地面积远低于世界平均水平。因此保持一定的耕地面积，限制不合理占用耕地是十分必要的。

1987年国务院发布《中华人民共和国耕地占用税暂行条例》（下称《耕地占用税暂行条例》），对保护耕地，促进土地资源的合理利用起到了积极作用。为了适应新形势的需要，2007年国务院修订发布了新的《中华人民共和国耕地占用税暂行条例》。与1987年发布的条例相比，新条例提高了耕地占用税税额标准；统一了内外资企业耕地占用税税负负担；从严规定了减免税项目；加强了耕地占用税征收管理。

与其他税种相比较，耕地占用税具有以下特点：

（1）征税范围较广。为了建房或者从事非农业建设的占用耕地的均需缴纳耕地占用税。

（2）征收一次性。耕地占用税只是在耕地占用环节一次性征税，以后不再重复征税。

（3）实行地区差别定额税率。根据各地经济发展的情况合理确定税负，以县级行政区域为单位，以人均耕地面积为标准，分别规定单位税额。

（二）耕地占用税法

耕地占用税法是国家制定的调整耕地占用税税收征纳关系的法律规范的总称。我国现行耕地占用税法主要包括2007年国务院修订发布的《中华人民共和国耕地占用税暂行条例》，2008年财政部、国家税务总局公布的《中华人民共和国耕地占用税暂行条例实施细则》等。

二、耕地占用税法的主要内容

（一）耕地占用税的纳税主体

耕地占用税的纳税主体是在我国境内占用耕地建房或者从事非农业建设的单位或者个人。这里的“建房”包括建设建筑物和构筑物。这里的“单位”包括国有企业、集体企业、私营企业、股份制企业、外商投资企业、外国企业以及其他企业和事业单位、社会团体、国家机关、部队以及其他单位。这里的“个人”包括个体工商户以及其他个人。

经申请批准占用耕地的，纳税人为农用地转用审批文件中标明的建设用地人。农用地转用审批文件中未标明建设用地人的，纳税人为用地申请人。未经批准占用耕地的，纳税人为实际用地人。

（二）耕地占用税的征税范围

耕地占用税的征税范围包括国家所有和集体所有的耕地。耕地是指种植农作物的土地。具体包括：种植粮食作物的土地、经济作物的土地、菜地、园地、新开荒地、休闲地、轮歇地、鱼塘、草田轮作地等。

农田水利占用耕地的，不征收耕地占用税。

建设直接为农业生产服务的生产设施占用农用地的，不征收耕地占用税。这里“直接为农业生产服务的生产设施”是指直接为农业生产服务而建设的建筑物和构筑物。具体包括：储存农用机具和种子、苗木、木材等农业产品的仓储设施；培育、生产种子、种苗的设施；畜禽养殖设施；木材集材道、运材道；农业科研、试验、示范基地；野生动植物保护、护林、森林病虫害防治、森林防火、木材检疫的设施；专为农业生产服务的灌溉排水、供水、供电、供热、供气、通讯基础设施；农业生产者从事农业生产必需的食宿和管理设施；其他直接为农业生产服务的生产设施。

占用林地、牧草地、农田水利用地、养殖水面以及渔业水域滩涂等其他农用地建房或者从事非农业建设的，比照《耕地占用税暂行条例》的规定征收耕地占用税。这里的“林地”包括有林地、灌木林地、疏林地、未成林地、迹地、苗圃等，不包括居民点内部的绿化林木用地，铁路、公路征地范围内的林木用地，以及河流、沟渠的护堤林用地。“牧草地”包括天然牧草地、人工牧草地。“农田水利用地”包括农田排灌沟渠及相应附属设施用地。“养殖水面”包括人工开挖或者天然形成的用于水产养殖的河流水面、湖泊水面、水库水面、坑塘水面及相应附属设施用地。“渔业水域滩涂”包括专门用于种植或者养殖水生动植物的海水潮浸地带和滩地。

纳税人临时占用耕地，应当依照规定缴纳耕地占用税。纳税人在批准临时占用耕地的期限内恢复所占用耕地原状的，全额退还已经缴纳的耕地占用税。这里的“临时占用耕地”是指纳税人因建设项目施工、地质勘查等需要，在一般不超过2年内临时使用耕地并且没有修建永久性建筑物的行为。

因污染、取土、采矿塌陷等损毁耕地的，比照《耕地占用税暂行条例》规定的临时占用耕地的情况，由造成损毁的单位或者个人缴纳耕地占用税。超过2年未恢复耕地原状的，已征税款不予退还。

（三）耕地占用税的计税依据、税率和计算

耕地占用税以纳税人实际占用的耕地面积为计税依据，按照规定的适用税额

一次性征收。

耕地占用税的税率为地区差别定额税率。以县级行政区域为单位，按照人均耕地面积，结合经济发展情况，将全国划分为为四类地区，确定相应的税额幅度。具体规定如下：（1）人均耕地不超过1亩的地区，每平方米为10元~50元；（2）人均耕地超过1亩但不超过2亩的地区，每平方米为8元~40元；（3）人均耕地超过2亩但不超过3亩的地区，每平方米为6元~30元；（4）人均耕地超过3亩的地区，每平方米为5元~25元。

国务院财政、税务主管部门根据人均耕地面积和经济发展情况确定各省、自治区、直辖市的平均税额。各地适用税额，由省、自治区、直辖市人民政府在上述规定税额幅度内，根据本地区情况核定。各省、自治区、直辖市人民政府核定的适用税额的平均水平，不得低于国务院财政、税务主管部门确定平均税额。

经济特区、经济技术开发区和经济发达且人均耕地特别少的地区，适用税额可以适当提高，但是提高的部分最高不得超过所在地省、自治区、直辖市人民政府核定的适用税额的50%。

占用基本农田的，适用税额应当在当地适用税额的基础上提高50%。

占用林地、牧草地、农田水利用地、养殖水面以及渔业水域滩涂等其他农用地建房或者从事非农业建设的，适用税额可以适当低于当地占用耕地的适用税额，具体适用税额按照各省、自治区、直辖市人民政府的规定执行。

耕地占用税应纳税额的计算公式为：

应纳税额＝实际占用的耕地面积×适用税额

【例题9－7】甲房地产开发公司占用耕地10 000平方米用于住宅小区建设，其中2 000平方米将建设一所全日制小学，已知该地区耕地占用税每平方米税额为9元。

要求：计算甲房地产开发公司应纳耕地占用税税额。

解：甲房地产开发公司应纳耕地占用税税额＝8 000×9＝72 000（元）

【例题9－8】农村某村民新建住宅，经批准占用耕地100平方米。该地区耕地占用税额为7元/平方米，由于农村居民占用耕地新建住宅，按照当地适用税额减半征收耕地占用税。

要求：计算该村民应纳耕地占用税税额。

解：该村民应纳耕地占用税税额＝100×7×50%＝350（元）

（四）耕地占用税的减免

根据规定，下列情形免征耕地占用税：

1. 军事设施占用耕地

免税的军事设施包括：地上、地下的军事指挥、作战工程；军用机场、港口、码头；营区、训练场、试验场；军用洞库、仓库；军用通信、侦察、导航、观测台站和测量、导航、助航标志；军用公路、铁路专用线，军用通讯、输电线路，军用输油、输水管道；其他直接用于军事用途的设施。

2. 学校、幼儿园、养老院、医院占用耕地

免税的学校具体范围包括县级以上人民政府教育行政部门批准成立的大学、中学、小学、学历性职业教育学校以及特殊教育学校。学校内经营性场所和教职工住房占用耕地的，按照当地适用税额缴纳耕地占用税。

免税的幼儿园具体范围限于县级人民政府教育行政部门登记注册或者备案的幼儿园内专门用于幼儿保育、教育的场所。

免税的养老院具体范围限于经批准设立的养老院内专门为老年人提供生活照顾的场所。

免税的医院，具体范围限于县级以上人民政府卫生行政部门批准设立的医院内专门用于提供医护服务的场所及其配套设施。医院内职工住房占用耕地的，按照当地适用税额缴纳耕地占用税。

根据规定，下列情形减征耕地占用税：

(1) 铁路线路、公路线路、飞机场跑道、停机坪、港口、航道占用耕地，减按每平方米 2 元的税额征收耕地占用税。根据实际需要，国务院财政、税务主管部门商国务院有关部门并报国务院批准后，可以对前款规定的情形免征或者减征耕地占用税。这里的“减税的公路线路”具体范围限于经批准建设的国道、省道、县道、乡道和属于农村公路的村道的主体工程以及两侧边沟或者截水沟。专用公路和城区内机动车道占用耕地的，按照当地适用税额缴纳耕地占用税。“减税的飞机场跑道、停机坪”具体范围限于经批准建设的民用机场专门用于民用航空器起降、滑行、停放的场所。“减税的港口”具体范围限于经批准建设的港口内供船舶进出、停靠以及旅客上下、货物装卸的场所。“减税的航道”具体范围限于在江、河、湖泊、港湾等水域内供船舶安全航行的通道。

(2) 农村居民占用耕地新建住宅，按照当地适用税额减半征收耕地占用税。这里的“减税的农村居民占用耕地新建住宅”是指农村居民经批准在户口所在地按照规定标准占用耕地建设自用住宅。农村居民经批准搬迁，原宅基地恢复耕种，凡新建住宅占用耕地不超过原宅基地面积的，不征收耕地占用税；超过原宅基地面积的，对超过部分按照当地适用税额减半征收耕地占用税。

(3) 农村烈士家属、残疾军人、鳏寡孤独以及革命老根据地、少数民族

聚居区和边远贫困山区生活困难的农村居民，在规定用地标准以内新建住宅缴纳耕地占用税确有困难的，经所在地乡（镇）人民政府审核，报经县级人民政府批准后，可以免征或者减征耕地占用税。这里的“农村烈士家属”包括农村烈士的父母、配偶和子女。革命老根据地、少数民族聚居地区和边远贫困山区生活困难的农村居民，其标准按照各省、自治区、直辖市人民政府有关规定执行。

依照《耕地占用税暂行条例》规定免征或者减征耕地占用税后，纳税人改变原占地用途，不再属于免征或者减征耕地占用税情形的，应当按照当地适用税额补缴耕地占用税。

（五）耕地占用税的征收管理

经批准占用耕地的，耕地占用税纳税义务发生时间为纳税人收到土地管理部门办理占用农用地手续通知的当天。未经批准占用耕地的，耕地占用税纳税义务发生时间为纳税人实际占用耕地的当天。

纳税人占用耕地或其他农用地，应当在耕地或其他农用地所在地申报纳税。

耕地占用税由地方税务机关负责征收。土地管理部门在通知单位或者个人办理占用耕地手续时，应当同时通知耕地所在地同级地方税务机关。获准占用耕地的单位或者个人应当在收到土地管理部门的通知之日起30日内缴纳耕地占用税。土地管理部门凭耕地占用税完税凭证或者免税凭证和其他有关文件发放建设用地批准书。

第四节　土地增值税法

一、土地增值税法概述

（一）土地增值税概述

土地增值税是对转让国有土地使用权、地上的建筑物及其附着物（以下简称转让房地产）并取得收入的单位和个人征收的一种税。与对一般货物和劳务征收的增值税不同，土地增值税的征税对象是土地。

土地收益主要来源于土地的增值收益，包括自然增值和投资增值。土地是稀缺资源，并且随着公共设施的不断完善，土地的级差收入会不断提高。国家是国有土地的所有者，并且国家为了整治和开发国有土地投入了巨额资金，理应在土地增值收益分配中获得较大份额。

土地增值税最早是在 19 世纪的德国开征，其后意大利、韩国、我国台湾地区等也先后开征。

我国开征土地增值税的直接目的在于抑制通过炒卖土地投机获取暴利的行为，加强对房地产开发和房地产市场的规范管理，通过参与土地增值收益的分配，增加国家财政收入。

1993 年前后，我国房地产开发出现过热，炒卖房地产的投机性行为盛行，土地资源浪费严重。为了规范土地、房地产市场交易秩序，合理调节土地增值收益，维护国家权益，1993 年国务院发布了《中华人民共和国土地增值税暂行条例》（下称《土地增值税暂行条例》）。

（二）土地增值税法

土地增值税法是国家制定的调整土地增值税征纳关系的法律规范的总称。我国现行土地增值税法主要包括 1993 年国务院发布的《中华人民共和国土地增值税暂行条例》和 1995 年财政部制定的《中华人民共和国土地增值税暂行条例实施细则》等。

二、土地增值税法的主要内容

（一）土地增值税的纳税主体

土地增值税的纳税主体是转让国有土地使用权、地上的建筑物及其附着物并取得收入的单位和个人。这里所称的“单位”是指各类企业单位、事业单位、国家机关和社会团体及其他组织，包括外商投资企业、外国企业；这里所称的“个人”包括个体经营者。简言之，任何主体只要在中国有偿转让房地产，并且产生土地增值收益，就是土地增值税的纳税人。

（二）土地增值税的征税范围

土地增值税的征税范围是转让国有土地使用权、地上的建筑物及其附着物而取得收入，即转让房地产的收入。这里的“转让国有土地使用权、地上的建筑物及其附着物并取得收入”是指以出售或者其他方式有偿转让房地产的行为，不包括以继承、赠与方式无偿转让房地产的行为。这里所称的“国有土地”是指按国家法律规定属于国家所有的土地。“地上的建筑物”是指建于土地上的一切建筑物，包括地上地下的各种附属设施；这里所称的“附着物”是指附着于土地上的不能移动，一经移动即遭损坏的物品。这里所称的“收入”包括转让房地产的全部价款及有关的经济收益。

（三）土地增值税的计税依据、税率和计算

土地增值税的计税依据为纳税人转让房地产所取得的增值额即纳税人转让房

地产取得的收入减去法定扣除项目金额后的余额。这里的“纳税人转让房地产取得的收入”包括货币形态、实物形态及其他形态的全部价款及有关的经济收入。①

土地增值税的法定扣除项目包括：

1. 取得土地使用权所支付的金额

取得土地使用权所支付的金额是指纳税人为取得土地使用权所支付的地价款和按国家统一规定交纳的有关费用。

2. 开发土地和新建房及配套设施的成本

开发土地和新建房及配套设施的成本是指纳税人房地产开发项目实际发生的成本（以下简称房增开发成本），包括土地征用及拆迁补偿费、前期工程费、建筑安装工程费、基础设施费、公共配套设施费、开发间接费用。

这里的“土地征用及拆迁补偿费”包括土地征用费、耕地占用税、劳动力安置费及有关地上、地下附着物拆迁补偿的净支出、安置动迁用房支出等；“前期工程费”包括规划、设计、项目可行性研究和水文、地质、勘察、测绘、“三通一平”等支出；“建筑安装工程费”是指以出包方式支付给承包单位的建筑安装工程费，以自营方式发生的建筑安装工程费；“基础设施费”包括开发小区内道路、供水、供电、供气、排污、排洪、通讯、照明、环卫、绿化等工程发生的支出；“公共配套设施费”包括不能有偿转让的开发小区内公共配套设施发生的支出；“开发间接费用”是指直接组织、管理开发项目发生的费用，包括工资、职工福利费、折旧费、修理费、办公费、水电费、劳动保护费、周转房摊销等。

3. 开发土地和新建房及配套设施的费用

开发土地和新建房及配套设施的费用包括与房地产开发项目有关的销售费用、管理费用、财务费用。

财务费用中的利息支出，凡能够按转让房地产项目计算分摊并提供金融机构证明的，允许据实扣除，但最高不能超过按商业银行同类同期贷款利率计算的金额。其他房地产开发费用，按取得土地使用权所支付的金额与房地产开发成本之和的5%以内计算扣除。凡不能按转让房地产项目计算分摊利息支出或不能提供金融机构证明的，房地产开发费用按取得土地使用权所支付的金额与房地产开发成本之和的10%以内计算扣除。

4. 旧房及建筑物的评估价格

旧房及建筑物的评估价格是指在转让已使用的房屋及建筑物时，由政府批准

---

① 徐孟洲．税法原理．北京：人民大学出版社，2008：354.

设立的房地产评估机构评定的重置成本价乘以成新度折扣率后的价格。评估价格须经当地税务机关确认。

5. 与转让房地产有关的税金

包括在转让房地产时缴纳的营业税、城市维护建设税、印花税。因转让房地产交纳的教育费附加，也可视同税金予以扣除。

6. 财政部规定的其他扣除项目

主要是指从事房地产开发的纳税人，可按取得土地使用权所支付的金额与房地产开发成本之和，加计20%的扣除。

纳税人成片受让土地使用权后，分期分批开发、转让房地产的，其扣除项目金额的确定，可按转让土地使用权的面积占总面积的比例计算分摊，或按建筑面积计算分摊，也可按税务机关确认的其他方式计算分摊。

（四）土地增值税的税率和计算

土地增值税实行四级超率累进税率：增值额超过扣除项目金额50%的部分，税率为30%；增值额超过扣除项目金额50%、未超过扣除项目金额100%的部分，税率为40%；增值额超过扣除项目金额100%、未超过扣除项目金额200%的部分，税率为50%；增值额超过扣除项目金额200%的部分，税率为60%。上述每级“增值额未超过扣除项目金额”的比例，均包括本比例数。

计算土地增值税税额，可按增值额乘以适用的税率减去扣除项目金额乘以速算扣除系数的简便方法计算。

土地增值税应纳税额的计算公式为：

应纳税额＝增值额×适用的税率－扣除项目金额×速算扣除系数

具体公式如下（下列公式中的5%，15%，35%为速算扣除系数）：

1. 增值额未超过扣除项目金额50%的

土地增值税税额＝增值额×30%

2. 增值额超过扣除项目金额50%，未超过100%的

土地增值税税额＝增值额×40%－扣除项目金额×5%

3. 增值额超过扣除项目金额100%，未超过200%的

土地增值税税额＝增值额×50%－扣除项目金额×15%

4. 增值额超过扣除项目金额超过200%的

土地增值税税额＝增值额×60%－扣除项目金额×35%

此外，根据《土地增值税暂行条例》规定，纳税人有下列情形之一的，按照房地产评估价格计算征收：隐瞒、虚报房地产成交价格的；提供扣除项目金额不实的；转让房地产的成交价格低于房地产评估价格，又无正当理由的。这里所称的“隐瞒、虚报房地产成交价格”是指纳税人不报或有意低报转让土地使用权、地上建筑物及其附着物价款的行为。“提供扣除项目金额不实”是指纳税人在纳税申报时不据实提供扣除项目金额的行为。“转让房地产的成交价格低于房地产评估价格，又无正当理由”是指纳税人申报的转让房地产的实际成交价低于房地产评估机构评定的交易价，纳税人又不能提供凭据或无正当理由的行为。“房地产评估价格”是指由政府批准设立的房地产评估机构根据相同地段、同类房地产进行综合评定的价格。评估价格须经当地税务机关确认。隐瞒、虚报房地产成交价格，应由评估机构参照同类房地产的市场交易价格进行评估。税务机关根据评估价格确定转让房地产的收入。提供扣除项目金额不实的，应由评估机构按照房屋重置成本价乘以成新度折扣率计算的房屋成本价和取得土地使用权时的基准地价进行评估，税务机关根据评估价格确定扣除项目金额。转让房地产的成交价格低于房地产评估价格，又无正当理由的，由税务机关参照房地产评估价格确定转让房地产的收入。

【例题 9－9】某纳税人转让房地产所取得的收入为 650 万元，其扣除项目金额为 200 万元。

要求：计算该纳税人应纳的土地增值税额。

解：

1. 第一种方法：分级计算法（即按《土地增值税暂行条例》规定的方法计算）

（1）土地增值额 $=650-200=450$（万元）

（2）土地增值额与扣除项目金额的比率 $=450\div200\times100\%=225\%$

（3）每级距的土地增值额分别为：

$200\times(50\%-0)=100$（万元）

$200\times(100\%-50\%)=100$（万元）

$200\times(200\%-100\%)=200$（万元）

$200\times(225\%-200\%)=50$（万元）

（4）应纳土地增值税额 $=100\times30\%+100\times40\%+200\times50\%+50\times60\%=200$（万元）

2. 第二种方法：速算法（即按《土地增值税暂行条例实施细则》规定的方法计算）

（1）土地增值额 = 650 − 200 = 450（万元）

（2）土地增值额与扣除项目金额的比率 = 450 ÷ 200 × 100% = 225%

适用税率为 60%，速算扣除系数为 35%。

（3）应纳土地增值税额 = 450 × 60% − 200 × 35% = 200（万元）

【例题 9－10】 某房地产开发公司转让一幢写字楼取得收入 1 000 万元。已知该公司为取得土地使用权所支付的金额为 50 万元，房地产开发成本为 180 万元，房地产开发费用为 60 万元（经税务机关批准可全额扣除），与转让房地产有关的税金为 60 万元。已知房地产开发企业按开发成本和土地使用权所支付的金额之和加扣 20%。

要求： 计算该公司应缴纳的土地增值税税额。

解：

（1）加扣金额 =（50 + 200）× 20% = 50（万元）

（2）扣除项目金额合计 = 50 + 180 + 50 + 60 + 60 = 400（万元）

（3）土地增值额 = 1 000 − 400 = 600（万元）

（4）土地增值额与扣除项目金额的比率 = 600 ÷ 400 × 100% = 150%

（5）土地增值税税额 = 600 × 50% − 400 × 15% = 240（万元）

【例题 9－11】 某公司转让一幢已经使用过的楼房，售价 500 万元。该楼房原价为 600 万元，已提折旧 400 万元。经房地产评估机构评估，该楼重置成本价为 800 万元，成新度折扣率为五成。转让时缴纳各种税费共 27.5 万元。

要求： 计算该公司应缴纳的土地增值税税额。

解：

（1）扣除项目金额 = 800 × 50% + 27.5 = 427.5（万元）

（2）土地增值额 = 500 − 427.5 = 72.5（万元）

（3）土地增值额与扣除项目金额的比率 = 72.5 ÷ 427.5 × 100% = 16.96%

（4）应纳土地增值税额 = 72.5 × 30% = 21.75（万元）

（五）土地增值税的减免

根据《土地增值税暂行条例》规定，纳税人有下列情形之一的，免征土地增值税：

（1）纳税人建造普通标准住宅出售，增值额未超过扣除项目金额 20% 的。这里所称的“普通标准住宅”是指按所在地一般民用住宅标准建造的居住用住宅。高级公寓、别墅、度假村等不属于普通标准住宅。普通标准住宅与其他住宅的具体划分界限由各省、自治区、直辖市人民政府规定。纳税人既建造普通住宅，又建造其他商品房的，应分别核算土地增值额。纳税人建造普通标准住宅出售，增值额未超过扣除项目金额之和20%的，免征土地增值税。如果增值额超过扣除项目金额之和20%的，应就其全部增值额按规定计税。

（2）因国家建设需要依法征用、收回的房地产。即因城市实施规划、国家建设的需要而被政府批准征用的房产或收回的土地使用权。

因城市实施规划、国家建设的需要而搬迁，由纳税人自行转让原房地产的，比照规定免征土地增值税。这里所称的“城市实施规划而搬迁”是指因旧城改造或因企业污染、扰民（指产生过量废气、废水、废渣和噪音，使城市居民生活受到一定危害），而由政府或政府有关主管部门根据已审批通过的城市规划确定进行搬迁的情况。这里所称的“因国家建设的需要而搬迁”是指因实施国务院、省级人民政府、国务院有关部委批准的建设项目而进行搬迁的情况。符合规定的单位和个人，须向房地产所在地的税务机关提出免税申请，经税务机关审核后，免予征收土地增值税。

（3）个人因工作调动或改善居住条件而转让原自用住房，经向税务机关申报核准，凡居住满5年或5年以上的，免予征收土地增值税；居住满3年未满5年的，减半征收土地增值税。居住未满3年的，按规定计征土地增值税。

（六）土地增值税的征收管理

纳税人应当自转让房地产合同签订之日起7日内向房地产所在地主管税务机关办理纳税申报，向税务机关提交房屋及建筑物产权、土地使用权证书，土地转让、房产买卖合同，房地产评估报告及其他与转让房地产有关的资料，并在税务机关核定的期限内缴纳土地增值税。这里所称的“房地产所在地”是指房地产的座落地。纳税人转让房地产座落在两个或两个以上地区的，应按房地产所在地分别申报纳税。

纳税人因经常发生房地产转让而难以在每次转让后申报的，经税务机关审核同意后，可以定期进行纳税申报，具体期限由税务机关根据情况确定。

纳税人在项目全部竣工结算前转让房地产取得的收入，由于涉及成本确定或其他原因，而无法据以计算土地增值税的，可以预征土地增值税，待该项目全部竣工、办理结算后再进行清算，多退少补。具体办法由各省、自治区、直辖市地方税务局根据当地情况制定。

土地增值税由税务机关征收。土地管理部门、房产管理部门应当向房地产所在地主管税务机关提供有关房屋及建筑物产权、土地使用权、土地出让金数额、土地基准地价、房地产市场交易价格及权属变更等方面的资料，并协助税务机关依法征收土地增值税。纳税人未按照《土地增值税暂行条例》缴纳土地增值税的，土地管理部门、房产管理部门不得办理有关的权属变更手续。

本章小结

1. 资源税是国家对于在境内开发、利用自然资源的单位和个人，就其所开发利用的资源数量或价值征收的一种税。这里的自然资源是指存在于自然界，能为人类所利用的物质财富。

2. 资源税按性质可分为一般资源税和级差资源税两类。一般资源税是不考虑资源开采者所使用资源的贫富状况和开采条件，也不考虑因开发资源所取得收入的多少，对开发利用某种自然资源的单位和个人就其资源的数量或价值征收的一种税。级差资源税是按资源的级差收入分别征税，纳税人应纳税额多少同其所开发利用资源的贫富状况和开采利用条件有关。

3. 资源税的纳税主体是在我国境内开采应税的矿产品或者生产盐的单位和个人。具体包括：国有企业、集体企业、私有企业、股份制企业、外商投资企业、外国企业和行政单位、事业单位、军事单位、社会团体及其他单位、个体经营者以及其他个人。

4. 城镇土地使用税是以应税土地为征税对象，对在我国城市、县城、建制镇、工矿区范围内使用土地的单位和个人，以其实际占用的土地面积为计税依据征收的一种税。

5. 城镇土地使用税应纳税额的计算公式为：应纳税额 = 实际占用的土地面积 × 适用税额。

6. 耕地占用税是对在我国境内占用耕地建房或者从事非农业建设的单位或者个人，按其实际占用的耕地面积征收的一种税。开征耕地占用税的主要目的在于运用税收手段加强土地管理，保护耕地，促进土地资源的合理利用。

7. 耕地占用税的征税范围包括国家所有和集体所有的耕地。耕地是指种植农作物的土地。具体包括：种植粮食作物的土地、经济作物的土地、菜地、园地、新开荒地、休闲地、轮歇地、鱼塘、草田轮作地等。

8. 土地增值税是对转让国有土地使用权、地上的建筑物及其附着物（以下简称转让房地产）并取得收入的单位和个人征收的一种税。与对一般货物和劳务征收的增值税不同，土地增值税的征税对象是土地。

9. 土地增值税的计税依据为纳税人转让房地产所取得的增值额即纳税人转让房地产取得的收入减去法定扣除项目金额后的余额。这里“纳税人转让房地产取得的收入”包括货币形态、实物形态及其他形态的全部价款及有关的经济收入。

10. 土地增值税应纳税额的计算公式为：应纳税额 = 增值额 × 适用的税率 - 扣除项目金额 × 速算扣除系数。具体公式如下：（1）增值额未超过扣除项目金额 50% 的，土地增值税税额 = 增值额 × 30%；（2）增值额超过扣除项目金额 50%，未超过 100% 的，土地增值税税额 = 增值额 × 40% - 扣除项目金额 × 5%；（3）增值额超过扣除项目金额 100%，未超过 200% 的，土地增值税税额 = 增值额 × 50% - 扣除项目金额 × 15%；（4）增值额超过扣除项目金额超过 200% 的，土地增值税税额 = 增值额 × 60% - 扣除项目金额 × 35%。

思考题

1. 简述资源税的征税范围。
2. 简述开征耕地占用税的目的。
3. 简述耕地占用税的征税范围。
4. 简述土地增值税的法定扣除项目。

第十章

行为税法

第一节　行为税法概述

一、行为税的概念

行为税也称特定行为税，是以某些特定行为为征税对象的一类税。行为税是一个集合概念，它可以因为不同行为的发生而具体表现为各个不同的行为税种。

行为税的征税客体是行为。行为的解释极其广泛，人们的经济活动、社会活动以及文化、体育、娱乐等活动都可以解释为行为。行为税所称“行为”不是泛指社会生活中的一切行为，而是国家根据特定目的需要，针对社会生活中某些需要加以调控的特定行为予以课税，使之符合国家宏观的社会和经济目标要求。对行为税中的“行为”应作狭义理解，是指除了商品流转行为、取得收益行为、占有或转移财产等行为以外的，其他依法应当纳税的特定行为。① 国家法律对这些行为征税，往往带有较强的政策目的性，采取一种“寓禁于税”的政策，试图通过征税对这些行为实施一定程度的限制、监督或达成其他特定的目的。

行为税最早产生于荷兰，1624 年荷兰开征印花税。由于征收数额小而征税范围广，各国相继仿效。德国、日本等国相继开征登记税、登记许可税，美国开征了赌博税，瑞典开征彩票税，此外也有国家开征狩猎税、养狗税等。中国历史上对行为的课税由来已久。早在战国时期，楚国等就对牲畜交易行为征税。此后历代对行为征税的税种散见于工商税收和各类杂税中，如三国魏晋南北朝时期，对交易行为征收的“估税”，唐代的“除陌钱”，宋代商税中的“住税”、“印契

① 徐孟洲．税法原理．北京：人民大学出版社，2008：283.

税”，清朝的“落地税”等。中华民国时期，北洋政府效法西方，于 1912 年公布了《印花税法》，1913 年首先在北京开征，以后陆续推行至各省。当时地方割据势力对行为征税的名目更多。南京国民政府于 1928 年、1934 年以及迁都重庆后的 1941 年曾先后三次改革与调整税制。1949 年中华人民共和国建立之初，各地一度曾沿用旧税制。1950 年 1 月 30 日，政务院发布的《全国税政实施要则》中规定的 14 种税中，属于行为税的有：印花税、交易税、屠宰税、特种消费行为税 4 个税种。建国后，国家对行为的课税几经变动，特种消费行为税、印花税等于 20 世纪 50 年代停征，其后又征收过交易税、屠宰税、特种消费行为税、文化娱乐税等行为税。1979 年以后，随着国家经济体制改革和对外开放方针的贯彻执行，中国的社会主义商品经济有了很大发展，社会经济活动和经济关系趋于复杂。为了适应变化后的新情况，在 1984 年全面改革工商税制的基础上，国务院于 1988 年 8 月 6 日和 9 月 22 日相继发布了《中华人民共和国印花税暂行条例》和《中华人民共和国筵席税暂行条例》，使纳入行为税系列的税种由 3 个增至 5 个，即牲畜交易税、屠宰税、集市交易税、印花税、筵席税。但目前筵席税、屠宰税等已经相继废止，目前我国最主要的行为税是印花税。

二、行为税的特点

行为税一般具有以下特点：

（一）目标性

国家以社会经济生活中某些特定行为作为征税对象征收行为税，除了在一定程度上可以增加财政收入外，主要目的是为了实现特定的社会经济政策目标。通过对国民的某些特定行为的干预和控制，增强国家宏观调控能力，实现国家特定的社会和经济政策目标。

（二）灵活性

行为税开征与否具有因时、因地制宜，相对灵活的特点。行为税针对特定行为，征收对象单一、征税范围较窄，税源相对分散、收入零星，并且税基稳定性较弱，因此各国一般不将行为税作为国家的主体税种，多将其作为地方税。在我国行为税由各省、自治区、直辖市人民政府根据本地情况决定适时开征或停征，具有较强的灵活性。

（三）临时性

由于行为税的征收目的多在于满足国家特定时期的宏观政策需要，一旦实行该类税种的原因消失或者国家宏观调控目标实现，这类税便失去了继续存在的前提和基础。国家通常会采用停征或废止的方式终止该类税种的实施。因此行为税的实施通常时间性较强，稳定性较弱，需要不断随国家的社会经济政策和宏观经济形势的变化作出相应的调整、修订、停征乃至废止。所以，从法理上分析，行为税一般被认为属于临时税，当然这也不是绝对的，例如印花税就通常被认为属于经常税。①

三、行为税法

行为税法是指国家制定的调整特定行为税收关系的法律规范的总称。我国现行的行为税法主要是印花税法。

第二节　印花税法

一、印花税法概述

（一）印花税的概述

印花税是国家对经济活动中书立、领受应税凭证的单位和个人征收的一种税。印花税属于行为税的一种，是针对纳税人书立、使用、领受应税凭证的行为征税。印花税最初是纳税人将应税凭证送交征税机关，用刻有花纹的印戳在该凭证上印盖标记以示完税而被俗称为“印花”。为了征收便利，后来改革了征收方式，通过在应税凭证上粘贴印花税票（简称贴花）的方式来完成税款缴纳，因而称之为印花税。印花税具有税源广、税负轻、征管方便等特点。

印花税历史悠久，公元1624年，荷兰政府发生经济危机，财政困难。当时执掌政权的统治者摩里斯为了解决财政上的需要，拟提出要用增加税收的办法来解决支出的困难，但又怕人民反对，便要求政府的大臣们出谋献策。众大臣议来议去，就是想不出两全其美的妙法来。于是，荷兰的统治阶级就采用公开招标办法，以重赏来寻求新税设计方案，谋求敛财之妙策。印花税，就是从千万个应征者设计的方案中精选出来的“杰作”。可见，印花税的产生较之其他税种，更具有传奇色彩。印花税的设计者可谓独具匠心，他观察到了人们在日常生活中使用契约、借贷凭证之类的单据很多，连绵不断，所以，一旦征税，税源将很大；而且，人们还有一个心理，认为凭证单据上由政府盖个印，就成为合法凭证，在诉讼时可以有法律保障，因而对交纳印花税也乐于接受。正是这样，印花税被资产

① 徐孟洲．税法原理．北京：人民大学出版社，2008：283.

阶级经济学家誉为税负轻微、税源畅旺、手续简便、成本低廉的“良税”。

由于印花税“取微用宏”，简便易行，其后世界上许多国家相继开征这一税种。丹麦在1660年、法国在1665年、美国在1671年、奥地利在1686年、英国在1694年先后开征了印花税。它在不长的时间内，就成为国际上普遍采用的一个税种。在我国，北洋军阀政府曾于1913年开征印花税。1927年国民党政府颁布《印花税暂行条例》，并于1934年修改为《印花税法》。新中国成立以后，政务院于1950年发布了《印花税暂行条例》，在全国范围开征印花税。1958年税制改革，将印花税并入工商统一税，印花税停征。改革开放以后，经济活动中书立、领受各种凭证的行为日益普遍，为了适应经济发展的需要，1988年我国恢复征收印花税。

（二）印花税的作用

首先，税源广泛，有利于增加财政收入。尽管印花税税负较轻，但税源广泛，凡是税法列举的合同或具有合同性质的凭证、产权转移书据、营业账簿、权利、许可证照等，都必须依法纳税。因此可以聚少成多，为地方建设积累资金。

其次，有利于加强对应税凭证的控制和管理。征收印花税有利于保护各类凭证的法律效力，可以促进经济活动的规范化。

最后，有利于提高纳税人的纳税意识。与其他税种不同，印花税主要由纳税人自行完税。纳税人先按凭证所载计税金额和适用税率自行计算其应纳税额，再自行购买印花税票，并一次足额粘贴在应税凭证上。税务机关负责检查，并采用轻税重罚的措施。有利于提高纳税人纳税意识，增强法制观念。

（三）印花税法

印花税法是国家制定的用以调整印花税征收缴纳关系的法律规范的总称。我国现行印花税法主要包括国务院1988年发布的《中华人民共和国印花税暂行条例》和1988年财政部、国家税务总局发布的《中华人民共和国印花税暂行条例施行细则》等。

二、印花税法的主要内容

（一）印花税的纳税主体

印花税的纳税主体是在中国境内书立、使用、领受应税凭证的单位和个人。这里的“单位和个人”是指国内各类企业、事业、机关、团体、部队以及中外合资企业、合作企业、外资企业、外国公司企业和其他经济组织及其在华机构等单位和个人。

按照书立、使用、领受应税凭证的不同，印花税的纳税人可以分为立合同人、立据人、立账簿人、领受人和使用人。

1. 立合同人

立合同人是指合同当事人，即对凭证有直接权利义务关系的单位和个人，不包括合同的担保人、证人、鉴定人。当事人有代理人的，代理人有代理纳税的义务。

2. 立据人

立据人是指书立并使用营业账簿的单位和个人。产权移转书据的纳税人是立据人。这里“产权转移书据”是指单位和个人产权的买卖、继承、赠与、交换、分割等所立的书据。如果立据人未贴或少贴印花，书据的持有人应负责补贴印花。所立书据以合同方式签订的，应由持有书据的各方分别按全额贴花。

3. 立账簿人

立账簿人是指设立并使用营业账簿的单位和个人。这里“营业账簿”是指单位或者个人记载生产经营活动的财务会计核算账簿。

4. 领受人

领受人是指领取或接受并持有凭证的单位和个人。领受权利、许可证照的，以领受人为纳税人。

5. 使用人

在国外书立、领受应税凭证，但在我国境内使用的，应税凭证的使用人为纳税人。

如果应税凭证由两方或两方以上当事人签订并各执一份的，当事人各方均为纳税人，应就其所持凭证的计税金额各自履行纳税义务。

（二）印花税的征税范围

1. 合同或具有合同效力的凭证

合同或具有合同效力的凭证包括依法订立的合同和具有合同效力的协议、契约、合约、单据、确认书及其他各种名称的凭证。这里“依法订立的合同”包括购销、加工承揽、建设工程承包、财产租赁、货物运输、仓储保管、借款、财产保险、技术合同等。

2. 产权转移书据

产权转移书据包括财产所有权、版权、商标专用权、专利权、专有技术使用权等产权买卖、继承、赠与、交换、分割等所立的书据。

3. 营业账簿

营业账簿即单位或者个人记载生产经营活动的财务会计核算账簿。其包括记载资金的账簿和其他账簿。资金账簿是指载有固定资产原值和自有流动资金的总分类账簿，或者专门设置的记载固定资产原值和自有流动资金的账簿；其他账簿，是指除上述账簿以外的账簿，包括日记账簿和各明细分类账簿。

4. 权利、许可证照

权利、许可证照包括政府部门发给的房屋产权证、工商营业执照、商标注册证、专利证、土地使用证。

5. 经财政部确定征税的其他凭证

（三）印花税的计税依据

1. 印花税的计税依据的一般规定

印花税的计税依据为凭证上所记载的应税金额或应税凭证的件数。

具体而言，合同或具有合同效力的凭证，以凭证上所记载的应税金额为计税依据；产权转移书据，以产权转移书据的所载金额为计税依据；营业账簿中记载资金的账簿，以实收资本和资本公积金两项合计金额为计税依据；不记载金额的权利、许可证照以及企业的日记账簿和各明细分类账簿等，以凭证或账簿的件数作为计税依据。

2. 印花税的计税依据的特殊规定

同一凭证，因载有两个或者两个以上经济事项而适用不同税目税率，如分别记载金额的，应分别计算应纳税额，相加后按合计税额贴花；如未分别记载金额的，按税率高的计税贴花。

按金额比例贴花的应税凭证，未标明金额的，应按照凭证所载数量及国家牌价计算金额；没有国家牌价的，按市场价格计算金额，然后按规定税率计算应纳税额。

应纳税凭证所载金额为外国货币的，纳税人应按照凭证书立当日的中华人民共和国国家外汇管理局公布的外汇牌价折合人民币，计算应纳税额。

（四）印花税的税率和计算

印花税的税率采用比例税率和定额税率两种形式。

1. 比例税率

凡是计税依据为凭证上所记载的应税金额的均适用比例税率。其包括各类合同或具有合同效力的凭证、产权转移书据、记载资金的账簿。

（1）借款合同的印花税率为0.5‱。这里“借款合同”指银行及其他金融组织和借款人（不包括银行同业拆借）所签订的借款合同。

（2）购销合同、建设安装工程承包合同、技术合同的印花税率为3‱。这里的“购销合同”包括供应、预购、采购、购销结合及协作、调剂、补偿、易货等合同；“技术合同”包括技术开发、转让、咨询、服务等合同。

(3) 加工承揽合同、建设工程勘察设计合同、货物运输合同、产权转移书据、记载资金的营业账簿的印花税率为5‰。这里的“加工承揽合同”包括加工、定作、修缮、修理、印刷、广告、测绘、测试等合同；“建设工程勘察设计合同”包括勘察、设计合同；“货物运输合同”包括民用航空运输、铁路运输、海上运输、内河运输、公路运输和联运合同；“产权转移书据”包括财产所有权和版权、商标专用权、专利权、专有技术使用权等转移书据。

(4) 财产租赁合同、财产保险合同、仓储保管合同的印花税率为1‰。这里的“财产租赁合同”包括租赁房屋、船舶、飞机、机动车辆、机械、器具、设备等合同；“财产保险合同”包括财产、责任、保证、信用等保险合同。

(5) 股票交易印花税税率经过多次调整，目前只对卖方征收，印花税率为1‰。

2. 定额税率

计税依据为应税凭证的件数的适用定额税率。包括权利、许可证照和营业账簿中的其他账簿。印花税的定额税率为每件5元。

应纳税额不足一角的，免纳印花税。应纳税额在一角以上的，其税额尾数不满五分的不计，满五分的按一角计算缴纳。

印花税的应纳税额的计算公式为：

应纳税额 = 应税金额或凭证件数 × 适用税率

【例题10-1】某企业2007年实收资本为500万元，资本公积金为600万元。该企业2006年资本账簿已纳印花税3 500元。

要求：计算该企业2007年应缴纳的印花税额。

解：该企业应纳印花税税额 = (5 000 000 + 6 000 000) × 0.5‰ − 3 500 = 2 000（元）

【例题10-2】A公司与B公司签订以货换货合同，A公司货物价值300万元，B公司货物价值400万元。

要求：计算该合同应纳印花税税额。

解：该合同应纳印花税税额 = (3 000 000 + 4 000 000) × 0.3‰ = 2 100（元）

（五）印花税的减免

根据法律规定，下列凭证免纳印花税：

1. 已缴纳印花税的凭证的副本或者抄本。这里的“已缴纳印花税的凭证的副本或者抄本免纳印花税”是指凭证的正式签署本已按规定缴纳了印花税，其副本或者抄本对外不发生权利义务关系，仅备存查的免贴印花。以副本或者抄本视同正本使用的，应另贴印花。

2. 财产所有人将财产赠给政府、社会福利单位、学校所立的书据。这里的“社会福利单位”是指抚养孤老伤残的社会福利单位。

3. 经财政部批准免税的其他凭证。例如，国家指定的收购部门与村民委员会、农民个人书立的农副产品收购合同；无息、贴息贷款合同；外国政府或者国际金融组织向我国政府及国家金融机构提供优惠贷款所书立的合同；商店、门市部的零星加工修理业务开具的修理单等。此外，对房地产管理部门与个人订立的租房合同，凡用于生活居住的，暂免贴印花；对铁路、公路、航运、水路承运快件行李、包裹开具的托运单据，暂免贴印花。企业与主管部门等签订的租赁承包经营合同，不属于财产租赁合同，不应贴花。

（六）印花税的征收管理

印花税实行由纳税人根据规定自行计算应纳税额，购买并一次贴足印花税票（以下简称贴花）的缴纳办法。为简化贴花手续，应纳税额较大（超过500元）或者贴花次数频繁的，纳税人可向税务机关提出申请，采取以缴款书代替贴花或者按期汇总缴纳的办法。

印花税票是缴纳印花税的完税凭证，由国家税务总局负责监制。其票面金额以人民币为单位，分为壹角、贰角、伍角、壹元、贰元、伍元、拾元、伍拾元、壹佰元9种。印花税票为有价证券。印花税票可以委托单位或个人代售，并由税务机关付给5%的手续费，支付来源从实征印花税款中提取。

印花税票应当粘贴在应纳税凭证上，并由纳税人在每枚税票的骑缝处盖戳注销或者画销。已贴用的印花税票不得重用。已贴花的凭证，修改后所载金额增加的，其增加部分应当补贴印花税票。同一凭证，由两方或者两方以上当事人签订并各执一份的，应当由各方就所执的一份各自全额贴花。

应纳税凭证应当于书立或者领受时贴花。即在合同的签订时、书据的立据时、账簿的启用时和证照的领受时贴花。如果合同在国外签订的，应在国内使用时贴花。

印花税一般实行就地纳税。对于全国性展销会、交易会上签订的合同，可由纳税人回其所在地后办理贴花完税手续。

印花税纳税单位的各项应税凭证在书立、领受时贴花完税。同时须自行设立印花税专用登记簿，将合同名称、签订日期、税率、对方单位名称、应税凭证所载计税金额按日、序时逐笔记载，以便于汇总申报及税务部门监督检查。印花税纳税单位应认真填写印花税纳税申报表，在规定期限内报当地主管税务机关。印花税纳税单位使用印花税票贴花完税的，使用缴款书缴纳税款完税的，以及在书立应税凭证时由监督代售单位监督贴花完税的，其凭证完税情况均应进行申报。凡印花税纳税单位均应按季进行申报，于每季度终了后10日内向所在地地方税务机关报送“印花税纳税申报表”或“监督代表报告表”。只办理税务注册登记的机关、团体、部队、学校等印花税纳税单位，可在次年一月底前到当地税务机关申报上年税款。

印花税由税务机关负责征收管理。发放或者办理应纳税凭证的单位负有监督纳税人依法纳税的义务。

本章小结

1. 行为税也称特定行为税，是以某些特定行为为征税对象的一类税。行为税是一个集合概念，它可以因为不同行为的发生而具体表现为各个不同的行为税种。行为税的征税客体是行为，这里的“行为”不是泛指社会生活中的一切行为。

2. 行为税法是指国家制定的调整特定行为税收关系的法律规范的总称。我国现行的行为税法主要有：印花税法、筵席税法等。

3. 印花税是国家对经济活动中书立、领受应税凭证的单位和个人征收的一种税。印花税属于行为税的一种，是针对纳税人书立、使用、领受应税凭证的行为征税。印花税最初是纳税人将应税凭证送交征税机关，用刻有花纹的印戳在该凭证上印盖标记以示完税而被俗称为“印花”。为了征收便利，后来改革了征收方式，通过在应税凭证上粘贴印花税票（简称贴花）的方式来完成税款缴纳，因而称之为印花税。印花税具有税源广、税负轻、征管方便等特点。

4. 印花税的纳税主体是在中国境内书立、使用、领受应税凭证的单位和个人。这里的“单位和个人”是指国内各类企业、事业、机关、团体、部队以及中外合资企业、合作企业、外资企业、外国公司企业和其他经济组织及其在华机构等单位和个人。

5. 印花税的应纳税额的计算公式为：应纳税额 = 应税金额或凭证件数 × 适用税率。应纳税额不足一角的，免纳印花税。应纳税额在一角以上的，其税额尾数不满五分的不计，满五分的按一角计算缴纳。

6. 印花税实行由纳税人根据规定自行计算应纳税额，购买并一次贴足印花税票（以下简称贴花）的缴纳办法。为简化贴花手续，应纳税额较大（超过500元）或者贴花次数频繁的，纳税人可向税务机关提出申请，采取以缴款书代替贴花或者按期汇总缴纳的办法。

思考题

1. 简述行为税的概念和特点。
2. 简述印花税的概念。
3. 简述印花税的作用。
4. 简述印花税的征税范围。

第十一章

税收征收管理法

税收征收管理是税务机关为了保证税收职能的实现，依照法律、法规的规定，代表国家行使征税权力，对纳税人应纳税额进行征收入库的行为。税收征收管理可以大致分为税务管理、税款征收和税务检查这三个方面内容。

第一节　税收征收管理法概述

一、税收征收管理法的概念

税收征收管理法是有关税收征收管理法律规范的总称，包括税收征收管理法及税收征收管理的有关法律、法规和规章。《中华人民共和国税收征收管理法》于1992年9月4日第七届全国人民代表大会常务委员会第27次会议通过，1993年1月1日起施行，1995年2月28日第8届全国人民代表大会常务委员会第12次会议修正。2001年4月28日，第9届全国人民代表大会常务委员会第21次会议通过了修订后的《中华人民共和国税收征收管理法》（以下简称《税收征管法》），并于2001年5月1日起施行。2002年10月15日，新修订的《中华人民共和国税收征收管理法实施细则》开始施行（以下简称《税收征管法实施细则》）。

二、《税收征管法》的主要内容

《税收征管法》的主要内容包括：（1）总则。该部分主要包括《税收征管法》的立法宗旨、适用范围、纳税人及纳税人的权利、税收征收管理的部门、权限及职责划分、税收征收管理信息系统的建立与共享制度、税务机关及税务人员的义务等。（2）税务管理。该部分主要规定了税务登记、账簿和凭证管理、纳税申报等内容。(3) 税款征收。该部分主要规定了在税款征收过程中税务机关和纳税人的权力(利)与义务。(4) 税务检查。该部分主要规定了在税务检查过程中税务机关和纳税人的权力(利)与义务。(5) 法律责任。该部分主要规定了违反《税收征管法》的行为及其应当承担的法律后果,以及税务争议及其解决的途径。

三、《税收征管法》的适用范围

《税收征管法》第2条规定:"凡依法由税务机关征收的各种税收的征收管理,均适用本法。"这就明确界定了《税收征管法》的适用范围。我国税收的征收机关有税务、海关、财政等部门,税务机关征收各种工商税收;海关征收关税;如前所述,农业税在部分地区由税务机关征收,部分地区由财政机关征收。《税收征管法》只适用于由税务机关征收的农业税各种税收的征收管理;财政机关负责征收的农业税、牧业税、[①] 耕地占用税、契税的征收管理,由国务院另行规定;海关征收的关税及代征的增值税、消费税,适用其他法律、法规的规定。另外,目前还有一部分费由税务机关征收,如教育费附加。这些费不适用《税收征管法》,不能采取《税收征管法》规定的措施,其具体管理办法由各种费的条例和规章规定。

可见,税收的征收并不一定都适用《税收征管法》,只有税务机关作为主体时才适用,海关及财政机关不适用;税务机关的征收管理也不一定都适用《税收征管法》,只有征收税收时才适用,收费的管理并不适用。简言之,《税收征管法》仅适用于税务机关对税收的征收管理。

第二节 税务管理

税务管理包括税务登记管理,账簿、凭证管理和纳税申报管理三大内容。

一、税务登记管理

税务登记是税务机关对纳税人的生产、经营活动进行登记并据此对纳税人实施税务管理的一种法定制度。税务登记又称纳税登记,它是税务机关对纳税人实

---

① 2005年12月29日,十届全国人大常委会第十九次会议高票通过决定,自2006年1月1日起废止《农业税条例》,取消除烟叶以外的农业特产税、全部免征牧业税。

施税收管理的首要环节和基础工作，是征纳双方法律关系成立的依据和证明，也是纳税人必须依法履行的义务。

根据《税收征管法》和国家税务总局印发的《税务登记管理办法》，我国税务登记制度大体包括以下内容：

（一）开业税务登记

根据有关规定，开业税务登记的纳税人分以下两类：一类是领取营业执照从事生产、经营的纳税人，包括企业、企业在外地设立的分支机构和从事生产、经营的场所、个体工商户及从事生产、经营的事业单位；另一类是其他纳税人，主要是指不从事生产、经营，但依照法律、法规的规定负有纳税义务的单位和个人（临时取得应税收入或发生应税行为以及只缴纳个人所得税、车船使用税的除外）。从事生产、经营的纳税人，应当自领取营业执照之日起30日内，向生产、经营地或者纳税义务发生地的主管税务机关申报办理税务登记，如实填写税务登记表并按照税务机关的要求提供有关证件、资料。上述以外的其他纳税人，除国家机关和个人外，应当自纳税义务发生之日起30日内，持有关证件向所在地主管税务机关申报办理税务登记。无论哪一类纳税人，税务机关都应当自收到申报之日起30日内审核并发给税务登记证件。

（二）变更税务登记

变更税务登记是纳税人税务登记内容发生重要变化时向税务机关申报办理的税务登记手续；注销税务登记则是指纳税人税务登记内容发生了根本性变化，需终止履行纳税义务时向税务机关申报办理的税务登记手续。

纳税人办理税务登记后，如发生下列情形之一，应当办理变更税务登记：发生改变名称、改变法定代表人、改变经济性质或经济类型、改变住所和经营地点（不涉及主管税务机关变动的）、改变生产经营或经营方式、增减注册资金（资本）、改变隶属关系、改变生产经营期限、改变或增减银行账号、改变生产经营权属以及改变其他税务登记内容的。纳税人税务登记内容发生变化的，应当自工商行政管理机关或者其他机关办理变更登记之日起30日内，持有关证件向原税务登记机关申报办理变更税务登记。纳税人税务登记内容发生变化，不需要到工商行政管理机关或者其他机关办理变更登记的，应当自发生变化之日起30日内，持有关证件向原税务登记机关申报办理变更税务登记。

（三）注销税务登记

注销税务登记适用于以下情况：纳税人因经营期限届满而自动解散；企业由于改组、分级、合并等原因而被撤销；企业资不抵债而破产；纳税人住所、经营地址迁移而涉及改变原主管税务机关的；纳税人被工商行政管理部门吊销营业执照；纳税人依法终止履行纳税义务的其他情形。纳税人发生解散、破产、撤销以及其他情形，依法终止纳税义务的，应当在向工商行政管理机关办理注销登记前，持有关证件向原税务登记管理机关申报办理注销税务登记；按照规定不需要在工商管理机关办理注销登记的，应当自有关机关批准或者宣告终止之日起15日内，持有关证件向原税务登记管理机关申报办理注销税务登记。纳税人因住所、生产、经营场所变动而涉及改变主管税务登记机关的，应当在向工商行政管理机关申请办理变更或注销登记前，或者住所、生产、经营场所变动前，向原税务登记机关申报办理注销税务登记，并在30日内向迁达地主管税务登记机关申报办理税务登记。纳税人被工商行政管理机关吊销营业执照的，应当自营业执照被吊销之日起15日内，向原税务登记机关申报办理注销税务登记。

（四）停业、复业登记

实行定期定额征收方式的纳税人，在营业执照核准的经营期限内需要停业的，应当向税务机关提出停业登记，说明停业的理由、时间、停业前的纳税情况和发票的领、用、存情况，并如实填写申请停业登记表。税务机关经过审核（必要时可实地审查），应当责成申请停业的纳税人结清税款并收回税务登记证件、发票领购簿和发票，办理停业登记。纳税人停业期间发生纳税义务，应当及时向主管税务机关申报，依法补缴应纳税款。

纳税人应当于恢复生产、经营之前，向税务机关提出复业登记申请，经确认后，办理复业登记，领回或启用税务登记证件和发票领购簿及其领购的发票，纳入正常管理。纳税人停业期满不能及时恢复生产、经营的，应当在停业期满前向税务机关提出延长停业登记。纳税人停业期满未按期复业又不申请延长停业的，税务机关应当视为已恢复营业，实施正常的税收征收管理。

（五）外出经营报验登记

纳税人到外县（市）临时从事生产经营活动的，应当在外出生产经营之前，持税务登记证向主管税务机关申请开具《外出经营活动税收管理证明》（以下简称《外管证》）。税务机关按照一地一证的原则，核发《外管证》，《外管证》的有效期限一般为30日，最长不得超过180天。

纳税人应当在《外管证》注明地进行生产经营前向当地税务机关报验登记，并提交税务登记证件副本和《外管证》。纳税人在《外管证》注明地销售货物的，除提交以上证件、资料外，还应当如实填写《外出经营货物报验单》，申报查验货物。

纳税人外出经营活动结束，应当向经营地税务机关填报《外出经营活动情况申报表》，并结清税款、缴销发票。纳税人应当在《外管证》有效期届满后10

日内，持《外管证》回原税务登记地税务机关办理《外管证》缴销手续。

（六）税务登记证的作用和管理

1. 税务登记证的作用

除按照规定不需要发给税务登记证件的外，纳税人办理下列事项时，必须持税务登记证件：（1）开立银行账户；（2）申请减税、免税、退税；（3）申请办理延期申报、延期缴纳税款；（4）领购发票；（5）申请开具外出经营活动税收管理证明；（6）办理停业、歇业；（7）其他有关税务事项。

2. 税务登记证的管理

（1）税务机关对税务登记证件实行定期验证和换证制度。纳税人应当在规定的期限内持有关证件到主管税务机关办理验证或者换证手续。

（2）纳税人应当将税务登记证件正本在其生产、经营场所或者办公场所公开悬挂，接受税务机关检查。

（3）纳税人遗失税务登记证件的，应当在 15 日内书面报告主管税务机关，并登报声明作废。同时，凭报刊上刊登的遗失声明向主管税务机关申请补办税务登记证件。

二、账簿、凭证管理

账簿是纳税人、扣缴义务人连续地记录其各种经济业务的账册或簿籍。凭证是纳税人用来记录经济业务，明确经济责任，并据以登记账簿的书面证明。账簿、凭证管理是继税务登记之后税收征管的又一重要环节，在税收征管中占有十分重要的地位。

（一）账簿、凭证管理

1. 账簿的设置

所有的纳税人和扣缴义务人都必须按照有关法律、行政法规和国务院财政、税务主管部门的规定设置账簿。从事生产、经营的纳税人应当自领取营业执照或者发生纳税义务之日起 15 日内设置账簿，并自领取税务登记证件之日起 15 日内，将其所采用的财务、会计制度和具体的财务、会计处理办法，及时报送主管税务机关备案。

扣缴义务人应当自税收法律、行政法规规定的扣缴义务发生之日起10 日内，按照所代扣、代收的税种，分别设置代扣代缴、代收代缴税款账簿。生产、经营规模小又确无建账能力的纳税人，可以聘请经批准从事会计代理记账业务的专业机构或者经税务机关认可的财会人员代为建账和办理账务；聘请上述机构或者人员有实际困难的，经县以上税务机关批准，可以按照税务机关的规定，建立收支凭证粘贴簿、进货销货登记簿或者使用税控装置。

账簿、会计凭证和报表，应当使用中文。民族自治地方可以同时使用当地通用的一种民族文字，外商投资企业和外国企业可以同时使用一种外国文字。

2. 账簿、凭证的保管

根据《税收征管法》第24条的有关规定，从事生产经营的纳税人、扣缴义务人必须按照国务院财政、税务主管部门规定的保管期限保管账簿、记账凭证、完税凭证及其他有关资料。账簿、记账凭证、报表、完税凭证、发票、出口凭证以及其他有关涉税资料不得伪造、变造或者擅自损毁。账簿、记账凭证、报表、完税凭证、发票、出口凭证以及其他有关涉税资料的保管期限，根据《税收征管法实施细则》第29条，除另有规定者外，为10年。

（二）发票管理

根据《税收征管法》第21条规定："税务机关是发票的主管机关，负责发票的印制、领购、开具、取得、保管、缴销的管理和监督。"

1. 发票印制管理

增值税专用发票由国务院税务主管部门指定的企业印制；其他发票，按照国务院税务主管部门的规定，分别由省、自治区、直辖市国家税务局、地方税务局指定的企业印制。

2. 发票领购管理

依法办理税务登记的单位和个人，在领取税务登记证后，向主管税务机关申请领购发票。对无固定经营场地或者财务制度不健全的纳税人申请领购发票，主管税务机关有权要求其提供担保人，不能提供担保人的，可以视其情况，要求其提供不超过1万元的保证金，并限期缴销发票。税务机关对发票保证金应设专户储存，不得挪作他用。纳税人可以根据自己的需要申请领购普通发票。增值税专用发票只限于增值税一般纳税人领购使用。

3. 发票开具、使用、取得管理

《税收征管法》第21条第二款规定："单位、个人在购销商品、提供或者接受经营服务以及从事其他经营活动中，应当按照规定开具、使用、取得发票。"普通发票开具、使用、取得的管理，应注意以下几点（增值税专用发票开具、使用、取得的管理，按增值税有关规定办理）：

（1）销货方按规定填开发票。

（2）购买方按规定索取发票。

（3）纳税人进行电子商务必须开具或取得发票。

（4）发票要全联一次填写。

(5) 发票不得跨省、直辖市、自治区使用。发票限于领购单位和个人在本省、自治区、直辖市内开具。发票领购单位未经批准不得跨规定使用区域携带、邮寄、运输空白发票，禁止携带、邮寄或者运输空白发票出入境。

(6) 开具发票要加盖财务印章或发票专用章。

(7) 开具发票后，如发生销货退回需开红字发票的，必须收回原发票并注明“作废”字样或取得对方有效证明；发生销售折让的，在收回原发票并证明“作废”后，重新开具发票。

4. 发票保管管理

根据发票管理的要求，发票保管分为税务机关保管和用票单位、个人保管两个层次，都必须建立严格的发票保管制度，包括专人保管制度、专库保管制度、专账登记制度、保管交接制度及定期盘点制度。

5. 发票缴销管理

发票缴销包括发票收缴和发票销毁。发票收缴是指用票单位和个人按照规定向税务机关上缴已经使用或者未使用的发票；发票销毁是指由税务机关统一将自己或者他人已使用或者未使用的发票进行销毁。发票收缴与发票销毁既有联系又有区别，发票销毁首先必须收缴；但收缴的发票不一定都要销毁，一般都要按照法律法规保存一定时期后才能销毁。

（三）税控装置的管理

税控装置是指纳税人在生产经营过程中，在开具发票时所使用的具备税务机关能够监控应税收入的产品，目前主要是指税控收款机。税控收款机是国家税务总局为了打击偷税逃税现象而采取的一种税控装置。凡从事商业零售业、饮食业、娱乐业、服务业、交通运输业等适合使用税控收款机系列机具行业，具有一定规模和固定经营场所的纳税人，必须按照规定购置使用税控收款机。①《税收征管法》第 23 条规定：“国家根据税收征收管理的需要，积极推广使用税控装置。纳税人应当按照规定安装、使用税控装置，不得损毁或者擅自改动税控装置。”同时还在第 60 条第（五）项中规定：不能按照规定安装、使用税控装置，或者损毁或者擅自改动税控装置的，由税务机关责令限期改正，可以处以 2 000 元以下的罚款；情节严重的，处 2 000 元以上 1 万元以下的罚款。这样不仅使推广使用税控装置有法可依，而且可以打击在推广使用税控装置中的各种违法犯罪活动。

① 国税发［2004］44 号：《国家税务总局、财政部、信息产业部、国家质量监督检验检疫总局关于推广应用税控收款机加强税源监控的通知》。

三、纳税申报管理

纳税申报是纳税人按照税法规定的期限和内容，向税务机关提交有关纳税事项书面报告的法律行为，是纳税人履行纳税义务、界定纳税人法律责任的主要依据，是税务机关税收管理信息的主要来源和税务管理的重要制度。

（一）纳税申报的对象

根据《税收征管法》第25条的规定，纳税申报的对象为纳税人和扣缴义务人。纳税人在纳税期内没有应纳税款的，也应当按照规定办理纳税申报。纳税人享受减税、免税待遇的，在减税、免税期间应当按照规定办理纳税申报。

（二）纳税申报的内容

纳税申报的内容，主要在各税种的纳税申报表和代扣代缴、代收代缴税款报告表中体现，还有的是随纳税申报表附报的财务报表和有关纳税资料中体现。纳税人和扣缴义务人的纳税申报和代扣代缴、代收代缴税款报告的主要内容包括：税种、税目，应纳税项目或者应代扣代缴、代收代缴税款项目，计税依据，扣除项目及标准，适用税率或者单位税额，应退税项目及税额、应减免税项目及税额，应纳税额或者应代扣代缴、代收代缴税额，税款所属期限、延期缴纳税款、欠税、滞纳金等。

（三）纳税申报的期限

《税收征管法》规定纳税人和扣缴义务人都必须按照法定的期限办理纳税申报。申报期限有两种：一种是法律、行政法规明确规定的；另一种是税务机关按照法律、行政法规的原则规定，结合纳税人生产经营的实际情况及其所应缴纳的税种等相关问题予以确定的。两种期限具有同等的法律效力。

（四）纳税申报的方式

《税收征管法》第26条规定：“纳税人、扣缴义务人可以直接到税务机关办理纳税申报或者报送代扣代缴、代收代缴税款报告表，也可以按照规定采取邮寄、数据电文或者其他方式办理上述申报、报送事项。”

纳税人采取电子方式办理纳税申报的，应当按照税务机关规定的期限和要求保存有关资料，并定期书面报送主管税务机关。纳税人、扣缴义务人采取数据电文方式办理纳税申报的，其申报日期以税务机关计算机网络系统收到该数据电文的时间为准。除上述方式外，实行定期定额缴纳税款的纳税人，可以实行简易申报、简并征期等申报纳税方式。“简易申报”是指实行定期定额缴纳税款的纳税人在法律、行政法规规定的期限内或税务机关依据法规的规定确定的期限内缴纳税款的，税务机关可以视同申报；“简并征期”是指实行定期定额缴纳税款的纳税人，经税务机关批准，可以采取将纳税期限合并为按季、半年、年的方式缴纳税款。

（五）延期申报管理

延期申报是指纳税人、扣缴义务人不能按照税法规定的期限办理纳税申报或扣缴税款报告。根据《税收征管法》第27条和《税收征管法实施细则》第37条及有关法规的规定，纳税人因有特殊情况，不能按期进行纳税申报的，经县以上税务机关核准，可以延期申报，但应当在规定的期限内向税务机关提出书面延期申请，经税务机关核准，在核准的期限内办理。如纳税人、扣缴义务人因不可抗力，不能按期办理纳税申报或者报送代扣代缴、代收代缴税款报告表的，也可以延期办理，但应当在不可抗力情形消除后立即向税务机关报告。

经核准延期办理纳税申报的，应当在纳税期内按照上期实际缴纳的税额或者税务机关核定的税额预缴税款，并在核准的延期内办理纳税结算。

第三节 税款征收

税款征收是整个税收征管的核心环节。从法律制度的角度来看，《税收征管法》对税款征收的规定可以分为基本制度、保障制度和特殊制度这三类。税款征收的基本制度对征税主体、期限和税额作出了规定；保障制度规定了税收保全、税收强制、滞纳金等带有强制性的法律制度；特殊制度是针对税款征收的特殊情况，主要有减免税、税款退还和税款的追征。

一、税款征收的基本制度

（一）征收主体

根据《税收征管法》第29条的规定，除税务机关、税务人员以及经税务机关依照法律、行政法规委托的单位和个人外，任何单位和个人不得进行税款征收活动。第41条同时规定，采取税收保全措施、强制执行措施的权力，不得由法定的税务机关以外的单位和个人行使。可见，税务机关是《税收征管法》所规定的税款征收的主体，并且税务机关还可以依法采取委托征收的方式，但税收保全和强制执行不得委托。委托征收，是指税务机关根据国家有关规定委托有关单位和人员代征少数零星分散和异地缴纳的税收的征收方式。根据《税收征管法实施细则》第44条规定，税务机关根据有利于税收控管和方便纳税人的原则，可以按照国家有关规定委托有关单位和人员代征零星分散和异地缴纳的税收，并发给委托代征证书。受托单位和人员按照代征证书的要求，以税务机关的名义依法征收税款，纳税人不得拒绝；纳税人拒绝的，受托代征单位和人员应当及时报告税务机关。

（二）税额确定

税额确定的方式有两种：纳税人申报确定及税务机关主动确定。申报纳税方式作为一种传统的应纳税额确定方式，在美国等国被广泛采用。由于该方式不仅符合民主纳税思想，而且还有利于提高税收征收的效率，因而流传甚广。[①] 鉴于前文已经对纳税申报有所论述，在此，仅对其与税务机关更正权的关系作出解释。纳税人申报确定应纳税额并不意味着由纳税人完全自主地确定税额，在这种方式下，税务机关享有更正权。实践中，纳税人往往会错误地根据会计制度，而不是税法来进行申报，而会计制度与税法存在一定的差异，因此，税务机关会根据税法对纳税人的申报进行更正。比如，企业所得税中，国债利息在会计上是要作为收入进行确认，而在税法上，国债利息是免税所得；如果企业将国债利息计入应税所得，税务机关就会进行更正，即调减企业申报的应税所得。再如，对于广告和业务宣传费支出，会计上全部作为支出扣除，而《企业所得法》只允许扣除不超过当年销售（营业）收入15%的部分，这样，如果企业会计人员简单地根据会计制度进行申报，就会多报这一项支出，相应地少报应税所得，税务机关则会进行更正，即调增企业的应税所得。需要强调的是，税务机关在纳税人申报方式上的更正权与其主动确定税额是不同的，后者特指与申报方式并列的一些特殊情况，主要包括税务机关的核定权和调整权，而这两种权力在我国的立法背景下，都有其特定的含义，现分别予以详述。

1. 税额核定制度

根据《税收征管法》第35条的规定，纳税人（包括单位纳税人和个人纳税人）有下列情形之一的，税务机关有权核定其应纳税额：

（1）依照法律、行政法规的规定可以不设置账簿的；

（2）依照法律、行政法规的规定应当设置但未设置账簿的；

（3）擅自销毁账簿或者拒不提供纳税资料的；

（4）虽设置账簿，但账目混乱或者成本资料、收入凭证、费用凭证残缺不全，难以查账的；

（5）发生纳税义务，未按照规定的期限办理纳税申报，经税务机关责令限

---

① 张守文．税法原理．2版．北京：北京大学出版社．2001：164.

期申报，逾期仍不申报的；

(6) 纳税人申报的计税依据明显偏低，又无正当理由的。

目前，税务机关核定税额的方法主要有以下四种：

(1) 参照当地同类行业或者类似行业中，经营规模和收入水平相近的纳税人的收入额和利润率核定；

(2) 按照成本加合理费用和利润的方法核定；

(3) 按照耗用的原材料、燃料、动力等推算或者测算核定；

(4) 按照其他合理的方法核定。

采用以上一种方法不足以正确核定应纳税额时，可以同时采用两种以上的方法核定。纳税人对税务机关采取规定的方法核定的应纳税额有异议的，应当提供相关证据，经税务机关认定后，调整应纳税额。

2. 税收调整制度

这里所说的税收调整制度，主要指的是关联企业的税收调整制度。关联企业，是指有下列关系之一的公司、企业和其他经济组织：(1) 在资金、经营、购销等方面，存在直接或者间接的拥有或者控制关系；(2) 直接或者间接地同为第三者所拥有或者控制；(3) 在利益上具有相关联的其他关系。《税收征管法》第36条规定："企业或者外国企业在中国境内设立的从事生产、经营的机构、场所与其关联企业之间的业务往来，应当按照独立企业之间的业务往来收取或者支付价款、费用；不按照独立企业之间的业务往来收取或者支付价款、费用，而减少其应纳税的收入或者所得额的，税务机关有权进行合理调整。"

纳税人与其关联企业之间的业务往来有下列情形之一的，税务机关可以调整其应纳税额：(1) 购销业务未按照独立企业之间的业务往来作价；(2) 融通资金所支付或者收取的利息超过或者低于没有关联关系的企业之间所能同意的数额，或者利率超过或者低于同类业务的正常利率；(3) 提供劳务，未按照独立企业之间业务往来收取或者支付劳务费用；(4) 转让财产、提供财产使用权等业务往来，未按照独立企业之间业务往来作价或者收取、支付费用；(5) 未按照独立企业之间业务往来作价的其他情形。需要强调的是，在市场经济条件上，企业之间的关联是常态，其本身并无不当，但如果利用这些关联关系从事上述可能减少税收的行为，税务机关就有权进行调整。换言之，关联企业的税收调整制度针对的不是企业间的关联关系或关联状态，而是特定的关联行为。

纳税人有上述所列情形之一的，税务机关可以按照下列方法调整计税收入额或者所得额：(1) 按照独立企业之间进行的相同或者类似业务活动的价格；(2) 按照再销售给无关联关系的第三者的价格所应取得的收入和利润水平；

（3）按照成本加合理的费用和利润；（4）按照其他合理的方法。

税务机关的纳税调整必须遵守法律规定的期限。《税收征管法》规定，纳税人与其关联企业未按照独立企业之间的业务往来支付价款、费用的，税务机关自该业务往来发生的纳税年度起3年内进行调整；有特殊情况的，可以自该业务往来发生的纳税年度起10年内进行调整。上述所称“特殊情况”是指纳税人有下列情形之一：（1）纳税人在以前年度与其关联企业间的业务往来累计达到或超过10万元人民币的；（2）经税务机关案头审计分析，纳税人在以前年度与其关联企业业务往来，预计需调增其应纳税收入或所得额达50万元人民币的；（3）纳税人在以前年度与设在避税地的关联企业有业务往来的；（4）纳税人在以前年度未按规定进行关联企业间业务往来年度申报，或申报内容不实，或不提供有关价格、费用标准的。

（三）纳税期限

如前所述，纳税期限是由纳税义务计算期、纳税申报期和税款缴纳期三种期限按先后次序组成的。很多税种的纳税申报期与税款缴纳期是重合的，并且笼统地规定为申报纳税期。各税种具体的申报纳税期是由该税种和立法具体规定的，《税收征管法》没有做统一的规定。《税收征管法》只是统一地规定了延期申报及延期缴纳制度。鉴于前文对延期申报已有论述，在此仅对延期缴纳制度进行介绍。

纳税人和扣缴义务人必须在税法规定的期限内缴纳、解缴税款，但考虑到纳税人在履行纳税义务的过程中，可能会遇到特殊困难的客观情况，为了保护纳税人的合法权益，《税收征管法》第31条第二款规定：“纳税人因有特殊困难，不能按期缴纳税款的，经省、自治区、直辖市国家税务局、地方税务局批准，可以延期缴纳税款，但最长不得超过三个月。”

上述条款中“特殊困难”主要有两类：一是因不可抗力，导致纳税人发生较大损失，正常生产经营活动受到较大影响的；二是当期货币资金在扣除应付职工工资、社会保险费后，不足以缴纳税款的。所谓“当期货币资金”，是指纳税人申请延期缴纳税款之日的资金余额，其中不含国家法律和行政法规明确规定企业不可动用的资金；“应付职工工资”是指当期计提数。

二、税款征收的保障制度

（一）税收保全

税收保全是指税务机关对可能由于纳税人的行为或者某种客观原因，致使以后税款的征收不能保证或难以保证的案件，采取限制纳税人处理或转移商品、货物或其他财产的法律制度。根据《税收征管法》第38条的规定，税务机关有根据认为从事生产、经营的纳税人有逃避纳税义务行为的，可以在规定的纳税期之前，责令限期缴纳税款；在限期内发现纳税人有明显的转移、隐匿其应纳税的商品、货物以及其他财产迹象的，税务机关应责令其提供纳税担保。如果纳税人不能提供纳税担保，经县以上税务局（分局）局长批准，税务机关可以采取下列税收保全措施：

（1）书面通知纳税人开户银行或者其他金融机构冻结纳税人的金额相当于应纳税款的存款。

（2）扣押、查封纳税人的价值相当于应纳税款的商品、货物或者其他财产。其他财产包括纳税人的房地产、现金、有价证券等不动产和动产。

纳税人在上款规定的限期内缴纳税款的，税务机关必须立即解除税收保全措施；限期期满仍未缴纳税款的，经县以上税务局（分局）局长批准，税务机关可以书面通知纳税人开户银行或者其他金融机构，从其冻结的存款中扣缴税款，或者依法拍卖或者变卖所扣押、查封的商品、货物或者其他财产，以拍卖或者变卖所得抵缴税款。

个人及其所扶养家属维持生活必需的住房和用品，不在税收保全措施的范围之内。个人所扶养家属，是指与纳税人共同居住生活的配偶、直系亲属以及无生活来源并由纳税人扶养的其他亲属。生活必需的住房和用品不包括机动车辆、金银饰品、古玩字画、豪华住宅或者一处以外的住房。税务机关对单价5 000元以下的其他生活用品，不采取税收保全措施和强制执行措施。

需要注意的是，可以采取税收保全措施的纳税人仅限于从事生产、经营的纳税人，不包括非从事生产、经营的纳税人，也不包括扣缴义务人和纳税担保人。

税收保全的终止有两种情况：一是纳税人在规定的期限内缴纳了应纳税款的，税务机关必须立即解除税收保全措施；二是纳税人超过规定的期限仍不缴纳税款的，经税务局（分局）局长批准，终止保全措施，转入强制执行措施。

（二）税收强制执行

税收强制执行是指当事人不履行法律、行政法规规定的义务，有关国家机关采用法定的强制手段，强迫当事人履行义务的法律制度。《税收征管法》第40条规定：从事生产、经营的纳税人、扣缴义务人未按照规定的期限缴纳或者解缴税款，纳税担保人未按照规定的期限缴纳所担保的税款，由税务机关责令限期缴纳，逾期仍未缴纳的，经县以上税务局（分局）局长批准，税务机关可以采取下列强制执行措施：

（1）书面通知其开户银行或者其他金融机构从其存款中扣缴税款；

（2）扣押、查封、依法拍卖或者变卖其价值相当于应纳税款的商品、货物或者其他财产，以拍卖或者变卖所得抵缴税款。

税务机关采取强制执行措施时，对上款所列纳税人、扣缴义务人、纳税担保人未缴纳的滞纳金同时强制执行。强制执行措施的适用范围仅限于未按照规定的期限缴纳或者解缴税款，经责令限期缴纳，逾期仍未缴纳的从事生产、经营的纳税人。需要强调的是，税收保全仅适用于从事生产、经营的纳税人，而强制执行措施不仅适用于从事生产、经营的纳税人，还适用于其扣缴义务人和纳税担保人。

税务机关将扣押、查封的商品、货物或者其他财产变价抵缴税款时，应当交由依法成立的拍卖机构拍卖；无法委托拍卖或者不适于拍卖的，可以交由当地商业企业代为销售，也可以责令纳税人限期处理；无法委托商业企业销售，纳税人也无法处理的．可以由税务机关变价处理，具体办法由国家税务总局规定。国家禁止自由买卖的商品，应当交由有关单位按照国家规定的价格收购。拍卖或者变卖所得抵缴税款、滞纳金、罚款以及扣押、查封、保管、拍卖、变卖等费用后，剩余部分应当在3日内退还被执行人。

（三）纳税担保

纳税担保，是指税务机关对有逃避纳税义务的纳税人所采取的督促其缴纳税款的一项措施，纳税担保有纳税保证人的担保和物的担保两种形式。纳税保证人的担保，是指由中国境内具有担保能力的自然人、法人或其他经济组织保证纳税人能够依法缴纳税款，如果纳税人到期不缴纳税款，由纳税保证人承担相关责任的一种纳税担保形式。纳税保证人同意为纳税人提供纳税担保的，应当填写纳税担保书，写明担保对象、担保范围、担保期限和担保责任等有关事项。物的纳税担保，是指由纳税人或者第三人以其未设置或未完全设置担保物权的财产所提供的担保，用以保证纳税人能够按期缴纳税款，如纳税人到期不能缴纳税款，则已拍卖或变卖担保物的价款抵缴税款。

为规范纳税担保行为，保障国家税收收入，保护纳税人和其他当事人的合法权益，根据《税收征管法》及其实施细则和其他法律、法规的规定，国家税务总局于2005年1月13日通过了《纳税担保试行办法》，并自2005年7月1日起施行。

《纳税担保试行办法》第3条规定，纳税人有下列情况之一的，适用纳税担保：

（1）税务机关有根据认为从事生产、经营的纳税人有逃避纳税义务行为，在规定的纳税期之前经责令其限期缴纳应纳税款，在限期内发现纳税人有明显的转移、隐匿其应纳税的商品、货物以及其他财产或者应纳税收入的迹象，责成纳税人提供纳税担保的；

（2）欠缴税款、滞纳金的纳税人或者其法定代表人需要出境的；

（3）纳税人同税务机关在纳税上发生争议而未缴清税款，需要申请行政复议的；

（4）税收法律、行政法规规定可以提供纳税担保的其他情形。

纳税担保制度并不是孤立存在的，它是税收征收制度的组成部分。比如，上述第一项情形实际上源于前文已述的《税收征管法》第38条所规定的税收保全制度，是税收保全制度的一个组成部分。

（四）税款优先

《税收征管法》第45条确定了税款的优先地位，明确了税款征收在纳税人支付各种款项和偿还债务时的顺序。税款优先制度不仅增强了税法的刚性，而且增强了税法在执行中的可操作性。根据《税收征管法》的规定，税款优先制度包括以下内容：

1. 税款优先于无担保债权

这里所说的税收优先于无担保债权是有条件的，也就是说并不是优先于所有的无担保债权，对于法律上另有规定的无担保债权，不能行使税收优先权。

2. 纳税人欠税在前的，税款优先于抵押权、质权和留置权的执行

这里有两个前提条件：其一，纳税人有欠税；其二，欠税发生在前，即纳税人的欠税发生在以其财产设定抵押、质押或被留置之前。另外，纳税人在有欠税的情况下设置抵押权、质权、留置权时，纳税人应当向抵押权人、质权人说明其欠税情况。

3. 税收优先于罚款及没收非法所得

纳税人欠缴税款，同时要被税务机关决定处以罚款、没收非法所得的，税收优先于罚款、没收非法所得。纳税人欠缴税款，同时又被税务机关以外的其他行政部门处以罚款、没收非法所得的，税款同样优先于罚款、没收非法所得。因此，税款对罚款和没收非法所得的优先地位是绝对的。

（五）滞纳金

《税收征管法》第32条规定："纳税人未按照规定期限缴纳税款的，扣缴义务人未按照规定期限解缴税款的，税务机关除责令限期缴纳外，从滞纳税款之日起，按日加收滞纳税款万分之五的滞纳金。"结合其他规定，加收滞纳金的具体操作程序如下：

（1）先由税务机关发出催缴税款通知书，责令限期缴纳或解缴税款，告知纳税人如不按期履行纳税义务，将依法按日加收滞纳税款5‰的滞纳金。

(2) 从滞纳之日起加收滞纳金。加收滞纳金的起止时间为法律、行政法规规定或者税务机关依照法律、行政法规规定的确定的税款缴纳期限届满次日起至纳税人、扣缴义务人实际缴纳或者解缴税款之日止。

(3) 拒绝缴纳滞纳金的，可以按不履行纳税义务实行强制执行措施，强行划拨或者强制征收。

(六) 代位权与撤销权

税务机关可以对欠缴税款的纳税人行使代位权、撤销权，即对纳税人的到期债权等财产权利，税务机关可以依法向第三者追索以抵缴税款。根据《税收征管法》第50条的规定，欠缴税款的纳税人因怠于行使到期债权，或者放弃到期债权，或者无偿转让财产，或者以明显不合理的低价转让财产而受让人知道该情形，对国家税收造成损害的，税务机关可以依照《合同法》第73条、第74条的规定行使代位权、撤销权。税务机关依照前述规定行使代位权、撤销权的，不免除欠缴税款的纳税人尚未履行的纳税义务和应承担的法律责任。

三、税款征收的特别制度

(一) 减免税制度

减免税必须有法律、行政法规的明确规定，地方各级人民政府、各级人民政府主管部门、单位和个人违反法律、行政法规规定，擅自作出的减税、免税决定无效，税务机关不得执行，并应向上级税务机关报告。

减免税分为备案类减免税和报批类减免税。备案类减免税是指取消审批手续的减免税项目和不需税务机关审批的减免税项目；报批类减免税是指应由税务机关审批的减免税项目。纳税人享受备案类减免税，应提请备案，经税务机关登记备案后，自登记备案之日起执行；纳税人未按规定备案的，一律不得减免税。纳税人享受报批类减免税，应提交相应资料，提出申请，经具有审批权限的税务机关审批确认后执行；未按规定申请或虽申请但未经有权税务机关审批确认的，纳税人不得享受减免税。

有审批权的税务机关对纳税人的减免税申请，应按以下规定时限及时完成审批工作，作出审批决定：县、区级税务机关负责审批的减免税，必须在20个工作日作出审批决定；地市级税务机关负责审批的，必须在30个工作日内作出审批决定；省级税务机关负责审批的，必须在60个工作日内作出审批决定。在规定期限内不能作出决定的，经本级税务机关负责人批准，可以延长10个工作日，并将延长期限的理由告知纳税人。税务机关作出的减免税审批决定，应当自作出决定之日起10个工作日内向纳税人送达减免税审批书面决定。

纳税人同时从事减免项目与非减免项目的，应分别核算，独立计算减免项目的计税住所以及减免税额度。不能分别核算的，不能享受减免税；核算不清的，由税务机关按合理方法核定。纳税人在享受减免税待遇期间，仍应按规定办理纳税申报。纳税人享受减税、免税的条件发生变化时，应当自发生变化之日起15日内向税务机关报告，经税务机关审核后，停止其减税、免税；对不报告的，又不再符合减税、免税条件的，税务机关有权追回已减免的税款。减税、免税期满，纳税人应当自期满次日起恢复纳税。

（二）欠税清缴制度

欠税是指纳税人未按照规定期限缴纳税款，扣缴义务人未按照规定期限解缴税款的行为。《税收征管法》制定了多种措施，建立了建立欠税清缴制度，防止税款流失。

1. 阻止出境

《税收征管法》第44条规定："欠缴税款的纳税人及其法定代表需要出境的，应当在出境前向税务机关结清应纳税款或者提供担保。未结清税款，又不提供担保的，税务机关可以通知出境管理机关阻止其出境。"

2. 改制纳税人的欠税清缴

《税收征管法》第48条规定："纳税人有合并、分立情形的，应当向税务机关报告，并依法缴清税款。纳税人合并时未缴清税款的，应当由合并后的纳税人继续履行未履行的纳税义务；纳税人分立时未缴清税款的，分立后的纳税人对未履行的纳税义务应当承担连带责任。"

3. 财产处分报告

根据《税收征管法》第49条和《税收征管法实施细则》第77条的规定，欠缴税款数额在5万元以上的纳税人，在处分其不动产或者大额资产之前，应当向税务机关报告。这一规定有利于税务机关及时掌握欠税企业处置不动产和大额资产的动向。税务机关可以根据其是否侵害了国家税收，是否有转移资产、逃避纳税义务的情形，决定是否行使税收优先权，是否采取税收保全措施或者强制执行措施。

4. 欠税公告

根据《税收征管法》第45条和《税收征管法实施细则》第76条的规定，税务机关应当对纳税人欠缴税款的情况，在办税场所或者广播、电视、报纸、期刊、网络等新闻媒体上定期予以公告。同时，税务机关还可以根据实际情况和实际需要，制定纳税人的纳税信用等级评比制度。

（三）税款退还

《税收征管法》第51条规定，纳税人超过应纳税额缴纳的税款，税务机关发现后应当立即退还；纳税人自结算缴纳税款之日起3年内发现的，可以向税务机关要求退还多缴的税款并加算银行同期存款利息，税务机关及时查实后应当立即退还；涉及从国库中退库的，依照法律、行政法规有关国库管理的规定退还。

根据这一规定，税款的退还可分为税务机关发现与纳税人自己发现这两种情况。对于后者，有3年的时限要求，这意味着如果纳税人自缴纳税款之日起的3年后才发现的，税务机关可以不予退还；对于前者，即税务机关发现的，《税收征管法》没有规定时限，可以推定为无论多长时间后发现，都应当退还给纳税人。至于退还的时限，根据《税收征管法》第51条的规定，无论是税务机关发现，还是纳税人在自结算缴纳税款之日起3年内发现，税务机关都应当"立即"退还。《税收征管法实施细则》第78条对"立即"作出了明确的规定："税务机关发现纳税人多缴税款的，应当自发现之日起10日内办理退还手续；纳税人发现多缴税款，要求退还的，税务机关应当自接到纳税人退还申请之日起30日内查实并办理退还手续。"

（四）税款追征

《税收征管法》第52条规定：因税务机关责任，致使纳税人、扣缴义务人未缴或者少缴税款的，税务机关在3年内可要求纳税人、扣缴义务人补缴税款，但是不得加收滞纳金。因纳税人、扣缴义务人计算错误等失误，未缴或者少缴税款的，税务机关在3年内可以追征税款、滞纳金；有特殊情况的，追征期可以延长到5年。这里所称"特殊情况"，是指纳税人或者扣缴义务人因计算错误等失误，未缴或者少缴、未扣或者少扣、未收或者少收税款，累计数额在10万元以上的。对偷税、抗税、骗税的，税务机关追征其未缴或者少缴的税款、滞纳金或者所骗取的税款，不受该款规定期限的限制。

第四节　税务检查

一、税务检查的形式

（一）重点检查

重点检查指对公民举报、上级机关交办或有关部门转来的有偷税行为或偷税嫌疑的，纳税申报与实际生产经营情况有明显不符的纳税人及有普遍逃税行为的行业检查。

（二）分类计划检查

分类计划检查指根据纳税人历来纳税情况、纳税人的纳税规模及税务检查间隔时间的长短等综合因素，按事先确定的纳税人分类、计划检查时间及检查频率而进行的检查。

（三）集中性检查

集中性检查指税务机关在一定时间、一定范围内，统一安排、统一组织的税务检查，这种检查一般规模比较大，如以前年度的全国范围内的税收、财务大检查就属于这类检查。

（四）临时性检查

临时性检查指由各级税务机关根据不同的经济形势、偷逃税趋势、税收任务完成情况等综合因素，在正常的检查计划之外安排的检查。如行业性解剖、典型调查性的检查等。

（五）专项检查

专项检查指税务机关根据税收工作实际，对某一税种或税收征收管理某一环节进行的检查。比如增值税一般纳税专项检查、漏征漏管户专项检查等。

二、税务检查中税务机关的权力与义务

（一）税务检查中税务机关的权力

1. 税务机关有权进行下列税务检查：

（1）检查纳税人的账簿、记账凭证、报表和有关资料，检查扣缴义务人代扣代缴、代收代缴税款账簿、记账凭证和有关资料。

因检查需要时，经县以上税务局（分局）局长批准，可以将纳税人、扣缴义务人以前会计年度的账簿、记账凭证、报表和其他有关资料调回税务机关检查，但是税务机关必须向纳税人、扣缴义务人开付清单，并在3个月内完整退还；有特殊情况的，经设区的市、自治州以上税务局局长批准，税务机关可以将纳税人、扣缴义务人当年的账簿、记账凭证、报表和其他有关资料调回检查，但是税务机关必须在30日内退还。

（2）纳税人的生产、经营场所和货物存放地检查纳税人应纳税的商品、货物或者其他财产，检查扣缴义务人与代扣代缴、代收代缴税款有关的经营情况。

（3）责成纳税人、扣缴义务人提供与纳税或者代扣代缴、代收代缴税款有关的文件、证明材料和有关资料。

（4）询问纳税人、扣缴义务人与纳税或者代扣代缴、代收代缴税款有关的

问题和情况。

（5）到车站、码头、机场、邮政企业及其分支机构检查纳税人托运、邮寄、应税商品、货物或者其他财产的有关单据凭证和资料。

（6）经县以上税务局（分局）局长批准，凭全国统一格式的检查存款账户许可证明，查询从事生产、经营的纳税人、扣缴义务人在银行或者其他金融机构的存款账户。税务机关在调查税收违法案件时，经设区的市、自治州以上税务局（分局）局长批准，可以查询案件涉嫌人员的储蓄存款。税务机关查询所获得的资料，不得用于税收以外的用途。

2. 税务机关对纳税人以前纳税期的纳税情况依法进行税务检查时，发现纳税人有逃避纳税义务的行为，并有明显的转移、隐匿其应纳税的商品、货物、其他财产或者应纳税收入的迹象的，可以按照批准权限采取税收保全措施或者强制执行措施。这里的批准权限是指县级以上税务局（分局）局长批准。税务机关采取税收保全措施的期限一般不得超过6个月；重大案件需要延长的，应当报国家税务总局批准。

3. 税务机关调查税务违法案件时，对与案件有关的情况和资料，可以记录、录音、录像、照相和复制。

4. 对采用电算化会计系统的纳税人，税务机关有权对其会计电算化系统进行检查，并可复制与纳税有关的电子数据作为证据。税务机关进入纳税人电算化系统进行检查时，有责任保证纳税人会计电算化系统的安全性，并保守纳税人的商业秘密。

（二）税务检查中税务机关的义务

1. 税务机关依法进行税务检查时，有权向有关单位和个人调查纳税人、扣缴义务人和其他当事人与纳税或者代扣代缴、代收代缴税款有关的情况，有关单位和个人有义务向税务机关如实提供有关资料及证明材料。纳税人、扣缴义务人必须接受税务机关依法进行的税务检查，如实反映情况，提供有关资料，不得拒绝、隐瞒。

2. 税务人员进行税务检查时，应当出示税务检查证和税务检查通知书；无税务检查证和税务检查通知书的，纳税人、扣缴义务人及其他当事人有权拒绝检查。税务机关对集贸市场及集中经营业户进行检查时，可以使用统一的税务检查通知书。

3. 税务机关对纳税人、扣缴义务人及其他当事人处以罚款或者没收违法所得时，应当开付罚没凭证；未开付罚没凭证的，纳税人、扣缴义务人以及其他当事人有权拒绝给付。

三、税务检查与税务稽查的关系

税务稽查是税务机关依法对纳税人、扣缴义务人履行纳税义务、扣缴义务情况所进行的税务检查和处理工作的总称。税务稽查是税务稽查部门的专业检查，其主要对象是偷、逃、抗、骗等涉税的大案要案。税务稽查与税务检查既有区别，又有联系。

（一）税务稽查与税收检查的区别

税务稽查与税收检查的主要区别有如下四个方面：①

1. 主体不同

税务稽查的主体是税务专业稽查机构，税收检查的主体可以是各类税务机关，从事征收管理的税务机构的税务检查活动实际上是其管理活动的组成部分，是管理的一种手段。

2. 对象不同

税收检查的对象可以是所有的纳税人和扣缴义务人，只要税务机关认为有必要即可对其纳税和扣缴情况进行核查；而税务稽查的对象是依据举报或科学选案而确定的有涉嫌违法行为的纳税人、扣缴义务人。

3. 程序不同

税收检查的程序相对简单，而税务稽查必须根据国家税务总局制定的《税务稽查工作规程》，经过选案、实施、审理、执行这四个环节。

4. 目的不同

税收检查往往是由于某种管理上的需要对纳税人的某一税种、某一纳税事项或某一时点的情况进行检查和审核，而税务稽查一般是为了打击偷逃税违法犯罪行为，对涉嫌违法的纳税人进行全面、彻底的检查，以震慑犯罪，维护税收秩序。

（二）税务稽查与税收检查的联系

税务稽查是一种特殊的税务检查，属于广义的税务检查的范围，但其专业性较强，要求政策水平高，是高标准的税务检查。狭义上而言，税收检查是指税务机关的管理性检查，而税务稽查是指执法性检查。在此意义上，很多税务检查不是税务稽查，比如，管理分局对税务登记证所进行的检查、对停歇业户所进行的检查、对注销税务登记所进行的结算检查，这些检查都是根据税务机关正常管理

---

① 夏军．浅谈当前税务稽查的职能、现状和措施．http：//www. js-n-tax. gov. cn/Page/NewsDetail. aspx？NewsID＝111842，2009 年 10 月 7 日访问．

需要所必须进行的管理性检查工作。

第五节 法律责任

一、违反税务管理基本规定行为的处罚

根据《税收征管法》第 60 条和《税收征管法实施细则》第 90 条的规定，纳税人有下列行为之一的，由税务机关责令限期改正，可以处 2 000 元以下的罚款；情节严重的，处 2 000 元以上 1 万元以下的罚款：

（1）未按照规定的期限申报办理税务登记、变更或者注销登记的；

（2）未按照规定设置、保管账簿或者保管记账凭证和有关资料的；

（3）未按照规定将财务、会计制度或者财务、会计处理办法和会计核算软件报送税务机关备查的；

（4）未按照规定将其全部银行账号向税务机关报告的；

（5）未按照规定安装、使用税控装置，或者损毁或擅自改动税控装置的；

（6）纳税人未按照规定办理税务登记证件验证或者换证手续的。

纳税人不办理税务登记的，由税务机关责令限期改正；逾期不改正的，由工商行政管理机关吊销其营业执照。

纳税人未按照规定使用税务登记证件，或者转借、涂改、损毁、买卖、伪造税务登记证件的，处 2 000 元以上 1 万元以下的罚款；情节严重的，处 1 万元以上 5 万元以下的罚款。

二、扣缴义务人违反账簿、凭证管理的处罚

《税收征管法》第 61 条规定："扣缴义务人未按照规定设置、保管代扣代缴、代收代缴税款账簿或者保管代扣代缴、代收代缴税款记账凭证及有关资料的，由税务机关责令限期改正，可以处二千元以下的罚款；情节严重的，处二千元以上五千元以下的罚款。"

三、纳税人、扣缴义务人未按规定进行纳税申报的法律责任

《税收征管法》第 62 条规定："纳税人未按照规定的期限办理纳税申报和报送纳税资料的，或者扣缴义务人未按照规定的期限向税务机关报送代扣代缴、代收代缴税款报告表和有关资料的，由税务机关责令限期改正，可以处二千元以下

的罚款；情节严重的，可以处二千元以上一万元以下的罚款。”

四、对偷税的认定及其法律责任

《税收征管法》第 63 条规定：“纳税人伪造、变造、隐匿、擅自销毁账簿、记账凭证，或者在账簿上多列支出或者不列、少列收入，或者经税务机关通知申报而拒不申报或者进行虚假的纳税申报，不缴或者少缴应纳税款的，是偷税。对纳税人偷税的，由税务机关追缴其不缴或者少缴的税款、滞纳金，并处不缴或者少缴的税款百分之五十以上五倍以下的罚款；构成犯罪的，依法追究刑事责任。扣缴义务人采取前款所列手段，不缴或者少缴已扣、已收税款，由税务机关追缴其不缴或者少缴的税款、滞纳金，并处不缴或者少缴的税款百分之五十以上五倍以下的罚款；构成犯罪的，依法追究刑事责任。”

《中华人民共和国刑法》（以下简称《刑法》）第 201 条规定：“纳税人采取伪造、变造、隐匿、擅自销毁账簿、记账凭证，在账簿上多列支出或者不列、少列收入，经税务机关通知申报而拒不申报或者进行虚假的纳税申报的手段，不缴或者少缴应纳税款，偷税数额占应纳税额的百分之十以上不满百分之三十并且偷税数额在一万元以上不满十万元的，或者因偷税被税务机关给予二次行政处罚又偷税的，处三年以下有期徒刑或者拘役，并处偷税数额一倍以上五倍以下罚金；偷税数额占应纳税额的百分之三十以上并且偷税数额在十万元以上的，处三年以上七年以下有期徒刑，并处偷税数额一倍以上五倍以下罚金。扣缴义务人采取前款所列手段，不缴或者少缴已扣、已收税款，数额占应缴税额的百分之十以上并且数额在一万元以上的，依照前款的规定处罚。对多次犯有前两款行为，未经处理的，按照累计数额计算。”

2009 年 2 月 28 日，第十一届全国人大常委会第七次会议审议通过了《刑法修正案（七）》。该修正案对刑法第 201 条偷税罪作了重大修改，修改后的内容为：“纳税人采取欺骗、隐瞒手段进行虚假纳税申报或者不申报，逃避缴纳税款数额较大并且占应纳税额百分之十以上的，处三年以下有期徒刑或者拘役，并处罚金；数额巨大并且占应纳税额百分之三十以上的，处三年以上七年以下有期徒刑，并处罚金。”“扣缴义务人采取前款所列手段，不缴或者少缴已扣、已收税款，数额较大的，依照前款的规定处罚。”“对多次实施前两款行为，未经处理的，按照累计数额计算。”“有第一款行为，经税务机关依法下达追缴通知后，补缴应纳税款，缴纳滞纳金，已受行政处罚的，不予追究刑事责任；但是，五年内因逃避缴纳税款受过刑事处罚或者被税务机关给予二次以上行政处罚的除外。”

对比而言，此次修订主要有以下变化：

（1）罪名方面。修正案修改了该罪的罪状表述，将罪名由“偷税罪”改为“逃避缴纳税款罪”。

（2）犯罪手段方面。修正案对逃税的手段不再作具体列举，而采用概括性的表述。

（3）罪标准方面。修正案对逃避缴纳税款数额占应纳税额 10% 以上构成犯罪的具体数额标准，以及逃税数额占应纳税额 30% 以上，构成数额巨大的具体数额标准没有再作规定。

（4）刑事责任方面。修正案对逃税罪的初犯规定了不予追究刑事责任的特别条款。根据修正案的规定，对逃避缴纳税款达到规定的数额、比例标准，已经构成犯罪的初犯，满足以下三个先决条件可不予追究刑事责任：一是在税务机关依法下达追缴通知后，补缴应纳税款；二是缴纳滞纳金。三是已受到税务机关行政处罚。但是，对再犯，则不适用这一特别条款，即 5 年内因逃避缴纳税款受过刑事处罚或者被税务机关给予二次以上行政处罚的，即使是满足了上述三个条件，依然要追究刑事责任。另外，修正案还取消了对罚金倍数的具体规定。

五、进行虚假申报或不进行申报行为的法律责任

《税收征管法》第 64 条规定：“纳税人、扣缴义务人编造虚假计税依据的，由税务机关责令限期改正，并处五万元以下的罚款。纳税人不进行纳税申报，不缴或者少缴应纳税款的，由税务机关追缴其不缴或者少缴的税款、滞纳金，并处不缴或者少缴税款百分之五十以上五倍以下的罚款。”

六、逃避追缴欠税的法律责任

《税收征管法》第 65 条规定：“纳税人欠缴应纳税款，采取转移或者隐匿财产的手段，妨碍税务机关追缴欠缴的税款的，由税务机关追缴欠缴的税款、滞纳金，并处欠缴税款 50% 以上 5 倍以下的罚款；构成犯罪的，依法追究刑事责任。”

《刑法》第 203 条规定：“纳税人欠缴应纳税款，采取转移或者隐匿财产的手段，致使税务机关无法追缴欠缴的税款，数额在一万元以上不满十万元的，处三年以下有期徒刑或者拘役，并处或者单处欠缴税款一倍以上五倍以下罚金；数额在十万元以上的，处三年以上七年以下有期徒刑，并处欠缴税款一倍以上五倍以下罚金。”

七、骗取出口退税的法律责任

《税收征管法》第66条规定："以假报出口或者其他欺骗手段，骗取国家出口退税款的，由税务机关追缴其骗取的退税款，并处骗取税款一倍以上五倍以下的罚款；构成犯罪的，依法追究刑事责任。对骗取国家出口退税款的，税务机关可以在规定期间内停止为其办理出口退税。"

《刑法》第204条规定："以假报出口或者其他欺骗手段，骗取国家出口退税款，数额较大的，处五年以下有期徒刑或者拘役，并处骗取税款一倍以上五倍以下罚金；数额巨大或者有其他严重情节的，处五年以上十年以下有期徒刑，并处骗取税款一倍以上五倍以下罚金；数额特别巨大或者有其他特别严重情节的，处十年以上有期徒刑或者无期徒刑，并处骗取税款一倍以上五倍以下罚金或者没收财产。"

八、抗税的法律责任

《税收征管法》第67条规定："以暴力、威胁方法拒不缴纳税款的，是抗税，除由税务机关追缴其拒缴的税款、滞纳金外，依法追究刑事责任。情节轻微，未构成犯罪的，由税务机关追缴其拒缴的税款、滞纳金，并处拒缴税款一倍以上五倍以下的罚款。"

《刑法》第202条规定："以暴力、威胁方法拒不缴纳税款的，处三年以下有期徒刑或者拘役，并处拒缴税款一倍以上五倍以下罚金；情节严重的，处三年以上七年以下有期徒刑，并处拒缴税款一倍以上五倍以下罚金。"

九、在规定期限内不缴或者少缴税款的法律责任

《税收征管法》第68条规定："纳税人、扣缴义务人在规定期限内不缴或者少缴应纳或者应解缴的税款，经税务机关责令限期缴纳，逾期仍未缴纳的，税务机关除依照本法第四十条的规定采取强制执行措施追缴其不缴或者少缴的税款外，可以处不缴或者少缴税款百分之五十以上五倍以下的罚款。"

十、扣缴义务人不履行扣缴义务的法律责任

《税收征管法》第69条规定："扣缴义务人应扣未扣、应收而不收税款的，由税务机关向纳税人追缴税款，对扣缴义务人处应扣未扣、应收未收税款百分之五十以上三倍以下的罚款。"

十一、不配合税务机关依法检查的法律责任

《税收征管法》第70条规定："纳税人、扣缴义务人逃避、拒绝或者以其他方式阻挠税务机关检查的，由税务机关责令改正，可以处一万元以下的罚款；情节严重的，处一万元以上五万元以下的罚款。"

逃避、拒绝或者以其他方式阻挠税务机关检查的情形包括：

(1) 提供虚假资料，不如实反映情况，或者拒绝提供有关资料的；

(2) 拒绝或者阻止税务机关记录、录音、录像、照相和复制与案件有关的情况和资料的；

(3) 在检查期间，纳税人、扣缴义务人转移、隐匿、销毁有关资料的；

(4) 有不依法接受税务检查的其他情形的。

税务机关依照《税收征管法》第54条第（五）项的规定，即到车站、码头、机场、邮政企业及其分支机构检查纳税人有关情况时，有关单位拒绝的，由税务机关责令改正，可以处1万元以下的罚款；情节严重的，处1万元以上5万元以下的罚款。

十二、非法印制发票的法律责任

《税收征管法》第71条规定："违反本法第22条规定，非法印制发票的，由税务机关销毁非法印制的发票，没收违法所得和作案工具，并处一万元以上五万元以下的罚款；构成犯罪的，依法追究刑事责任。"

《刑法》第206条规定："伪造或者出售伪造的增值税专用发票的，处三年以下有期徒刑、拘役或者管制，并处二万元以上二十万元以下罚金；数量较大或者有其他严重情节的，处三年以上十年以下有期徒刑，并处五万元以上五十万元以下罚金；数量巨大或者有其他特别严重情节的，处十年以上有期徒刑或者无期徒刑，并处五万元以上五十万元以下罚金或者没收财产。伪造并出售伪造的增值税专用发票，数量特别巨大，情节特别严重，严重破坏经济秩序的，处无期徒刑或者死刑，并处没收财产。单位犯本条规定之罪的，对单位判处罚金，并对其直接负责的主管人员和其他直接责任人员，处三年以下有期徒刑、拘役或者管制；数量较大或者有其他严重情节的，处三年以上十年以下有期徒刑；数量巨大或者有其他特别严重情节的，处十年以上有期徒刑或者无期徒刑。"

《刑法》第209条规定："伪造、擅自制造或者出售伪造、擅自制造的可以用于骗取出口退税、抵扣税款的其他发票的，处三年以下有期徒刑、拘役或者管制，并处二万元以上二十万元以下罚金；数量巨大的，处三年以上七年以下有期

徒刑，并处五万元以上五十万元以下罚金；数量特别巨大的，处七年以上有期徒刑，并处五万元以上五十万元以下罚金或者没收财产。伪造、擅自制造或者出售伪造、擅自制造的前款规定以外的其他发票的，处二年以下有期徒刑、拘役或者管制，并处或者单处一万元以上五万元以下罚金；情节严重的，处二年以上七年以下有期徒刑，并处五万元以上五十万元以下罚金。”

非法印制、转借、倒卖、变造或者伪造完税凭证的，由税务机关责令改正，处2 000元以上1万元以下的罚款；情节严重的，处1万元以上5万元以下的罚款；构成犯罪的，依法追究刑事责任。

十三、有税收违法行为而拒不接受税务机关处理的法律责任

《税收征管法》第72条规定：“从事生产、经营的纳税人、扣缴义务人有本法规定的税收违法行为，拒不接受税务机关处理的，税务机关可以收缴其发票或者停止向其发售发票。”

十四、银行及其他金融机构拒绝配合税务机关依法执行职务的法律责任

银行和其他金融机构未依照《税收征管法》的规定在从事生产、经营的纳税人的账户中登录税务登记证件号码，或者未按规定在税务登记证件中登录从事生产、经营的纳税人的账户账号的，由税务机关责令其限期改正，处2 000元以上2万元以下的罚款；情节严重的，处2万元以上5万元以下的罚款。

为纳税人、扣缴义务人非法提供银行账户、发票、证明或者其他方便，导致未缴、少缴税款或者骗取国家出口退税款的，税务机关除没收其违法所得外，可以处未缴、少缴或者骗取的税款1倍以下的罚款。

《税收征管法》第73条规定：“纳税人、扣缴义务人的开户银行或者其他金融机构拒绝接受税务机关依法检查纳税人、扣缴义务人存款账户，或者拒绝执行税务机关作出的冻结存款或者扣缴税款的决定，或者在接到税务机关的书面通知后帮助纳税人、扣缴义务人转移存款，造成税款流失的，由税务机关处十万元以上五十万元以下的罚款，对直接负责的主管人员和其他直接责任人员处一千元以上一万元以下的罚款。”

十五、擅自改变税收征收管理范围的法律责任

《税收征管法》第76条规定：“税务机关违反规定擅自改变税收征收管理范

围和税款入库预算级次的，责令限期改正，对直接负责的主管人员和其他直接责任人员依法给予降级或者撤职的行政处分。”

十六、不移送的法律责任

《税收征管法》第 77 条规定，纳税人、扣缴义务人有本法规定的第 63 条、第 65 条、第 66 条、第 67 条、第 71 条规定的行为涉嫌犯罪的，税务机关应当依法移送司法机关追究刑事责任。税务人员徇私舞弊，对依法应当移送司法机关追究刑事责任的不移送，情节严重的，依法追究刑事责任。

十七、税务人员不依法行政的法律责任

《税收征管法》第 80 条规定：“税务人员与纳税人、扣缴义务人勾结，唆使或者协助纳税人、扣缴义务人有本法第六十三条、第六十五条、第六十六条规定的行为，构成犯罪的，依法追究刑事责任；尚不构成犯罪的，依法给予行政处分。”

税务人员私分扣押、查封的商品、货物或者其他财产，情节严重，构成犯罪的，依法追究刑事责任；尚不构成犯罪的，依法给予行政处分。

十八、渎职行为

《税收征管法》第 81 条规定：“税务人员利用职务上的便利，收受或者索取纳税人、扣缴义务人财物或者谋取其他不正当利益，构成犯罪的，依法追究刑事责任；尚不构成犯罪的，依法给予行政处分。”

《税收征管法》第 82 条规定：“税务人员徇私舞弊或者玩忽职守，不征收或者少征应征税款，致使国家税收遭受重大损失，构成犯罪的，依法追究刑事责任；尚不构成犯罪的，依法给予行政处分。税务人员滥用职权，故意刁难纳税人、扣缴义务人的，调离税收工作岗位，并依法给予行政处分。税务人员对控告、检举税收违法违纪行为的纳税人、扣缴义务人以及其他检举人进行打击报复的，依法给予行政处分；构成犯罪的，依法追究刑事责任。”

《刑法》第 404 条规定：“税务机关的工作人员徇私舞弊，不征或者少征应征税款，致使国家税收遭受重大损失的，处五年以下有期徒刑或者拘役；造成特别重大损失的，处五年以上有期徒刑。”

《刑法》第 405 条规定：“税务机关的工作人员违反法律、行政法规的规定，在办理发售发票、抵扣税款、出口退税工作中，徇私舞弊，致使国家利益遭受重大损失的，处五年以下有期徒刑或者拘役；致使国家利益遭受特别重大损失的，处五年以上有期徒刑。”

十九、不按规定征收税款的法律责任

《税收征管法》第 83 条规定："违反法律、行政法规的规定提前征收、延缓征收或者摊派税款的，由其上级机关或者行政监察机关责令改正，对直接负责的主管人员和其他直接责任人员依法给予行政处分。"

《税收征管法》第 84 条规定："违反法律、行政法规的规定，擅自作出税收的开征、停征或者减税、免税、退税、补税以及其他同税收法律、行政法规相抵触的决定的，除依照本法规定撤销其擅自作出的决定外，补征应征未征税款，退还不应征收而征收的税款，并由上级机关追究直接负责的主管人员和其他直接责任人员的行政责任；构成犯罪的，依法追究刑事责任。"

此外，《税收征管法》第 74 条还对行政处罚的权限作出了规定，指出："罚款额在二千元以下的，可以由税务所决定。"

二十、违反税务代理的法律责任

税务代理人违反税收法律、行政法规，造成纳税人未缴或者少缴税款的，除由纳税人缴纳或者补缴应纳税款、滞纳金外，对税务代理人处纳税人未缴或者少缴税款 50% 以上 3 倍以下的罚款。

本章小结

1. 税收征收管理是税务机关为了保证税收职能的实现，依照法律、法规的规定，代表国家行使征税权力，对纳税人应纳税额进行征收入库的行为。税收征收管理可以大致分为税务管理、税款征收和税务检查这三个方面的内容。

2. 税务登记是税务机关对纳税人的生产、经营活动进行登记并据此对纳税人实施税务管理的一种法定制度。税务登记又称纳税登记，它是税务机关对纳税人实施税收管理的首要环节和基础工作，是征纳双方法律关系成立的依据和证明，也是纳税人必须依法履行的义务。

3. 所有的纳税人和扣缴义务人都必须按照有关法律、行政法规和国务院财政、税务主管部门的规定设置账簿。从事生产、经营的纳税人应当自领取营业执照或者发生纳税义务之日起 15 日内设置账簿，并自领取税务登记证件之日起 15 日内，将其所采用的财务、会计制度和具体的财务、会计处理办法，及时报送主管税务机关备案。

4. 纳税申报是纳税人按照税法规定的期限和内容，向税务机关提交有关纳税事项书面报告的法律行为，是纳税人履行纳税义务、界定纳税人法律责任的主要依据，是税务机关税收管理信息的主要来源和税务管理的重要制度。

5. 税款征收是整个税收征管的核心环节。从法律制度的角度来看，《税收征管法》对税款征收的规定可以分为基本制度、保障制度和特殊制度这三类。税款征收的基本制度对征税主体、期限和税额作出了规定；保障制度规定了税收保全、税收强制、滞纳金等带有强制性的法律制度；特殊制度是针对税款征收的特殊情况，主要有减免税、税款退还和税款的追征。

6. 税收保全是指税务机关对可能由于纳税人的行为或者某种客观原因，致使以后税款的征收不能保证或难以保证的案件，采取限制纳税人处理或转移商品、货物或其他财产的法律制度。

7. 纳税担保，是指税务机关对有逃避纳税义务的纳税人所采取的督促其缴纳税款的一项措施，纳税担保有纳税保证人的担保和物的担保两种形式。纳税保证人的担保，是指由中国境内具有担保能力的自然人、法人或其他经济组织保证纳税人能够依法缴纳税款，如果纳税人到期不缴纳税款，由纳税保证人承担相关责任的一种纳税担保形式。

8. 减免税分为备案类减免税和报批类减免税。备案类减免税是指取消审批手续的减免税项目和不需税务机关审批的减免税项目；报批类减免税是指应由税务机关审批的减免税项目。

9. 纳税人超过应纳税额缴纳的税款，税务机关发现后应当立即退还；纳税人自结算缴纳税款之日起3年内发现的，可以向税务机关要求退还多缴的税款并加算银行同期存款利息，税务机关及时查实后应当立即退还；涉及从国库中退库的，依照法律、行政法规有关国库管理的规定退还。

10. 税务稽查是税务机关依法对纳税人、扣缴义务人履行纳税义务、扣缴义务情况所进行的税务检查和处理工作的总称。税务稽查是税务稽查部门的专业检查，其主要对象是偷、逃、抗、骗等涉税的大案要案。

思考题

1.《税收征管法》的适用范围是什么？

2. 什么是税收保全？

3. 简述税收检查与税务稽查的关系。

4. 简述逃避缴纳税款罪的构成及处罚标准。

第十二章

国际税法

国际税法大体上由“一点两面”构成，“一点”是指税收管辖权，“两面”是国际双重征税和国际逃避税这两个方面。税收管辖权是国际税法的中心点，双重征税和国际逃避税都是由税收管辖权问题引起的。双重征税本质上是两个税收管辖权的重合，而国际避税及逃税则是两个税收管辖权的差异所致。

第一节 国际税法概述

一、国际税法的产生与发展

国际税法萌芽于19世纪末期，是随着国际经济交往的发展而发展起来的。第二次世界大战后，生产的国际化趋势愈益明显，跨国经济活动日益频繁，国际税法也得到了长足的发展。

（一）国际税收关系的产生

国际税法以国际税收关系为调整对象，国际税法的产生是以国际税收关系的产生为前提的。在19世纪末以前，各国税收的征税对象主要是处于本国领土以内的人或物，虽然国家也对进出国境的商品流转税额课征关税或者过境税，但严格说来，国家征税权的行使仍是局限在本国的疆界内，并未扩及境外的对象。在这种情形下，国家税收性质上只是国家与其管辖下的纳税人之间在征税对象上形成的经济利益分配关系，并不涉及其他国家的税收利益，也不存在所谓的国际税收分配关系问题。

19世纪末，世界资本主义经济的发展由自由竞争资本主义过渡到垄断阶段。进入垄断时期资本主义经济的主要特征是资本输出。资本输出分为直接和间接两种形式。直接资本输出，是指投资人直接在资本输入国开办企业，在资本输入国从事生产经营活动，从而获取来源于当地的营业利润和其他所得。间接资本输出，是指居住在投资国的跨国投资人，通过购买资本输入国的股票、债券或者向资本输入国提供贷款、技术等形式输出资本，从资本输入国获得股息、红利、利息、租金、特许权使用费等跨国投资收益。垄断资本家为了获取更大的利益，争夺广阔的国际市场，不断地扩大资本的国际输出，促使货物、资金、技术和劳动力等经济要素的跨国流动日趋频繁。从事跨国投资和其他经济活动的企业和个人的收入和财产日益国际化。这种企业和个人收入和财产的国际化现象的普遍存在和不断发展，是国际税收关系和国际税法产生的客观经济基础。

经济交往国际化及收入和财产的国际化为国际税收的产生奠定了经济基础，但是单纯国际经济往来和跨国收入并不能直接导致国际税收关系的产生，所得税制度和一般财产税制度在各国的广泛建立，导致跨国所得重叠交叉征税，才是国际税收形成的直接诱因。所得税制度和一般财产税制度的普遍建立，为国际税收关系的产生和发展提供了必要的法律条件。

18 世纪末，英国首创所得税。所得税的征税对象是纳税人的生产经营所得和其他所得及收益。到 20 世纪初，所得税已在世界大多数国家中得到普遍推行，并在一些主要资本主义国家中代替间接税而成为主要的税类。在前述资本跨国流动和收入国际化的现象日益普遍的情况下，各主权国家为维护本国税收利益，一般对所得税同时行使属地原则和属人原则两种税收管辖权，即对于属于本国居民的纳税人来源于本国境内外的收入均要求征税，又对非本国居民的纳税人来源于本国境内的所得征收所得税，这样，对于同一纳税人同一跨国所得，所得来源国根据属地原则进行课税，纳税人居住国或国籍国根据属人原则也要进行课税，必然产生国际双重征税现象。

国际重复征税现象的存在，不符合各国的经济利益与长远发展，并且随着国际双重征税活动的广泛发展，国际双重征税的消极影响越来越明显。减少、避免和消除国际双重征税，保证和促进国际经济活动的正常发展，是各国政府与从事国际经济活动的人们的共同愿望和要求；同时，为了在各国政府之间确立一种合理的税收分配关系，如何根据利益对等原则，就避免国际双重征税，对两种税收管辖权的实施范围作出一些适当的限制和约束，就成为国际税法调整的重要内容。

（二）国际税法的产生和发展

第二次世界大战前，各国针对经济活动国际化与跨国财产及收入单方面制定了适用于本国范围内的一系列规范和制度，比如所得税和一般财产税制度，并为消除国际重复征税负面影响设置了一系列措施和条款，但这些规范和制度多限于一国内部的涉外税法形式，也有少数国家签订国际协定以解决国际重复征税问题，但以国家为主体寻求国际税收协作的形式并不广泛。一般认为，国际税法作为相对独立的法律部门，产生于第二次世界大战以后。国际税法的产生与当时的世界政治经济形势是密不可分的。

首先，亚非拉大量脱离殖民主义体系的主权国家开始出现，它们从维护国家主权及利益的角度出发陆续建立了自己的所有税和财产税制度，并主张对外国投资者来源于其国内的利益征税，从而导致国际税收分配矛盾在世界更大范围内普遍存在。其次，战后国际资本流向发生了变化，发达资本主义国家之间的资本流动增加，并远远超过了发达资本主义国家与发展中国家间的资本流动。所得税已上升为很多发达资本主义国家的主要税种，在税收中占据很大比例。它们相互间投资的增加，必然加剧老牌资本主义国家间在国际税收利益分配方面的矛盾。再次，跨国公司在战后迅猛发展，数量及规模均有大幅度提高，跨国公司经营范围扩展到世界各地，不断在世界各地开办分支机构和子公司，收入和财产所涉及的国家越来越多，不同国家的税收制度直接关系到跨国公司自身利益，跨国公司在国际经济交往中往往利用各国税收制度形成的漏洞，寻找各种方式进行国际逃税，这些活动构成国际逃税的主要部分，对相关国家的税收利益造成了很大的侵害。同时，各国间的国际税收关系也因跨国公司的全球经营越来越复杂，如果只通过一国政府单方面的力量已很难处理这些问题，只有国家之间协议确立共同的原则和规则，才能对彼此之间的利益关系进行很好的平衡。

第二次世界大战后，国际税法的形成和发展大致可以分为如下三个阶段：

1. 第二次世界大战后至20世纪70年代中期

在这期间，国际税法的形成与发展主要表现在越来越多的国家能通过谈判签订税收条约的方式协调彼此之间与跨国纳税人在跨国征税对象上的利益分配关系，双边的税收协定数量迅速增加，逐步形成国际法和国内法两类规范共同构成并彼此密切配合的税法分支体系。并且，在国际税收立法和税收协定实践中，逐步确立一系列在各国的单边国内立法或双边国际协定中得到普遍认同与实施的税负平等、外交税收豁免、外国税收抵免等调整国际税收关系的原则和规则。同时，在有关国际组织的积极推动下，双边国际税收协定的内容和形式日益规范化，其标志是经济合作与发展组织于1963年公布的《关于对所得和财产征税的协定范本草案》，该草案得到当时组织成员国的普遍认可，并成为日后相关协议起草参照的范本。

2. 20 世纪 70 年代中期至 80 年代末

在此期间，国际税法蓬勃发展，国家间就避免国际重复征税问题签订的双边协议不断增加，并且在形式及内容上不断成熟，由单项向综合、双边向多边发展，逐步实现规范化。对推动双边协定模式的成熟化发挥了极大作用的经济合作与发展组织通过总结经验对 1963 年《关于对所得和财产避免双重征税的协定范本草案》进行修改，于 1977 年正式发布的《关于对所得和财产避免双重征税的协定范本》，以及联合国经济和社会理事会在 1980 年公布的《联合国关于发达国家与发展中国家间避免双重征税的协定范本》。另一方面，在此阶段随着全球税制改革，各国所得税制度也发生了重大变革，最主要的变化在于所得税税率得到了大幅度的降低，发达国家公司所得税税率由 50% 左右下降到 30% 至 35%，并且取消各种税收优惠减少税收差别待遇，并不断扩大税基简化制度，使得关于打击防范通过转移定价、避税港、利用税收协定进行国际逃税、避税的法律制度得到很大发展。

3. 20 世纪 90 年代至今

进入 20 世纪 90 年代后，世界经济全球一体化趋势日益明显，世界贸易组织的建立、互联网技术的飞速发展与在各领域包括商业领域的广泛普及，以及国际贸易、金融和投资自由化政策广泛推行，都导致全球化浪潮高涨，在这种经济全球化背景影响下，国际税收活动以及国际税法有了新的发展趋势与特点，这主要表现为以下几个方面：

（1）各国税收制度趋同化

经济全球化一方面使得各国经济的相互依赖程度大大加强，同时也导致了国际资本争夺世界市场的竞争日益激烈。一些发达国家为了避免在竞争中孤军作战，往往联合起来与实力更加雄厚的超级大国抗衡。而部分发展中国家为了维护自身利益，防范发达国家的大肆扩张，也相继建立了一些区域性的经济联盟。这些区域性联盟都要求不同程度地打破国家间原有的经济壁垒，使商品、资本、技术和人员可以在区域内自由流动。要达到这一目的，有关国家之间必须协调税收政策，并逐步实现区域税收的一体化。我们相信，未来的国际税收体制将会向税收一体化继续发展，并会由区域税收一体化向全球一体化过渡，相应地成立世界性一体化组织并出现覆盖全球绝大多数国家的世界性的税收公约。国际税法也因此会有更广阔的发展空间。

（2）国际税收协调与合作纵深化

随着各国经济联系更加紧密，国际税收竞争也在不断加强，各国采用各种方式争夺有限的资本和技术，加快增强本国在经济技术各方面的实力，采用税收优惠吸引资本投入是一项有利的竞争手段，特别是对广大发展中国家来说，在无其他更大竞争优势可以发展的情况下，采取税收减免形式吸引外资是十分有效的途径，由此导致国际税收竞争不断加剧。同时，各国税收体制的差异以及跨国公司的迅猛发展，国际逃避税行为更加肆虐，国际税收关系的复杂问题难以通过一国政府力量甚至少数国家的力量予以解决，客观上需要各国间协调与合作的进一步深入发展，并且需要更多国家参与到国际税收问题的协作中来。

各国为了解决经济全球化带来的国际税收新问题，都越来越重视国际间税收合作，并更重视利用既有的双边或多边税收协定与合作模式，全球税收协定网络因此有了更迅猛的发展，这不仅表现在各种税收协定数量的增加，而且表现在协定条款内容的不断丰富。为了适应世界经济形势的发展变化，及时协调解决在国际税收方面出现的新问题，有关国际组织亦开始着手对税收协定范本及注释进行经常化的修订工作。经济合作与发展组织（以下简称“经合组织”）对 1997 年公布的税收协定范本及注释进行了数次修订。联合国从 1997 年也开始酝酿对 1980 年联合国税收协定范本的修订，这些修订将会使税收协定更为规范化，更符合当前国际经济发展的需要，并将促进更多税收协定的签订。

(3) 国际税收征管措施不断革新

当今的信息时代，电子信息技术的飞速发展和国际互联网的普及，为企业提供了一个前景广阔的全球性的电子虚拟市场，而通过互联网进行的商业交易所具有的直接、快捷等特点，大大提高了商业活动的效益。浏览、定购、支付，整个交易流程几乎可以全部在网络中完成。交易行为及对象的虚拟化，交易行为的隐蔽性、超越国境化，对各国行之有效的调整传统商业交易关系下的国际税收管理制度提出了严峻挑战。随着电子商务的发展，出现了许多传统经济模式下所没有遇到的问题，也使得原本行之有效的国际税收规则遇到挑战。比如在网络交易中，由于可以任意在一个国家设立或利用一个服务器成立一个商业网站，因此常设机构的定义受到挑战，所得收益的性质难以界定，收入来源地管理权和对税权划分的规则都必须重新设立。面对电子商务引发出的诸多问题，世界各国都在抓紧研究跨国商务国际税收问题的对策，一系列新的适应信息技术时代经济特征的国际税收概念和规则正在酝酿形成之中。

二、国际税法的概念及特征

（一）国际税法的概念

关于国际税法的概念，目前国际上众说纷纭，并无定论。概括而言，基于各国学者对国际税法调整对象的看法，主要有两种不同的学说。

1. 狭义说

该学说认为，国际税法的调整对象是国家间的税收分配关系，因此国际税法的调整范围也仅限于国家间的税收条约，即调整国家与国家之间税收的条约、协定，而不包括各国的涉外税收法律。这种学说把国际税收关系理解为国家间税收分配关系，故而将国际税法视为国际公法的一个部分。

2. 广义说

该学说认为，国际税法的调整对象不仅包括国家间的税收分配关系，而且还包括一国政府与跨国纳税人之间的税收征纳关系，两者都是国际税法的调整对象，因此，国际税法不仅包括国家间的税收条约、协定，还包括各国国内的涉外税法，即国际法与国内法的总和。

从国际税收的实践来看，广义说已为各国学者普遍接受。国际税收关系就其范围而言理应包括国家间税收分配关系与各国涉外税收征纳关系，两者的关系是相互影响、相互依存。各国涉外税收征纳关系是产生国家间税收分配关系的前提，而国家间税收分配关系的调整必须体现在各国涉外税收征纳之中。相应地，调整国际税收关系的法律不仅包括国际法，而且还应包括各国国内立法，只有两者相互结合，方能共同完成法律调整的任务。可见，国际税法是国内法与国际法的结合，它与国内税法的界限就在于所调整的税收关系具有国际性。

因此，国际税法是调整国际税收关系，即国家间税收分配关系以及国家与跨国纳税人之间税收征纳关系的国内法规范与国际法规范的总称。

（二）国际税法的特征

1. 主体方面

主体方面，依据在税收关系中地位的不同，国际税法的主体可分为国际征税主体、国际纳税主体和国际税收分配主体；从主体表现形式上，可以分为国家、国际组织、法人、自然人。与国际贸易法、国际金融法以及国际投资法等相比较，国际税法有一个显著的特点，即国家永远是国际税收法律关系的一方，尤其在与跨国纳税人的征纳关系中是作为行政主体的一方，因此国际税法带有更多的公法的性质。国际税法的主体的另一个特点在于国家身份的双重性。国家在国际税收法律关系中同时作为征税主体和税收分配主体，这与国家在国内税收法律关系中仅作为征税主体的身份的单一性是不同的。国家在国际税法和国内税法中分别作为不同主体身份的依据也是不同的。在国内税法中，国家作为惟一的实质意义上的征税主体是国家主权的对内最高权的具体体现之一；而在国际税法中，特别是国家作为国际税收分配主体时，则是国家主权的对外独立权的具体表现。对单个国家而言，国家在国内税法中征税主体的地位是惟一的，在数量上是一元的；而在国际税法中，国家在数量上是多元的，必须存在两个或两个以上的国家，否则就无法构成国际税收法律关系。

2. 客体方面

客体方面，国际税法所调整的国际税收关系主要发生在所得税方面，在某些情况下也涉及财产税和遗产税。因此，国际税法的客体既包括跨国纳税人的跨国所得，也包括其跨国财产和遗产所得。但通常意义上的客体是前者。跨国纳税人的跨国所得主要有两类：一类是居民纳税人来源于居住国境外的所得；一类是非居民纳税人来源于非居住国境内的所得。如果没有这两类跨国所得，就不会形成不同国家对跨国纳税人的征税问题，国家之间的税收分配关系也就无从谈起。因此，跨国纳税人的跨国所得不仅属于国际税法的客体，而且是国际税法赖以存在的基础。

3. 调整对象方面

调整对象方面，国际税法的调整对象是国家的涉外税收征纳关系和国家间的税收分配关系，二者虽然作为一个整体成为国际税法的调整对象，但也有一定的区别。首先，二者的地位有所不同，从国际税收关系的形成来看，国家的涉外税收征纳关系的出现早于国家间的税收分配关系的产生，后者是前者发展到一定阶段的必然结果。其次，从关系的本质来看，尽管国家的涉外税法具有一定的国际性，但同时也是其国内税法的组成部分，涉外税收征纳关系与国内税收征纳关系并无本质不同；而国家间的税收分配关系则具有纯粹的国际性，从根本上促成了国际税法作为国际经济法的一个独立法律分支的最终形成，并成为国际税法区别于国内税法的本质特征。

三、国际税法的渊源及国际税收协定

国际税法的渊源就是国际税法在法律规范上的表现方式，主要包含国际法与国内法两大部分。

（一）国际法规范

国际法规范是国际税法的主要渊源，它主要表现为国家间就跨国税收问题所缔结的双边条约和多边条约。这种国际条约在调整国家之间税收权益分配的同时，与跨国纳税人的权利义务直接相关。最早的税收协定是1843年法国与比利时缔结的双边税收协定。此后的税收协定则多集中于解决重复征税的问题，如1872年英国与瑞典之间的税收协定主要涉及遗产税、继承税，1899年奥匈帝国与普鲁士之间的税收协定则针对财产税与所得税。到20世纪80年代末，国际上业已生效的双边税收协定累计已达600个左右。双边税收协定之所以在国际法规范中占主要地位，主要因为双边协商比较容易达成共识，可以有效地解决问题。相对而言，多边税收条约涉及多国的税收利益，难以协调，其制定要困难得多。

目前，已生效的多边税收条约多为区域性税收条约，如1957年10月法属非洲国家之间订立的布拉隆协定，20世纪70年代初安第斯共同体国家之间订立的多边税收协定，1984年10月包括原象牙海岸等6个国家订立的关于所得税等的多边条约。此外，欧共体（现为欧盟）在税收协调方面也取得了很大的成绩，如1984年12月，共同体通过决议，对避税港和转移定价等国际逃税避税行为采取共同对策。由于众多的双边条约与区域性多边条约中所体现的原则基本上是一致的，这类双边或多边条约已经在事实上表现为一般国际法。

此外，国际税收惯例也是国际税法的一个渊源。如外交使领人员的税收豁免，在外国人纳税标准上的无差别原则都是公认的惯例。但限于国际税法的发展历史，国际惯例的数量并不多且不占重要地位。

（二）国内法规范

国内法规范是国际税法的重要渊源之一，表现为各国的涉外税法，主要是涉外所得税法，例如，我国的《企业所得税法》和《个人所得税法》的涉外部分都是调整国家与跨国纳税人之间税收关系的法律。国内法规范在调整税收征纳关系，直接规定跨国纳税人权利义务的同时，也对该国与其他国家之间的税收利益分配产生直接影响，如一国在其国内立法中单方给予本国的海外投资者以税收抵免优惠，既规定了国家与本国海外投资者之间的税收关系，又在本国与投资所在国之间进行了税收利益的分配。

（三）国际税收协定

国际税收协定是国际税法最重要的法律渊源，是国际税法赖以存在的基石。

1. 国际税收协定的概念及意义

各国在所得税领域的国际协调与合作，其主要形式是签订国际税收协定。国际税收协定是指两个或两个以上的国家，为了解决重复征税的问题，通过政府间谈判所缔结的确定其在国际税收方面权利义务关系的一种书面协定。签订国家税收协定有如下意义：（1）划分国家间征税权，以此协调税收管辖关系，避免国际重复征税；（2）防止国际逃避税，促进税务部门之间的有效合作；（3）对发展中国家来说，争取让发达国家在协定中加入税收饶让条款，可使本国的税收优惠政策真正发挥作用。

2. 国际税收协定的主要内容

（1）避免国际双重征税

要避免和消除双重征税，首先就要对税收管辖权进行划分，通过国际税收协定明确各自的征税范围。

关于营业利润，一般适用属地优先原则，即收入来源国可优先从源征税，前提是该利润是通过常设机构的活动而取得。关于投资所得，一般由缔约国双方征税，只是在双方分享的比例大小上，发达国家与发展中国家之间存在较大的分歧。关于个人劳务所得，则一般由居住国或收入来源国单独行使征税权，具体哪方行使，由缔约国谈判确定。关于财产所得，特别是转让不动产所得收益，由财产所在国优先行使征税权。

确定缔约国的税收管辖权，只是明确谁享有独占或优先征税权，但并未完全排斥另一方征税的可能性，双重征税问题仍未完全解决。因此，国际税收协定一般还要对避免双重征税的办法作出专门规定，即采用抵免制或免税制。许多税收协定中同时还包括税收饶让的内容。

（2）消除税收差别待遇

无差别待遇原则是国际税法上一项重要原则，其含义是要消除对外国居民的税收歧视，在税收上给予外国居民和本国居民同等的待遇。无差别待遇是国际法上国民待遇原则在国际税收关系上的体现，它的目的是使对方国民在税收方面与本国国民大体处于同等地位，以便在平等的基础上展开竞争。由于无差别待遇直接关系到跨国投资者在东道国所享受的税收待遇，特别受到发达国家的关注，因而发展中国家为吸引外资，一般都在国际税收协定中加入该条款。

（3）防止国际逃税与避税

鉴于跨国纳税人利用各国税制差异进行逃税避税的现象日益猖獗，防止逃税与避税已成为国际税收协定中的重要内容。目前通过协定在这方面进行国际合作的主要内容是相互交换情报资料，以尽可能减少逃避税现象的发生。国际税收协定中的这类情报交换条款一般包括四方面的内容：① 缔约双方交换情报的范围；② 交换情报的方法；③ 交换情报的保密义务；④ 对情报交换的限制。

（四）两个“范本”对国际税法的影响

1. 两个“范本”的产生背景及经过

这两个“范本”具体指经合组织的《关于对所得与资本避免双重征税协定范本》和联合国的《关于发达国家与发展中国家双重征税的协定范本》。

随着各国政府意识到国际双重、双层征税、国际逃税、避税及税收歧视对国际经济合作造成的不利影响，国与国之间双边及多边税收协定数量急剧增加。与此同时，协定的规范化也作为一个重要问题被提上议事日程。在这方面的努力开始于1922年成立的国际联盟税收专家小组，1928年，该专家小组提出了《避免国际双重征税的双边条约范本》，其核心是确认了收入来源国的征税权，并提出了不动产由所在国征税的原则。而后，在 1943 年墨西哥城会议和 1946 年伦敦会议上，该范本几经修订并加入了一些新的原则，从而使上述协定的接受国大大增加。

第二次世界大战结束后，国际税收协定规范化的呼声日益强烈。1963 年，经济合作与发展组织制定了《关于对所得和资本双重征税协定草案》，该草案所体现的原则有：第一，居住国应当采用抵免或免税的办法避免双重征税；第二，来源国应尽可能缩小从源征税的范围，并降低税率。草案受到发达国家的普遍欢迎。1977 年，经合组织正式颁布了《关于对所得与资本避免双重征税协定范本》(Model Convention for the Avoidance of Double Taxation with Respect to Taxes on Income and on Capital，下称《经合组织税收协定范本》)。

由于《经合组织税收协定范本》偏向居住国利益，对于收入来源国来说并不是非常合适的，因此，联合国经济及社会理事会于 1967 年成立了发展中国家与发达国家税收专家小组。1979 年该小组公布了《关于发达国家与发展中国家双重征税的协定范本》(Model Double Taxation Convention between Developed and Developing Countries，下称《联合国税收协定范本》)。《经合组织税收协定范本》和《联合国税收协定范本》是国际税收协定规范化运动的重要成果，在国际税法的发展中具有重要意义。

2. 两个“范本”的评价与影响

《经合组织税收协定范本》与《联合国税收协定范本》的诞生，标志着国际税收协定进入了规范化阶段。这两个“范本”在结构上是基本一致的。相比较而言，《经合组织税收协定范本》偏向发达国家利益，而《联合国税收协定范本》则更多地考虑了发展中国家的利益。一个典型的例子就是两个“范本”对“常设机构”的不同规定。虽然两者都承认常设机构的营业利润可由收入来源国从源征税，但在常设机构的利润范围上却存在分歧。此种分歧表现在，《联合国税收协定范本》采用了引力原则，即收入来源国不仅有权对通过常设机构取得的利润征税，而且还可以对“销售类似于常设机构销售的货物或商品的收入”及“从事与常设机构相同或同类的其他营业活动的收入”征税。相比之下，《经合组织税收协定范本》对常设机构利润范围采用的是实际联系原则，依此原则，收入来源国对常设机构征税范围仅限于通过常设机构或与常设机构有实际联系的收入。

在联合国经济及社会理事会 1980 年《关于国际税收问题》的报告中，对于《联合国税收协定范本》有这样一段评价：“……这些材料使发达国家的税务人员对发展中国家的看法有更清楚的理解。如何更公平地划分收入来源国与居住国之间的税收管辖权，促进世界经济的发展。同时，这些材料有助于发展中国家税务人员理解发达国家专家所提出的意见，一方面照顾到维护发展中国家的征税权限，另一方面能吸引外国投资。”可见，《联合国税收协定范本》在反映发展中国家利益的同时，强调发达国家与发展中国家间的理解与合作，尽最大可能满足双方的利益需要，在此基础上，谋求全球经济的繁荣与稳定。

尽管上述两个“范本”不是各国政府间的国际公约，因而不具备国际条约的法律效力，但它们为世界各国订立国际税收协定提供了重要参考依据，其在国际上的影响也日益扩大。据统计，1963 年至 1977 年间，以《经合组织税收协定范本》为样板签订的双边税收协定有 69 个，按照它进行修订的有 50 个，并且在近 20 年间，各国所订立的双边税收协定大多以《经合组织税收协定范本》或《联合国税收协定范本》为楷模。对于发展中国家来说，由于它们绝大多数都是资本输入国，更多地处于收入来源国的地位，因而它们应尽可能维护收入来源地的税收利益，即扩大源泉征税的权限，而《联合国税收协定范本》正由于在处理资本输出国与输入国税收分配关系上持较为公正的立场而受到广大发展中国家的青睐。

第二节　税收管辖权

一、税收管辖权概述

（一）税收管辖权的概念

税收管辖权，指一国政府对特定的人或对象行使的征税的权力。税收管辖权，是国际税法研究的首要问题，具有重要的意义。在国际税收实践中，应该首先确定的一点，就是某国政府有权向哪些人或对象行使税收管辖权。国际税收中产生的许多法律问题，都与国家的税收管辖权密切相关。因此，我们研究国际税法，必须首先从税收管辖权入手。

国际税法上的税收管辖权会涉及到一国政府对本国及外国居民征税的问题，那么国家行使税收管辖权的根据何在呢？从本质上看，国家之所以能行使税收管辖权，是因为国家依国际法享有国家主权。税收管辖权是国家主权在税收方面的体现，是国家主权的重要内容，国家对跨国所得的征税正是行使国家主权的表现，同时也是为了行使国家职能，维持国家机关正常活动的需要。

根据公认的国际法准则，国家主权是国家对内的最高权和对外的独立权，税收管辖权作为国家主权的具体表现形式，自然也具有独立自主、不受外来干涉的性质，一国政府可以完全根据自己的意志来规定本国的税收制度，确定纳税主体和征税对象的范围，而不受其他国家干涉。税收管辖权独立自主，是国际税法的一个基本原则。

然而，国家主权也有其相对性的一面，主要就表现在对外关系上，国际法规定，各国主权平等，一国行使主权不得侵犯其他国家的主权。因此，税收管辖权的行使也不是绝对地不受限制和约束。例如，一国不得在另一国境内实施征税行为，否则将构成对有关国家领土主权的侵犯。另外，一国政府也不能对享有税收豁免的国际组织、外交代表机构及外交人员行使税收管辖权。

（二）税收管辖权的分类

国家必须在国家主权所及的范围内行使税收管辖权，而一个主权国家行使管辖权时主要按照属人原则和属地原则。与之相适应，在国际税收中，各国都根据纳税主体或征税对象与自己的领土主权存在着某种属人或属地性质的连结因素，来行使税收管辖权。由此，税收管辖权可分为居民税收管辖权和收入来源地税收管辖权两类。当今世界大多数国家都同时实行这两种税收管辖权，但也有少数国家仅行使收入来源地税收管辖权。

1. 居民税收管辖权

一国按照属人原则行使税收管辖权，是以纳税人与征税国之间存在着人身隶属关系为前提条件的。从自然人来说，隶属关系的形成主要依据个人是否具有征税国国籍，是否在征税国境内拥有住所或居所；而在法人方面，则主要依据法人的注册成立地、实际管理和控制地或总机构所在地是否在征税国境内，上述这些属人性质的连结因素在国际税法上统称为“税收居所”。凡是与某个国家有这种税收居所联系的纳税人，就是该国的居民纳税人，而这个国家就是该纳税人的居住国。

居民税收管辖权是指一国根据纳税人在本国境内存在税收居所的连结因素对其行使的征税权力。税收居所的存在，反映了国家与纳税人之间的人身隶属关系，从而使国家可以依据国际法所承认的属人原则对其行使税收管辖权，要求该居民纳税人就其来源于境内和境外的各种所得承担纳税义务，即使其中来自境外的部分所得可能并不存在于居住国领域之内。这种根据税收居所的连结因素对纳税人全世界范围内的收入征税的原则，称为“居住原则”或“居民税收管辖权原则”。

2. 收入来源地税收管辖权

一国根据属地原则行使税收管辖权，主要考虑的是作为征税对象的纳税人的跨国收入与该国之间是否存在经济利益上的联系或者经济上的源泉关系。这种经济上的利益或源泉关系是通过各种不同的地域连结标志表现出来的，主要有：不动产所在地、营业机构所在地、劳务提供地以及股息、利息、租金等所得的债务人或支付人所在地等等。所有这些表示收入与征税国存在着利益或源泉关系的地域连结因素在国际税法学上统称为“收入来源地”或者“收入来源国”。

一国根据收入来源地这一连结因素对非居民纳税人所行使的征税权力，就是收入来源地税收管辖权。收入来源地也是国家行使税收管辖权的一个重要依据。虽然纳税人与收入来源国之间并不存在税收居所联系，不是其居民纳税人，甚至有时候根本就不在来源国境内，但是因为其所得与该国存在着经济上的利益或源泉关系，所以来源国有权要求该非居民纳税人对其来源于该国的收入承担纳税义务。在实践中，来源国往往通过对应纳税的有关财产或收入转移的限制来实现这一税收管辖权，非居民纳税人只有在履行了其相应的纳税义务后，才能将有关财产转移出境。然而，在收入来源地税收管辖权之下，非居民纳税人承担的是有限的纳税义务，即仅限于其从来源国境内所取得的那部分收入，而不包括其来自其他国家的收入。一国根据收入来源地的连结因素对非居民纳税人征税的原则，称为“领土原则”或“来源地税收管辖权原则”。

在国际税法上，一个跨国纳税人因在不同的国家之间从事经济活动而与不同的国家发生税收关系，使不同的国家都能对其行使税收管辖权，但国家行使税收管辖权不能是任意的、毫无根据的，否则将侵犯别国经济主权，也不利于国际经济交往正常进行，因此，明确国家行使税收管辖权的依据是极为必要的。而上述“税收居所”和“收入来源地”正是国家对跨国纳税人行使税收管辖权的依据，这已经为世界各国立法及有关条约所接受。

二、居民税收管辖权

如前所述，国家对跨国纳税人行使税收管辖权必须有根据，而国家行使居民税收管辖权必须首先确定跨国纳税人的居民身份，也就是说，居民税收管辖权行使的前提条件是纳税人与征税国之间存在着税收居所的联系。

在国际税法上，居民纳税人这个概念，既包括自然人，也包括法人，由于对纳税人是否为居民纳税人的确认直接关系到国家能否对其行使居民税收管辖权，从而影响国家的主权和经济利益，因此各国都是从本国利益出发，以国内立法的形式规定纳税人居民身份的确认标准，并未形成统一的国际规定，这就不可避免地会出现两个国家因采用不同的标准而导致彼此居民税收管辖权的冲突，在这种情况下，只能由发生冲突的国家协调或通过签订双边税收协定来加以解决。以下从自然人、法人两方面介绍各国税法确认纳税人居民身份的标准，并阐述国际税法实践中解决居民税收管辖权冲突的办法。

（一）自然人居民身份的确认

各国税法在自然人居民身份的确认上，采用的标准主要有以下几种：

1. 住所标准

采用住所标准，就是以自然人是否在征税国境内拥有住所这一法律事实，来确定其是否为该国的居民纳税人。欧洲的法国、瑞士、德国等都采用这一标准。许多税收协定和《联合国税收协定范本》及《经合组织税收协定范本》也都明确规定住所为确定居民身份的标准之一。

住所这一概念的法律涵义，各国规定不完全一致。一般说来，住所是一个人以久住的意思而居住的某一处所，住所是自然人的永久住处，具有固定性和永久性。由于跨国纳税人的流动性大，采用住所标准，具有易于确定纳税人居民身份，便于实际操作的优点。但是，由于税法与一个人的经济活动密切相关，因此在税法上确认一个人的居民身份时，应该更多考虑这个人从事经济活动的实际地点。在人员流动日益频繁的现在，一个人往往离开住所而长期居住在外，住所并不一定反映其实际经济活动的场所，仅依照住所标准来确定一个人纳税人居民身份显然是有弊端的。于是有的国家便同时采用其他辅助性的规定来解决这一问题，例如规定除在境内有住所外，还必须在纳税年度内曾在境内居留。

2. 居所标准

所谓居所标准，顾名思义，就是以自然人在征税国境内拥有居所的法律事实，确定其为该国居民纳税人。居所是指一个人经常居住的某一场所。居所作为属人法的一个连结点，是现代各国法律，特别是大陆法系的国籍原则与英美法系的住所原则相互妥协的结果，同时也反映了现代国际社会人员的流动性。在国际税法上，以居所作为连结点来确定自然人的居民纳税人身份，比住所标准能更好地反映个人与其实际经济活动地之间的联系，因此，具有一定的合理性。但是居所标准也有它的不足，由于对何为居所，缺乏某种客观统一的标准，各国在司法实践中，一般都依据某些参考因素，例如自然人在某地居住的时间、是否拥有财产以及在当地的社会关系等等，具体案件具体分析，这样容易出现确认结果不一致的情况。因此，居所标准在实践中弹性过大，往往会造成纳税人与征税国之间的争执，有时还会出现不公平的结果。

尽管居所标准存在缺陷，但它也有合理之处，它可以在一定程度上弥补住所标准的不足，因此，英国、加拿大等国都采用这一标准，同时有关国际税收协定及《联合国税收协定范本》、《经合组织税收协定范本》也都将其作为确定自然人居民身份的一个标准。

3. 居住时间标准

按照居住时间标准，自然人居民身份的确定，取决于他在征税国境内居留是否超过了一定的时间，这一标准现在被越来越广泛地采用，因为它可以克服居所标准在实际操作中的不确定性。它仅以自然人在征税国境内居留的时间作为划分居民与非居民纳税人的标准，而不考虑该人是否在该国境内拥有财产或房屋等其他因素。这一标准具体明确，简便易行，有利于实际操作。但是对于居住期限的长短，各国税法的规定也不完全一致，多数国家规定为半年，而中国、日本等少数国家规定为一年。这样就容易发生居民税收管辖权的重叠。从某种意义上说，居住时间标准是从居所标准中分离出来的，因为居住时间的长短是确定居所的一个重要因素。

自然人在征税国境内居留时间的长短，还被用来进一步区分居民纳税人中的长期居民和非长期居民。例如，日本税法规定，在该国连续居住达一年以上者，即非长期居民，而连续居住超过五年的，属于长期居民。长期居民纳税人必须就他在世界范围内的所得纳税，而非长期居民纳税人仅对他的境内所得或源于境外但在境内支付或实际汇入境内那部分所得纳税。

4. 国籍标准

除上述三个普遍采用的确认标准外，也有极少数国家采用国籍标准，即纯粹以自然人是否具有征税国国籍来判定他是否是该国的居民纳税人。采用这一标准的国家在行使税收管辖权时并不考虑纳税人与其之间是否具有实际的经济利益联系，而仅看纳税人是否具有该国国籍，是否是该国公民。凡是该国公民必须就其世界范围内的所得征税。

采用国籍标准与采用住所标准一样，具体明确，容易掌握，但它完全不顾实际经济活动所在国的利益，不利于国际经济交往。而且如果一个公民长期居于国外，在国内没有财产，与国内也无经济联系，那么其国籍国是难以对其征税的。

（二）法人居民身份的确认

国际经济活动范围的日益扩大，特别是跨国公司的出现，给法人身份的确定造成了极大的困难，因此必须有一个明确的确认标准。在实践中，各国主要采用以下三个标准：

1. 法人注册成立地标准

该标准是根据法人依何国法律在何国注册成立来确定法人的身份。凡是在征税国境内依法登记注册而成立的企业法人，即为该国的居民纳税人，居民纳税人以外的企业法人，即外国的企业法人即为非居民纳税人。美国是采用这种标准的典型国家。

由于法人的注册成立地只能有一个，相对来说比较确定。采用注册成立地标准，纳税人的法律地位明确，容易识别，能够比较有效地防止法人通过变更居民纳税人的身份来避税。在这种标准下，法人必须经注册登记国批准并办理相关手续，方能变更居民身份。当然，该标准也有不足之处。注册登记国常常不能反映真实的经营管理所在地。在一国成立的法人，完全可以脱离该国到其他国家从事经营活动。另外，纳税人还可以通过事先选择注册登记国来规避有关国家的税收管辖。

2. 法人实际管理和控制中心所在地标准

根据这一标准，法人的居民身份是依法人实际管理和控制中心所在地来确定的，法人的实际管理和控制中心在哪个国家，便是哪个国家的居民纳税人，该国可以对其境内外的全部所得行使税收管辖权。法人的实际管理和控制中心，一般是董事会研究决定的，但法人的各种账簿的保管场所，股东大会召开的场所等也都可能是考虑的因素。

这一标准在实践中为许多国家采用，如英国、新西兰、新加坡等，由于董事会举行会议所在地虽然是一个确定法人实际管理和控制中心的重要标准，但不是惟一标准，而且董事会开会的地点也常有变换，因此适用起来显得富有弹性，难免会出现不确定的弊端。

3. 法人总机构所在地标准

这一标准是按照法人总机构所在地来确定法人的居民身份，即其总机构设在何国，便是何国的居民纳税人。所谓法人的总机构，一般指负责企业法人的日常经营管理与控制的中心机构。实际上，这一标准是从法人实际管理和控制中心标准中分立出来的，但相对来说更确定。不过这种标准给法人通过改变其总机构所在地来变更居民身份，从而规避某国居民税收管辖提供了条件。

正是由于上述三个标准各有利弊，所以许多国家在实践中兼采两项，以防止法人逃避其税收管辖，确保本国的税收利益。我国 2008 年 1 月 1 日实施的《企业所得税法》就同时采取注册成立地和实际管理机构所在地标准。

三、收入来源地税收管辖权

收入来源地税收管辖权，是当今世界大多数国家奉行的税收管辖原则之一。国家行使该种管辖权的依据，在于纳税人的所得来源于征税国境内。因此，国家要行使收入来源地税收管辖权，首先必须要确定非居民纳税人的收入来源地，如果其收入来源于该国，那么由于国家对自己领土范围内的一切人、物、事享有排他性管辖权，它当然可以要求其就境内所得纳税。

一般地说，发展中国家是国际投资资本的接受国，因而更强调收入来源地管辖权原则，以增加本国的经济收入。但发达国家相互之间也有投资，因而也都采用这一管辖权原则。

既然收入来源地的确定是确立收入来源地税收管辖权的前提条件，那如何判定收入来源地也就成为国际税法的重要问题。纳税人的所得在税法上可分为四类，即营业所得、劳务所得、投资所得和财产所得，这是各国普遍接受的，但是各国对判定不同种类的所得的来源地，所采用的判定标准和原则却不一致。

下面，根据对跨国所得的划分，来介绍一下对非居民行使收入来源地税收管辖权的一般规则。

（一）对非居民营业所得的征税

营业所得，也称营业利润，指纳税人从事各种生产经营活动所获得的利润。这是非居民应纳税所得中十分重要的一类。对非居民营业所得的征税，目前国际上通行的是常设机构原则，这也为关于避免双重征税和防止偷漏税的国际双边税收协定的《联合国税收协定范本》和《经合组织税收协定范本》所确认。

常设机构原则是指收入来源国仅对非居民纳税人通过设立在其境内的常设机构的经营活动取得的营业利润实行征税的原则。也就是说，来源国对非居民纳税人来自本国境内的营业利润进行征税的前提条件是，该非居民在本国境内设有“常设机构”。下面主要根据《联合国税收协定范本》和《经合组织税收协定范本》的规定来介绍一下常设机构的一般概念及常设机构原则的有关问题。

所谓常设机构，是指一个企业进行其全部或部分营业的固定营业场所。从这一概念可以看出，要构成常设机构必须具备三个本质特征：

第一，一定的“营业场所”的存在。这里“营业场所”包括房屋、工作场所等，特殊情况下，还包括机器设备。

第二，“营业场所”必须是“固定的”，这里“固定的”强调的主要是营业场所位置上的确定性及时间上的长期性。

第三，企业通过该固定的营业场所进行了具有营业性质的活动，这种活动构成了企业生产经营活动的全部或一部分。

这三个特征必须同时具备。

为了使常设机构的概念具体化，《联合国税收协定范本》和《经合组织税收协定范本》还特别列举了常设机构应包括的内容：（1）管理机构；（2）分支机构；（3）办事处；（4）工厂；（5）车间；（6）矿场、油井或气井、采石场或其他开采自然资源的场所。另外，建筑工地、建筑安装工程也可构成常设机构，但对持续时间的要求不同。《联合国税收协定范本》为 6 个月，《经合组织税收协定范本》为 12 个月。而且《联合国税收协定范本》还认为与建筑工程有关的监督管理活动以及为建筑工程项目提供包括咨询在内的劳务活动也可构成常设机构，《经合组织税收协定范本》则无此规定。

为了保证正常的国际经济交往，基于对常设机构所下的定义，那些虽然也是企业营业的固定场所，但其活动只对企业的经营活动起某种辅助或准备作用的场所和机构，一般被排除在常设机构范围之外。《联合国税收协定范本》和《经合组织税收协定范本》都列举了一些不应视为常设机构的营业场所，例如专为储存、陈列本企业货物或商品的目的而使用的设施。

除上述固定的营业场所之外，常设机构还可以基于某人的活动构成。《联合国税收协定范本》和《经合组织税收协定范本》都规定，如果一个非居民纳税人通过一个代理人在来源地境内从事营业活动，则有可能构成常设机构。这里，代理人分为独立地位的代理人和非独立地位的代理人。前者指以自身名义从事代理活动的代理人，而后者则是指以委托人的名义从事代理活动的代理人。这种区分相当于民法上经纪人与委托代理人的区别。只有非独立地位代理人的经营活动才能构成常设机构。不过，这种区分不是绝对的，如果独立代理人的活动全部或几乎全部代表某企业，则可以认为它丧失了独立的地位。

《联合国税收协定范本》和《经合组织税收协定范本》还都规定，母公司和子公司之间控制与被控制的关系并不当然使一方成为另一方的常设机构，而要视具体情况而定。

（二）对非居民劳务所得的征税

一般说来，个人劳务所得可分为独立的个人劳务所得和非独立的个人劳务所得。前者指个人由于专业性劳务和其他独立性活动取得的所得；而后者是个人由于受雇佣而取得的薪金、工资和其他类似的报酬。

确认非居民个人劳务所得的来源地，是征税国对其行使来源地税收管辖权的前提。实践中一般采用两种标准来进行确认。一是以劳务行为发生地或劳务提供地为所得来源地；二是以劳务所得支付地作为所得来源地。非居民的劳务所得来源于征税国境内，则该国当然可以行使征税权，但正如对非居民营业所得征税一样，对非居民个人劳务所得的征税是有特殊规则的，而且对独立劳务和非独立劳务所得征税的规则也有所不同。

1. 对非居民独立的个人劳务所得的征税

在此问题上，各国一般都遵循“固定基地原则”。所谓固定基地原则即缔约国一方居民取得的独立劳务所得，应仅由其居住国一方征税。但是如果缔约国一方的居民在缔约国另一方境内设有为从事这类独立性劳务的目的而使用的固定基地，那么作为收入来源国的缔约另一方可以就属于该固定基地的所得征税。其中“固定基地”指为从事某种独立的劳务所设立的固定场所或设施，如医生的诊所、律师事务所等等。这一原则在《联合国税收协定范本》、《经合组织税收协定范本》和大多数税收协定中都有反映。

固定基地原则限制了收入来源地国的征税范围，不利于保护来源国的经济权益，于是《联合国税收协定范本》又规定了对非居民跨国独立劳务所得征税的两个条件。只要符合下列两个条件之一，即使非居民在来源地国没有固定基地，来源国仍可对其跨国独立劳务所得征税：（1）如果缔约一方居民在某一会计年度内在缔约另一方境内停留累计等于或超过183天；（2）如果在缔约国另一方进行活动的报酬是由该缔约国居民支付或由设在该国的常设机构或固定基地负担，其金额在该会计年度内超过一定限额（具体由双方谈判确定）。当然，该非居民纳税人仅以其在来源国境内的活动所得为限承担纳税义务。

2. 对非居民非独立个人劳务所得的征税

在这个问题上，各国在签订的税收协定中采用的原则比较一致，《联合国税收协定范本》和《经合组织税收协定范本》规定也是相同的。一般地说，缔约国一方居民受雇于缔约国另一方取得的非独立劳务所得，可以在缔约另一方征税，但在同时满足下列三个条件时，应仅在缔约一方征税：

（1）收款人在有关会计年度中在缔约国另一方停留连续或累计不超过183天；

（2）该项报酬是由并非缔约国另一方居民的雇主支付或其他人代表雇主支付；

（3）该项报酬不是由雇主设在缔约国另一方的常设机构或固定基地负担。

这三项条件必须同时具备，否则收入来源地国仍有权征税。但是由于受雇于从事国际运输的船舶或飞机上，或受雇于从事内河运输的船只上取得的报酬，可以在企业实际管理场所所在国征税。

（三）对非居民投资所得的征税

所谓投资所得，指纳税人从事购买股票、债券、转让工业产权等各种投资活动而取得的各种收益。一般有三种：股息、利息和特许权使用费。各国税法对这三者的概念的外延的规定是不一样的，因此国际税收协定中通常都对股息、利息和特许权使用费下一个明确的定义，确定其包括的范围。

在各种投资所得来源地的确定上，各国存在权责发生地标准和实际支付地标准，这反映了资本技术输出国和输入国之间的利益冲突。一般来看，对于股息，是以分配股息的公司的住所地为其来源地；而对利息和特许权使用费，则以支付人居住地和有关费用的实际负担人所在地为其来源地。

对非居民纳税人的各种投资所得，实践中主要采取两种征税原则，即“预提原则”和“税收分享协调原则”。

预提原则是指对非居民的各种投资所得采取从源预提的方式征税，也就是说以支付该投资所得的人为扣缴义务人，在支付有关的投资时，预先代为扣缴应纳税款。采用预提原则征收的税款，叫作预提所得税。实践中各国适用这一原则的范围不同。如德国只对股息和特许权使用费征预提所得税，而荷兰则只对股息征预提所得税。

由于预提原则无法解决居住国与来源国之间的矛盾，因此各个税收协定都普遍采用了“税收分享协调原则”。所谓税收分享协调原则，即对于各种跨国投资所得，受益人的居住国和收入来源国原则上都可以行使征税权。但由于来源国实际上具有优先征税的地位，为保证居住国利益，收入来源地国对各项投资所得征税时不得超过一定的比例（具体由缔约双方谈判确定）。这一原则实质上是通过对来源国征税权的限制，由居住国和来源国共同分享跨国投资所得的税收利益。

（四）对非居民跨国不动产所得及跨国财产收益征税

收益来源国有权对非居民跨国不动产所得及跨国财产收益征税，已逐渐为各国所承认。而在对这两者征税时，采取的规则是不同的。

1. 对非居民跨国不动产所得征税

在国际税法上，不动产所得是纳税人直接使用、出租或以任何其他形式使用不动产取得的所得，不包括转移不动产所有权的收益。其中，不动产这一用语的涵义，应按照该项财产座落的国家的法律来解释。但在税收协定中，通常对不动产的基本范围作出框架性规定，以免发生争议。

各国一般都认为不动产所得来源地为不动产所在地。因此不动产所在地国有权作为收入来源国对非居民从境内取得的不动产所得征税，《联合国税收协定范本》和《经合组织税收协定范本》就有如此规定。不过，该种征税权不是不动产所在国独占的，居住国也有权对该所得征税。这一矛盾只能靠有关税收协定解决。

2. 对非居民的跨国财产收益的征税

财产收益，又称财产转让所得，是指通过转让有关财产的所有权而取得的所得。在国际税法上，包括符合征税条件的不动产、动产及股票。《联合国税收协定范本》和《经合组织税收协定范本》对跨国财产收益规定的一般征税规则是：

(1) 缔约国一方居民转让位于缔约国另一方的不动产取得的收益，可以在缔约国另一方征税。

(2) 缔约国一方企业转让其在缔约国另一方的构成常设机构营业财产部分的动产；或者缔约国一方居民个人转让在缔约国另一方从事独立个人劳务的固定基本的附属动产取得的收益，包括转让整个常设机构或固定基地取得的收益，可以在缔约国另一方征税。

但是，转让在国际运输中使用的船舶、飞机、内河运输的船只或转让与上述船舶、飞机或船只有关系的动产所取得的收益，应仅在该企业实际管理机构所在国征税。

对于转让公司财产股份的股票，即以转让股权的形式转让公司财产取得的收益，应如何征税的问题，各国分歧很大。《经合组织税收协定范本》主张由转让者为其居民的国家独占征税权。而《联合国税收协定范本》则提出了两个规则：

(1) 转让一个公司财产股份的股票取得的收益，若该公司的财产又主要直接或间接由座落在缔约国另一方的不动产组成，可以在该国征税。

(2) 转让上面所提以外其他股票的收益，若该项股票又代表缔约国另一方居民公司一定比例的股份权（具体比例由双方谈判确定），可以在该缔约国征税。

这两个规则已被许多国际税收协定所采用。

第三节 国际双重征税与双层征税

一、国际双重征税与双层征税概述

如前所述，由于税收国际化和大多数国家主张居民税收管辖权与收入来源地管辖权并行，加上各国税制的差异，出现了大量的重复征税的现象，从而加重了跨国纳税人的税负，违反了税负公平的原则。这种重复征税的现象可以分为国际双重征税和双层征税两种情形（有的学者也称为国际重复征税与重叠征税）。

(一) 国际双重征税的概念及产生原因

国际双重征税（Double Taxation）是指两个或两个以上的主权国家基于各自的主权利益，对同一跨国纳税人的同一征税对象在同一征税期间内征收相同或类似的税种。

国际双重征税现象产生的原因是国家间税收管辖权的冲突，这种冲突具体地说包括以下三种类型：

1. 居民税收管辖权和收入来源地税收管辖权之间的冲突

其表现为：一方面居住国对其居民纳税人在世界范围内的所得行使征税权，另一方面收入来源国对非居民纳税人来源于其境内的所得行使征税权。例如，一家美国公司向中国一家公司提供专有技术使用权，相应地获取专有技术使用费所得。美国依其居民税收管辖权对该美国公司该笔专有技术使用费所得征收公司所得税；同时，中国作为该笔专有技术使用费所得的来源国，也对该美国公司行使收入来源地税收管辖权，课征预提所得税。在这两种税收管辖权冲突的情况下，跨国纳税人一方面作为居民纳税人，对其居住国负有无限的纳税义务；另一方面作为非居民纳税人，对收入来源国担负有限的纳税义务。

2. 居民税收管辖权之间的冲突

由于有关国家确定税收居所的标准不一致。致使一个纳税人在两个国家同时被认为是居民纳税人，从而对两个国家都负无限纳税义务。例如，A公司在甲国注册成立，而在乙国却设立了其主要经营管理机构。甲国依法人注册成立地标准确定公司的居民身份，而乙国依主要经营管理机构所在地标准确定公司的居民身份。这样一来，A公司便同时成为甲、乙两国的居民，从而对甲、乙两国均负有无限的纳税义务。

3. 收入来源地税收管辖权之间的冲突

由于跨国纳税人的同一笔所得可能被视为来源于两个或两个以上的国家，从而使得该跨国纳税人同时向两个或两个以上的国家负有纳税义务。例如：甲国的A公司向乙国的B公司转让一项专有技术的使用权，而B公司却是在丙国使用该项专有技术。对于A公司获得的专有技术使用费，乙国依据支付使用费的企业所在地标准，将该笔使用费确认来源于乙国，而丙国依据使用费发生地标准，将该笔费用确认来源于丙国，因此，乙、丙两国同时对A公司所得的该笔使用费行使收入来源地税收管辖权。

（二）国际双层征税的概念及其与双重征税的区别

1. 国际双层征税的概念

国际双层征税是指两个或两个以上的主权国家基于各自的主权利益，对不同纳税人的同一来源所得在同一征税期间内征收相同或类似税种。有的学者也将国际双层征税视为广义的国际双重征税。但由于两者的内涵不同，解决方式也不同，因此，我们认为将两者区分开来较好。

在实践中，大量发生的国际双层征税主要有以下两种表现形式：

（1）发生在一国公司与另一国公司股东之间的双层征税。例如，甲国的一个投资者A向乙国的B公司投资，A作为B公司的股东与B公司各自具有独立的法律人格，也是不同的纳税人。B公司的营业利润在乙国缴纳企业所得税后，向A按其出资比例以股息的形式支付税后利润，但是A还须将该笔税后利润计入其个人所得税向甲国政府缴纳。因此，A所取得的该笔投资所得在甲、乙两国同时纳税。

（2）发生在控股公司与子公司之间的双层征税。所谓控股公司（Holding Company）包括纯粹的控股公司（即公司设立的目的仅是为了掌握其他公司的股份，本身不从事经营活动）和混合控股公司（即公司不仅掌握其他公司的股份，其本身也从事经营活动）。例如，甲国的A公司是乙国的B公司的控股公司，B公司的营业利润在乙国缴纳企业所得税之后，向A公司支付股息，而A公司又必须将该笔股息收入计入其应税所得，再次向甲国缴纳企业所得税。如果乙国的B公司又是丙国的C公司的控股公司，则A公司从C公司取得的股息要被三层课税。

从本质上讲，上述第一种和第二种两种表现形式没有区别，二者都发生在公司与股东之间，因为控股公司就是其子公司的股东。之所以要区别开来，是因为控股公司是法人，而一般意义上的股东是自然人，所以控股公司具有其特殊性，也正是由于这种特殊性，有关国家在处理国际双层征税的实践中，对控股公司规定了不同于一般股东的条件和措施。

由前文所述可知，在国际双层征税的概念中，“双层”的含义在于：第一层征税体现在公司或子公司方面，第二层征税体现在股东或控股公司方面。

2. 国际双重征税与双层征税的区别

虽然国际双重征税与双层征税都是国与国之间的税收分配问题，也都违背了税负公平的原则，但是两者的区别也是明显的。

（1）纳税主体不同。第一是数量的不同：国际双重征税是对同一纳税人进行两次或两次以上征税；而国际双层征税是对两个或两个以上的纳税人进行两次或两次以上征税。第二是主体的属性不同：在国际双层征税中，至少有一个纳税人是公司；而在国际双重征税中，有时只涉及个人，而不涉及公司。

（2）税种可能不同。在国际双重征税中，两个或两个以上国家按同一税种对跨国纳税人征税；而在国际双层征税中，若纳税人是控股公司和子公司，则两国同时按企业所得税征税；若纳税人是公司与股东（自然人），则两国分别按公司所得税和个人所得税征税。

（3）受重视程度不同。国际双重征税已经有了行之有效并且为国际社会所普遍接受的解决办法，包括各国国内税法和《经合组织税收协定范本》与《联合国税收协定范本》中的有关规定。而国际双层征税的解决办法主要是将国内税法的有关规定在一定条件下适用于国际双层征税，有效解决国际双层征税的理论与实践尚有待国际社会的进一步研究与协调。

（三）国际双重征税与双层征税的危害

国际双重征税与双层征税是国际税收征纳关系的异常现象，是国际经济一体化发展的障碍，其危害是巨大的。

(1) 从经济角度而言，两者都加重了跨国投资者的税负，直接影响了跨国投资者的投资积极性，进一步导致国际上正常的资本流动、商品流通和经济技术交流受挫。对发展中国家而言是影响了吸引外资和引进技术；对发达国家而言则是阻碍了国内过剩资本的利润再生。

(2) 从法律角度而言，两者都违背了税负公平原则，使得跨国投资者相对于国内投资者承担了更多的税负，受到了不同的待遇。

(3) 仅就国际双层征税而言，一方面，由于对股息进行征税，会使公司尽量减少股息分配，股东或控股公司所在国便不能按时收取投资收益，对国际收支造成不利影响；另一方面，由于利息可以从应税所得中扣除，会使公司趋向利用借贷资本，而较少吸收股份资本，从而影响了公司的资本结构，增加了风险。

正因为国际双重征税和双层征税具有上述危害，因此，避免国际双重征税和双层征税才具有重要意义。

（四）避免国际双层征税的解决方法

由于各国国内税法和有关国际组织对于避免国际双层征税的解决方法尚未成熟和完善，也缺乏行之有效的国际多边税收协定，因此，我们对避免国际双层征税的解决方法只做简要介绍，而对避免国际双重征税的解决方法将在下文做较为详细的介绍。

避免国际双层征税的解决方法主要包括两个方面。一方面是股息收入国的措施，如对来自国外的股息减免所得税；准许母子公司合并报税；对外国征收的公司所得税实行间接抵免（即控股公司或股东所在国对境外子公司或公司向收入来源国缴纳的所得税给予税收抵免）等。另一方面是股息付出国的措施，如双税率制和折算制等。所谓双税率制是指对用于分配股息的利润和不用于分配股息的利润实行不同的税率，前者税率低，后者税率高，以使得控股公司和股东分得的股息较多，在其缴纳自身的所得税后剩余股息收入较多。所谓折算制是指一国对该国境内的公司征收所得税后，如该公司向国外控股公司或股东支付股息，则该国便按国外控股公司或股东收到的股息额的一定比例退还该公司已缴纳的部分所得税，以股息和所退税款的和为基础，由该控股公司或股东所在国按适用税率征税，纳税余额便是净股息所得。这种用于解决国际双层征税的折算制一般在双边税收协定中予以规定，因为一国为了其财政利益，是不会单方面将已征税款退还给另一国的投资者的。

二、避免国际双重征税的解决方法

避免国际双重征税的解决方法大致可以分为两步：第一步是在国际层面协调税收管辖权；第二步是由纳税人居住国采取进一步的国内税法措施。

国际双重征税现象的症结在于税收管辖权的冲突，对税收管辖权进行协调是解决国际双重征税的第一步。协调税收管辖权的具体方式有两种，第一种是利用冲突规范将对某个征税对象的征税权完全划归一方，从而排除另一方对该征税对象的征税权，以此来消除国际双重征税。但是这一解决方式在各国国内法中却较少规定，因为税收管辖权是从国家主权中派生而来的，与国家的财政利益直接相关，所以各国都不会轻易地单方面制定这样的规范而放弃自己的税收管辖权。第二种是在冲突规范中规定双方对同一征税对象都有征税权，但有先后顺序。一般说来，收入来源地税收管辖权优先于居民税收管辖权，这一原则已为国际社会所广泛承认。但是这一优先权并不是独占权，居住国仍然可以在承认收入来源地税收管辖权优先的前提下对跨国纳税人行使居民税收管辖权，国际双重征税依然存在。因此，在收入来源地国享有税收优先权的情况下，纳税人居住国往往根据税收协定或者单方面采取进一步的措施来消除双重征税现象，这是解决国际双重征税的第二步。以下是纳税人居住国经常采取的具体方法。

（一）免税法

免税法，又称豁免法，是指居住国对其居民纳税人来源于他国的所得和财产，如已向收入来源国纳税，允许其从应税所得中扣除，免予征税。其实质是只要存在收入来源国已经行使了税收管辖权的事实，则居住国便放弃对跨国纳税人该项境外所得的税收管辖权。

免税法最早为大陆法系国家所采用，目前拉美国家、澳大利亚和中国香港地区等国家和地区也采用了这一方法。

根据所采用的税率不同，免税法又可分为全额免税法和累进免税法。

1. 全额免税法和累进免税法的概念及其计算公式

全额免税法是指居住国对本国居民纳税人征税时，允许其从应税所得中扣除来源于境外并已向收入来源国纳税的那部分所得，仅按国内所得确定相应税率征税。其计算公式为：

居住国应征所得税额 = 居民的国内所得 × 相应适用税率

累进免税法是指居住国虽然从居民纳税人的应税所得中扣除来源于境外并已向收入来源国纳税的那部分所得，但在对其他所得确定适用税率时仍将这部分已纳税的所得考虑在内，即按国内外全部所得决定税率。其计算公式为：

居住国应征所得税额 = 居民的国内外总所得 × 相应适用税率 ×（居民国内所得 ÷ 居民国内外总所得）

采用累进免税法的国家其“相应适用税率”必须是累进税率时才有意义，这也是将这种免税法称为累进免税法的原因所在。

2. 全额免税法与累进免税法的区别

（1）由于累进免税法是在未扣除境外已纳税所得的前提下来决定税率，所以其相应适用税率要高于全额免税法。

（2）两者代表的税收管辖权有差异。全额免税法是在决定所适用的税率时，将应税所得仅限于来源于境内的收入，而不考虑境外所得，实质上是居住国放弃了对跨国纳税人来源于境外的已纳税所得的居民税收管辖权。而累进免税法则不同，并不是完全放弃对跨国纳税人来源于境外的已纳税所得的居民税收管辖权。

（3）两者避免双重征税的效果不同。

下面举例说明此种不同：

【例题 12-1】 假定甲国的跨国公司 A 在某一纳税年度内，国内外全部应税所得为 500 万元，其中来源于甲国的应税所得为 300 万元，来源于乙国的应税所得为 200 万元。甲、乙两国均采用全额累进税率。甲国的税率为：300 万元起征适用 30% 的税率；400 万元起征适用 35% 的税率；500 万元起征适用 40% 的税率。乙国的税率为：200 万元适用 45% 的税率。

要求： 计算 A 公司当年应向甲国缴纳的所得税税额。

解：

（1）如果甲国不采取任何避免国际双重征税的措施，A 公司的纳税情况为：

来源国乙国应征所得税额 = 来源国应税所得 × 适用税率
= 200 × 45% = 90（万元）

居住国甲国应征所得税额 = A 公司国内外总所得 × 适用税率
= 500 × 40% = 200（万元）

A 公司应纳税款合计 290 万元。

（2）如果甲国采取全额免税法，A 公司的纳税情况为：

来源国乙国应征所得税额仍为 90 万元。

$$居住国甲国应征所得税额 = A公司国内所得 \times 适用税率 = 300 \times 30\% = 90(万元)$$

A 公司应纳税款合计 180 万元。

(3) 如果甲国采取累进免税法，A 公司的纳税情况为：

来源国乙国应征所得税额仍为 90 万元。

$$居住国甲国应征所得税额 = A公司国内外总所得 \times 适用税率 \times (A公司国内所得 \div 国内外总所得) = 500 \times 400\% \times (300 \div 500) = 120(万元)$$

A 公司应纳税款合计 210 万元。

由上述例子可以看出，实行免税法可使跨国纳税人的税负大大减轻。其中，全额免税法较之累进免税法更能减轻跨国纳税人的税负，避免国际双重征税的效果更好。而从居住国财政利益角度考虑，实行累进免税法对居住国更为有利，税收让步数额相对较少。

(二) 扣除法和减税法

扣除法是用以缓解国际双重征税的一种辅助措施，指居住国对其居民纳税人因境外所得而已向收入来源国缴纳的税款，允许其从总的应税所得中扣除，再就余额适用相应税率计算应纳税额。其计算公式为：

$$居住国应征所得税额 = (居民的国内外总所得 - 国外已纳税款) \times 适用税率$$

以前述 A 公司为例，如果甲国采用扣除法。则 A 公司的纳税情况为：

来源国乙国应征所得税额仍为 90 万元。

$$居住国甲国应征所得税额 = (500 - 200 \times 45\%) \times 35\% = 143.5(万元)$$

A 公司应纳税额合计 233.5 万元。

因此，扣除法在一定程度上减轻了纳税人的税负，但其不如免税法减免的税额多。

减税法则是居住国对于其本国居民纳税人来源于境外的所得给予一定程度的减轻照顾，如对境外所得适用低税率或按国外所得的一定百分比征税。减税法也只是一种缓解国际双重征税的辅助措施。同其他方法相比较，减税法最为灵活，因为采用减税法的国家在减征比例上可以因事因时而定，差别很大。

（三）抵免法

抵免法是目前国际上配合冲突规范避免国际双重征税最主要的方法。所得抵免法是指跨国纳税人可将已向收入来源国实际缴纳的所得税税款在应当向居住国缴纳的所得税税额内扣除。其目的是使得拥有境外所得的纳税人在纳税地位上与那些仅有境内所得的纳税人相同。

按照居民纳税人与收入来源国征纳税关系的不同，抵免法可分为直接抵免与间接抵免。直接抵免是指对跨国纳税人在收入来源国直接缴纳的所得税款给予的抵免。例如对居住国总公司的国外分公司在收入来源国缴纳的所得税额的抵免，对个人在收入来源国缴纳的工资、薪金等收入的所得税的抵免等。间接抵免是指对跨国纳税人向收入来源国间接缴纳的所得税的抵免。如对子公司向收入来源国缴纳的公司所得税给予母公司抵免。直接抵免与间接抵免的主要区别在于：直接抵免法是为了解决国际双重征税，而间接抵免法是为了解决国际双层征税。

直接抵免法会涉及到抵免限额的问题。所谓抵免限额是指居住国政府准予跨国纳税人扣除其境外已纳税额的上限。在居民纳税人的所得同时来源于两个或者两个以上非居住国的情况下，抵免限额的计算，则依居住国税法实行的是分国抵免限额还是综合抵免限额而有所区别。分国抵免限额是指居住国对居民纳税人来自每一个非居住国的所得，分别计算出各个非居住国的抵免限额，然后根据纳税人在每个非居住国实缴税额与该国的抵免限额的关系，确定允许居民纳税人从居住国应纳税额中给予抵免的该非居住国税额。综合抵免限额是指居住国将居民纳税人来源于各个非居住国的所得汇总相加，按居住国税率计算出一个统一的抵免限额，纳税人在各个非居住国已纳税额的总和，如果低于或者等于上述的综合限额，可以全部得到抵免；如果高于上述综合限额，则超过部分不准抵免。

分国抵免限额和综合抵免限额的计算公式分别为：

分国抵免限额 = 来源于某个非居住国的所得 × 居住国的税率

综合抵免限额 = 来源于境外的所得 × 居住国的税率

这里以下面的例题进行说明：

【例题 12 – 2】 甲国的居民 A 公司某纳税年度内有来源于居住国境内的所得 1 000 万元，甲国的公司所得税生产率为 40%；另有来源于乙国的 B 分公司的利润 100 万元和丙国的 C 分公司的利润 200 万元，乙、丙两国的企业所得税税率分别为 50% 和 30%。A 公司通过其 B 分公司已缴乙国税额为 50 万元，通过其 C 分公司已缴丙国税额为 60 万元。

要求：计算 A 公司当年应向甲国缴纳的所得税税额。

解：

1. 在甲国实行分国限额的情况下，计算如下：

(1) 计算各国抵免限额

乙国抵免限额 = 100 × 40% = 40(万元)

丙国抵免限额 = 200 × 40% = 80(万元)

(2) 比较限额与已纳税额

B 分公司向乙国已缴税额 50 万元，超过乙国 40 万元的抵免限额 10 万元，该 10 万元不能抵免，只允许按限额 40 万元抵免；C 分公司向丙国已缴税额 60 万元，低于丙国 80 万元的抵免限额，但在些情况下只能按实际已缴纳的 60 万元进行抵扣。

(3) 计算在甲国的应纳税总额

应纳甲国税额 = (1 000 + 100 + 200) × 40% − (40 + 60)
　　　　　　 = 420(万元)

2. 在甲国采取综合抵免限额的情况下，计算如下：

(1) 计算综合抵免限额

综合抵免限额 = (100 + 200) × 40% = 120(万元)

(2) 比较限额与已纳税额

A 公司已纳国外税额为:50 + 60 = 110(万元)

因为 A 公司已纳国外税额 110 万元低于上述综合限额，所以可以全部抵免。

(3) 计算在甲国的应纳税总额

应纳甲国税额 = (1 000 + 100 + 200) × 40% − 110
　　　　　　 = 410(万元)

对于跨国纳税人而言，分国限额抵免和综合限额抵免各有利弊。当纳税人在高税率国和低税率国均有盈利时，居住国实行综合限额抵免对纳税人有利，因为纳税人可以将在高税率国发生的超限额与在低税率国出现的不足限额互相抵补，从而使低免限额全部得到利用。而在分国抵免限额的情况下，纳税人在各国的抵免限额不能相互调剂利用，其在高税率国发生的超限额税款不能得到抵免。正因为如此，上例中 A 公司在综合抵免限额条件下的应纳税额才会比在分国抵免限额条件下少了10万元。

(四) 免税法、扣除法、减税法和抵免法的评价

作为辅助方法的扣除法和减税法，其避免国际双重征税的作用远不及免税法和抵免法。它们只是对本国居民的税收给予一定程度的照顾。从其计算方法上也可以看出，允许纳税人用缴纳给外国政府的所得税额，作为向本国政府汇总申报应税所得额的一个扣除项目，其实际效果同一般的费用支出可以作为计算应税所得额时的一个扣除项目一样，并不能使纳税人享受到从应纳居住国所得税中扣除已缴全部外国所得税款的权利，一般并不能真正解决避免国际双重征税的问题。当然，这也并不是绝对的。例如，减税法在减征幅度达到100%时，其效果便类似于免税法而优于抵免法。显然，同免税法和抵免法相比较，扣除法和减税法仅是辅助措施。因此，我们着重比较免税法和抵免法。

(1) 两者在防止国际双重征税的效果上存在差异。免税法的总体效果更好，从利益保障的角度加强保护了跨国纳税人的投资积极性。反之，抵免法使居住国对跨国纳税人的境外应税所得仍有第二位的税收管辖权，使其与收入来源国形成税收分配关系，而不是完全放弃对境外应税所得的税收管辖权。所以抵免法在减轻跨国纳税人税负的同时，又保障了居住国的税收利益。

(2) 在贯彻税负公平原则上，两者的侧重点不同。免税法追求的是使本国居民纳税人在国外与收入来源国的居民纳税人处于平等的税负水平，反映了鼓励资本输出的税收政策。抵免法则是为了使境外应税所得和境内应税所得税负相同，即追求居住国纳税人之间的公平。

(3) 在防止国际避税方面，两者的效果有所不同。免税法只对境外所得免税，这就为跨国纳税人提供了一个利用国际税负差别进行逃税、避税的有利机会，在客观上促使跨国纳税人把国内资金和资产转向境外，从而逃避国内税收。而抵免法对境内外应税所得实行同等征税使得借助将境内资金和资产外逃途径避税的意义不大。

比较起来，免税法更贴近于消除国际双重征税的初衷。但是居住国的财政税收利益使其更趋向于选择抵免法，再加上抵免法有利于防止国际避税，符合居住国纳税人税负平等原则，因此采用抵免法的国家相对较多。

单就抵免法而言，当居住国采用全额抵免法时，如果收入来源国税率高于居住国，由于不存在抵免限额，其实际效果与全额免税法相差无几，所以大多数国家都采用限额抵免法。限额抵免法的优点还在于：在收入来源国税率低于或等于居住国税率时，能够保证跨国纳税人和一般国内纳税人处于平等的税负

地位。其不足之处在于：首先，因为居住国从纳税人的国外财产或所得获取的税款的多少完全取决于收入来源国已征税额的高低，使得居住国的税收利益在很大程度上依赖于收入来源国；其次，实行限额抵免，居住国税务机关要对纳税人在收入来源国的实际情况进行调查，使得征税工作更为复杂繁琐。

三、国际税收饶让

在居住国采用抵免法解决双重征税问题时，居民纳税人在来源地国实际缴纳的税额，如果低于按居住国税法规定税率计算出的抵免限额，虽然可以全部得到抵免，但对纳税人实缴税额低于抵免限额的部分，居住国仍要行使居民税收管辖权，对纳税人补征这部分所得的税款。这样，在来源地国为吸引外资而实行减免税优惠且实际征收的税额低于跨国投资人居住国规定的抵免限额的情况下，来源地国的减免税优惠并不能使跨国投资人受惠，其所放弃的税收利益只是转送进投资人居住国的国库，并没有达到鼓励外国投资的效果。因此，资本输入国为使其减免税优惠能够发挥实际效用，往往在与发达的资本输出国签订的避免双重征税协定中要求对承诺实行税收饶让抵免。

（一）国际税收饶让抵免的概念

国际税收饶让抵免，是指居住国对跨国纳税人因享受收入来源国的税收减免优惠而未实际缴纳的税额予以饶让，视为已纳税额予以抵免，不再补征。由于在税收饶让抵免方法下，居住国给予抵免的是居民纳税人并未实际缴纳的来源国税收，所以税收饶让抵免又称为“虚拟抵免”或者“影子税收抵免”。

与前述的旨在消除国际双重征税的抵免法不同，税收饶让抵免的主要意义并不在于避免和消除国际双重征税，而是为了配合所得来源国吸引外资的税收优惠措施的实施。为鼓励外国投资者向本国投资，发展中国家多采用税收优惠措施来吸引外资。但在资本输出国实行抵免制的情况下，只有在收入来源国实际缴纳的税款才能在居住国得到抵免，如果投资者因享受来源国税收优惠而未实际缴纳，则须向居住国补缴，这样资本输入国的税收优惠就不能取得实效，而且资本输入国还把自己原本可以征收的税款拱手送给居住国。为避免这种不利后果，国际上开始实行税收饶让这种特殊的抵免制度。

（二）税收饶让抵免对国际投资者的影响

实行税收饶让抵免的作用在于使收入来源国所规定的税收优惠政策能够收到实效，并且使国际投资者能够从税收优惠中真正受益。

这里以下面的例题进行说明：

【例题 12－3】 假设甲国投资者投资于乙国，某年来源于乙国的利润所得 100 万元，甲国税率为 50%，乙国为 40%，但乙国提供税收优惠对外国投资者所得按 10% 的税率征税。

要求：计算该投资者当年应向甲国缴纳的所得税税额。

解：

(1) 如果甲国不实行税收饶让，则投资者应向甲国缴纳的税款为：

$100\times50\%-100\times10\%=40$（万元）

投资人税后所得为 100－40－10＝50（万元）。这就如同在国内获得 100 万元税前利润一样。

(2) 如果甲国同意实行税收饶让，则投资者向甲国缴纳的税款为：

$100\times50\%-100\times40\%=10$（万元）

这样投资者的税后所得就变为 100－10－10＝80（万元），也就是说，原来应由甲国征收的税款部分地转成了投资者个人的收益。

实践中，国际投资者从税收饶让中大获其利的例子并不少见。1964 年，日本政府同意对日本私人在斯里兰卡的投资给予税收饶让后，两年时间里，日本对斯里兰卡的投资就占到外国总投资的 53%；而日本投资者在 1965 年至 1968 年汇出的股息就达到投资额的 78%，可谓获利匪浅。

（三）发达国家对国际税收饶让的态度

应该说，大多数发达国家对实行税收饶让制度抵税是持赞成态度的。因为，发达国家多为资本输出国，政府一般都鼓励本国私人资本向海外投资，而要实现这一目标，则需要有经济利益的驱动，税收饶让就是这样一种行之有效的经济杠杆，通过税收饶让所取得的实惠正是投资者向海外投资的内在驱动力。不过，多数发达国家大都坚持必须在双边税收协议中进行安排，才对缔约另一国提供税收饶让抵免。

但是，也有少数国家拒绝实行税收饶让，美国便是其中一例。其理由是提供税收饶让会使本国居民的国内投资与国外投资处于不平等的地位，并且税收不应成为影响国际资本流动的手段。此外，有些国家对税收饶让的范围也作出种种限制，如德国、日本等国家的税收饶让仅限预提税，而在更普遍的公司税、个人所得税上则不予饶让抵税。

第四节　国际逃税与避税及其防范

一、国际逃税与避税概述

国际逃税与避税和前述的国际双重征税和双层征税可以说是一个问题的两个方面。国际逃税与避税是跨国纳税人设法减轻其税负；国际双重征税与双层征税则是使跨国纳税人承担过重税负。两者都不符合税负公平原则，都是纳税关系的异常表现，因而都受到世界各国的普遍关注，成为当前国际经济交往中迫切需要解决的问题之一。

（一）国际逃税与避税的概念

国际逃税（International Tax Evasion）是指跨国纳税人违反有关国家税法或国际税收协定的规定，采取隐蔽的、非法的手段或措施，以逃税或减少就其跨国所得本应承担的纳税义务的行为。

国际避税（International Tax Avoidance）是指跨国纳税人利用各国税法规定和税负水平的差异，或者国际税收协定的漏洞，通过某种形式上不违法的方式，以谋求最大限度减轻国际纳税义务的行为。

（二）国际逃税与避税的区别

（1）发生时间不同。尽管国际逃税与避税均是采取一定的手段来规避或减轻税负，然而逃税行为是发生在纳税义务产生之后，而避税行为是发生在纳税义务产生之前。

（2）法律性质不同。国际逃税与避税在法律性质上是不同的。国际逃税采取的是诸如假报所得，伪造、销毁账簿或票据，虚报或多报成本和费用等非法手段，是违背税法的非法行为。而国际避税则是利用各国法律规定之间的差异，通过对经营活动和财务活动的调整或重新安排等合法手段来减轻税负，不具有违法性。

（3）法律后果不同。基于国际逃税与避税在法律上的不同性质，它们会产生不同的法律后果。对于国际逃税，国家将依其国内税法或双边、多边税收协定的规定予以处罚；对于国际避税，各国所能采取的最积极的措施，是修改与完善有关的国内税法和多边、双边税收协定，以堵塞可能为纳税人所利用的漏洞。在没有相关补充规定之前，是不能像对待国际逃税那样追究其法律责任的。

尽管国际逃税与避税在理论上有上述区别，但在实践中两者往往相伴出现，难以分辨。并且，由于各国税法条款的不一致，或是有的国家对于各种跨国经营活动的纳税事项规定得详细、具体，税收法规比较健全，而有的国家的税收法规则相对空泛、不完善。某种旨在规避或减少税负的行为可能在一国依法构成逃税行为；而在另一国，则因没有法律的明文规定而只构成避税行为。

（三）国际逃税与避税产生的原因

任何事物的出现都有其内在和外在的刺激因素。利润最大化是从事跨国投资和经营的跨国纳税人共同追求的目标。对于商品经营者来说，无论税制如何公正合理，承担纳税义务都意味着损失直接经济利益。在这种物质利益的驱使下，有些纳税人便采取各种违法或不违法的方式来减轻税负，以求达到少纳税、多获利的目的。这就是纳税人进行逃税、避税的内在动力和主观原因。

综观当今国际社会，各国的经济、政治制度、国情都各不相同，各国的税收制度也存在着很大的差异性。这种差别是跨国的纳税人进行国际逃税和避税可以利用的外部条件之一，也是导致国际逃税、避税产生的一个最主要的客观原因。此外，各国税法实施上的差异、国际避税港的存在及各国反逃税与避税措施的完善程度和执行效果的差异也是导致国际逃税、避税产生的重要原因。下面对这些原因分别加以论述。

1. 各国税收制度的差异

各国税收制度方面较为常见的差异性主要表现为：

（1）各国税收管辖权的差异

目前，国际上对税收行使管辖权有三种形式：居民税收管辖权，收入来源地税收管辖权，或是兼具上述双重标准行使税收管辖权。那么，在各国税收管辖权的行使上便存在两种差异：一是税收管辖权实施的范围不同，即采取不同的管辖依据。二是对税收管辖权约束规范的制定标准不同，即各国国内法对什么是居民，什么是收入来源地等均有各自不同的定义。上述两种差异均可能被跨国纳税人所利用，使自己规避开一国税收管辖权的约束。

（2）各国税收和征收范围的差异

这种差异不仅表现在税种的名称和形式上，其内容也有着实质性的不同，这才是更为重要的。如在一国属于征税的所得，在另一国可能不属于纳税范围。

（3）各国税率的差异

有的国家实行比例税率，有的国家实行累进税率。即使同是实行比例税率的国家，还有税率高低的不同；即使同是实行累进税率的国家，在应纳税所得间距的大小、税率高低的幅度、边际税率水平等方面，各国的具体规定也相差很多。

（4）各国税基计算上的差异

所得税的税基是应税所得，计算应税所得时要扣除有关成本费用，而各国对扣除项目的规定差异很大。

(5) 各国税收减免优惠措施上的差异

为了某种经济目的，利用税收杠杆的调节作用，在税法中规定有税收减免，优惠措施，这些措施因国而异。

(6) 各国在避免国际双重征税方法上的差别

为避免国际双重征税，各国采取了各种防范措施和消除方法。这些措施与方法的不同，也直接导致税负的不平等。

2. 各国税法实施上的差异

国际逃税与避税产生的客观原因还包括各国税法在有效实施程度上存在差别。这样，即使两个国家拥有相同的税法条款，也会因为各国税务当局对条文的理解和执行能力不同，稽征管理水平各异，而在实际上引起跨国纳税人的税负轻重差异。

3. 国际避税港的存在

国际避税港的存在，也是不可忽略的客观因素。有些国家或地区出于经济和其他目的，为跨国投资和经营者提供避税场所。在这些国家或地区，对所得的收入和所有的财产，免征所得税或财产税，或者按很低的税率征税。避税港在政治上有一定的稳定性，有着便利的国际运输和通讯服务，政府不太干预当地的商业活动，并制定银行保密法，保证不向外国税务机关提供银行客户存款情况。这些因素都为避税提供了客观条件。

4. 各国反逃税与避税措施的完善程度和执行效果的差异

各国反逃税与避税措施的完善程度和执行效果的差异以及其他方面的差异，也都为国际逃税和避税提供了各种客观可能性。

(四) 国际逃税与避税的危害

国际逃税与避税尽管在性质与表现形式上有所不同，但就其所可能造成的危害性后果而言，两者基本上是一致的。

国际逃税与避税所导致的一个最直接的后果，就是严重损害了有关国家的税收利益和国家财政收入，而且，还会引起国际资本的不正常转移。例如，跨国纳税人通过采用转移定价、不合理分摊成本费用或者利用避税港进行国际避税时，会使公司利润从高税率国转移到低税率国，这种利润的跨国转移，往往引起国际资本的不正常流动，造成国际资金流通秩序的混乱，使有关国家的国际收支出现巨额逆差。在这种情况下，该有关国家政府便不得不采取必要的外汇管制措施来限制本国资本的外流，最终影响到国际资金的正常流动，从而对整个经济活动产生不利影响。

此外，国际逃税和避税还严重破坏了国际经济贸易领域内的正常竞争。因为税负的高低直接影响经营者的经济利益，那些进行国际逃税与避税活动的人，由于其实际交纳的税金要低于一般正常标准，便获得了某种不正当的竞争优势，从而使那些诚实守法的纳税人处于不利的竞争地位。这种不公平损害着国家税收制度的尊严和纳税人对税务机关的信赖，误导了更多的纳税人不遵守税法，通过寻求各种途径来逃避纳税义务，获取不正当利益。

二、国际逃税与避税的主要方式

（一）国际逃税的主要方式

跨国纳税人进行国际逃税的手法多种多样，比较常见的主要有：匿报应税所得；谎报应税所得；虚构扣除项目以及伪造账册和收支凭证等。

（二）国际避税的主要方式

跨国纳税人在国际避税方面的手段更是花样繁多，但主要可以归纳为通过纳税主体的跨国移动进行避税（即跨国纳税人通过设法改变其身份而避免成为相关国家的税收居民）和通过征税对象的跨国移动而进行避税两种。其中，通过征税对象的跨国移动来避税是跨国纳税人，特别是跨国公司最常用的方法，其主要包括以下三种具体手段：

1. 跨国联属企业利用转移定价进行国际避税

联属企业是指与企业有以下关联关系之一的公司或企业：

（1）在资金、经营、购销等方面，存在直接或间接的拥有或控制关系；

（2）直接或间接地同为第三者所拥有或控制；

（3）其他在利益上相关联的关系。

跨国联属企业主要指分散在不同的国家，相互间存在着关联关系的母公司和子公司，总机构和分支机构。利用转移定价进行国际避税，主要发生在跨国联属企业的母子公司之间，或发生在同一母公司控制下的两个子公司之间。

转移定价（Transfer Pricing）是跨国联属企业内部之间进行商品交换时的人为价格，又称转移价格或划拨价格。

母公司和子公司在法律上各自有独立的法律人格，但是，由于彼此间存在着控制关系和利益关系，并且同是为了实现跨国公司的全球战略目标服务，它们之间的经济往来就可能完全不同于独立企业之间的经济往来。独立企业之间的经济交易，一般都是根据市场竞争的原则，按公平交易价格实现的。而联属企业之间，在同一集团利益的支配下，就有可能完全背离市场竞争原则，在进行产品交换、提供服务、许可使用专有权利、资金信贷等交易过程中，人为地抬高或压低交易价格。

这种价格的基本特征是：受生产经营者总体利益的支配，脱离市场供求关系的约束，采取了与独立企业间正常交易价格不同的计算标准。采用转移定价的目的在于，在母子公司或子公司之间重新分配收入和成本，主要是将利润从高税率国转移到低税率国，减轻跨国公司集团的整体税负。

跨国联属企业利用转移定价转移公司利润的具体做法主要有：

（1）联属企业相互间在商品交易上抬高或压低价格或者调整设备折旧期限；

（2）联属企业在内部间借贷关系中，升高或降低利率，甚至采取无偿借款或预付款的方式转移利息收入；

（3）联属企业相互间在进行有形资产的转让、租赁或使用时，采用不合常规的价格；

（4）联属企业人为设定技术转让、专利授权等无形资产转让、使用费和管理咨询、提供劳务等劳务费用；

（5）联属企业间人为制造呆账或损失赔偿。

2. 跨国联属企业通过不合理分摊成本费用进行国际避税

通过不合理分摊成本费用的办法进行国际避税，主要发生在跨国联属企业的总机构与国外分支机构之间，这是它与转移定价方式的区别。转移定价发生在具有资本控制关系的跨国联属企业之间，而不合理分摊成本费用是发生在同一公司内部的、不具有独立法律人格的不同机构和部门之间。

由于应税所得是收入减去有关成本和费用，所以成本和费用的增减，直接影响到应税所得数额的多寡。因此，总机构和国外分支机构之间利用不合理分摊成本费用的方法，同样可以实现其利润的跨国转移，达到减少整体税负的目的。

不合理分摊成本和费用，指总机构和国外分支机构之间，通过人为地增加某一机构的成本和费用开支，从而减少该机构的利润数额，以逃避该机构所在国相对较高的税负。主要采取的方式是：跨国公司的总机构为逃避常设机构所在国对其常设机构利润的征税，把与常设机构日常经营活动无关的其他费用大量分摊给该常设机构，从而人为地压低其盈利水平，其具体做法主要有：

（1）向常设机构转让营业资产；

（2）向常设机构转移利息、股息、特许权使用费和其他类似费用；

（3）向常设机构分摊管理费用和一般行政费用；

（4）向常设机构分摊劳务使用费用。

当然，如果总机构所在国税率较高，反之，它便采取不把有关应由分支机构承担的成本费用分摊给出去的办法，来压低其本身的利润水平。

3. 跨国纳税人利用避税港进行国际避税

避税港具有多种经济功能，如积累资金、对付外汇管制、提供对经营和财产的保密等，但最重要首推税收功能，也就是说可用以国际避税。

避税港大体上可分为三种类型（地区）：

一类地区，即个人所得税、公司所得税、资本所得税、财产税、遗产税与赠与税全免区。这类地区包括：百慕大、巴哈马、开曼群岛、瓦努阿图、特克斯和凯科斯群岛。

二类地区，即对来自境外的收入全部免税，对来自本地区的收入则按低税率征税区。这类地区包括：中国香港地区、巴拿马、利比里亚、马来西亚和哥斯达黎加。以中国香港地区为例，其各种税率为：公司所得税 18%，个人所得税 15%，财产税 15%，遗产税税率为 5% ~10%，利息预提税为 15%；此外，对外国个人及外国公司免征股息预提税和房地产税。

三类地区，即对当地和国外的资本征收某些直接税，但对国外的离岸经营（Offshore Operation）给予特别税收优惠的地区。这类地区包括：巴林、巴巴多斯、塞浦路斯、以色列、牙买加、黎巴嫩、列支敦士登、中国澳门地区、新加坡、瑞士、荷属安的列斯。以荷属安的列斯为例，该岛对于对外投资公司、持股公司和财务公司等实行特别低的所得税税率（2.4% ~3%），仅为其他各种公司所得税税率的 1/11 至 1/13，其他公司所得税税率一般为 25% ~40%。

值得注意的是，尽管一类地区对所得税等税种实行全免，但这类地区一般要求在当地设立的公司缴纳少量的定额注册费或年费。由于公司数量众多，这也构成当地税收一大来源。

跨国纳税人利用避税港进行的国际避税活动，主要是通过在避税港设立“基地公司（Foreign Base Company）”来实现的。基地公司又称“信箱公司（Letter-Box Company）”，是指那些在避税港设立而实际受外国股东控制的公司，这类公司的全部或主要的经营活动是在避税港境外进行的。设立基地公司的目的主要是为了将在避税港境外的财产和所得汇集在基地公司的账户下，从而躲避国际税收。

跨国纳税人利用这种基地公司进行避税的方式一般有以下几种：

（1）利用基地公司虚构中转销售业务，实现利润的跨国转移。即国际投资者在避税地虚设一个子公司，当其母公司将货物直接销往另一国的购买商时，制造出是经过该子公司中转销售的假象，从而使母公司的所得转移到避税地子公司的账上，以达到避税的目的。

（2）把基地公司作为持股公司，将联属企业在各地的子公司所获取的利润以股息形式汇集到基地公司账下，以逃避子公司所在国的税收。

(3) 把基地公司设为投资公司。这种公司是指专门进行股息、公司债券或其他证券投资的公司，这些证券只构成某个公司股份的一小部分，并不能提供任何可能引起重视的表决权，这也是投资公司与持股公司的区别所在。投资公司按性质可分为：公司集团建立的投资公司、私人投资公司和“离岸基金（Off-Shore-Funds)”。投资公司组建的目的，也是为了逃避或减轻对股息、利息、租金等征收的所得税和资本所得税。

(4) 将基地公司作为信托公司。即投资者在避税地设立一家个人持股信托公司，然后把自己的财产虚设为避税地公司的信托财产。这样，纳税人就可以把实际经营这些信托财产的所得，挂在基地公司的名下以避税。

(5) 以基地公司作为收付代理，由其来收取利息、特许权使用费、劳务费和贷款，而事实上，款项的借出、许可证的发放、劳务的提供和货物的销售等均是在异地进行的。

基地公司还有运输公司、金融公司、保险公司、服务公司等形式。总之，其实质是共同的，即把跨国公司的利润积累在避税港，以实现避税目的。

利用避税港避税还有一种方式即是通过当地的金融机构来减少纳税额，许多国际避税港都设有种类繁多的金融机构，利用避税港较宽松的金融管理规定，从事庇护外国消极投资收入的业务。如为外国投资者掌管存款，或为某些联属企业集团内部成员间转送贷款充当中介，使该集团内部实际支付的借贷利息少纳或不纳税。

三、国际逃税与避税的防范

如上文所述，国际逃税与避税活动结合在一起，产生了十分严重的后果，因此引起了各国政府以及国际社会的广泛关注。对于国际逃税与避税行为的防范，健全国内立法与加强国际合作必须双管齐下。

（一）国内法的防范措施

1. 一般国内法措施

各国税法上这类一般性的措施主要是健全对国际税收的征管制度，加强对税务情报的收集和对跨国纳税人的经济交易活动的税务监督。目前，有关国家在这方面采取的措施主要有：

(1) 严格国际税务申报制度

了解纳税人的国际经济活动情况和财产状况，对于防止纳税人逃税和避税，意义十分重要。目前，许多国家都在国内税法中在此方面作出了明确的规定，严格要求一切从事跨国经济活动的纳税人及时、准确、真实地向国家税务当局申报自己的所有经营收入、利润、成本及费用列支情况。为了防止纳税人申报不实，多数国家都特别强调跨国纳税人必须提供证据，以证明纳税申报的真实性。

与法律明文规定的纳税申报义务相配套的是，各国税法都赋予税收行政机关作出推定的权利。如果纳税人没有尽到举证的义务，税收行政机关可以将征税决定建立在自己的推定之上而无需进一步的证据。如比利时《所得税法》第 48 条和法国《基本税法》第 238 条 A 款均规定，除非纳税人能够证明有相反的事实，否则对避税港作出的某些付款，应推定为虚假的支付，不得从应税所得中扣除。

针对目前跨国纳税人普遍利用银行的保密制度进行逃税、避税的情况，有些国家已作出一些削弱银行保密制度屏障作用的规定。如瑞士和美国规定，如果案情涉及到伪造文件这类税收欺诈行为时，国内税务机关可以查阅有关银行账户。

（2）强化税务会计审计制度

与纳税申报密切相关的是如何对跨国纳税人的会计核算过程和结果进行必要的审核，检查其业务或账目有无不实，是否有违反税法的事实存在等等。因此，强化税务会计审计制度是加强对跨国纳税人的经营活动的税务监督的一种重要手段。现在许多国家都要求公司企业，特别是股份制公司所申报的各类报表，一律要经过公证会计师的审核，否则不予承认。美国、英国、日本、德国、加拿大等国都建立了比较完善的报表会计签证制度。为了强化税收征管制度，我国涉外企业所得税法实施细则也规定：涉外企业在规定期限内向当地税务机关报送所得税申报表和会计决算表时，要附送在我国注册的公证会计师的查账报告。

（3）实行评估所得征税制度

这种制度适用于两种情况：一是对于那些每年所得数额较小的纳税人，采取评估所得征税制度。这对于防止那些为数众多，但又难以实行有效的税务监督和管理的小型企业进行逃税、避税具有一定的作用。二是对那些由于不能提供准确的成本费用凭证，因而无法正确计算所得的纳税人，采用评估所得征税制度。此举的目的是防范跨国纳税人利用不准确的成本或费用逃避税收。

评估所得大多采用以下三种方法：

一是定率法，即确定利润率，然后据以计算应税所得额。

二是定额法，即直接确定应税所得额。上述对小型企业的征税一般采用定额法。

三是分配法，即直接在有关企业之间分配利润。这种方法更适用于跨国联属企业。在我国与其他国家签订的国际税收协定中，也在原则上承认了这种利润分配法。

此外，评估所得的方法还有“净值法”和“存款法”，主要是美国用来查证纳税人有无偷漏税的较有效的方法。所谓“净值法”是根据纳税人申报的所得和资产负债表，就一个或两个税收年度的某项营业净值的增减额进行估计，并与其申报的所得相比较，由此推断出纳税人的真实应税所得。所谓“存款法”是纳税人申报的收入和费用，与根据其银行账户收支变动情况估计的收入和费用相比较，以此来推断纳税人申报的合理程度。

2. 特别国内法措施

特别国内法措施是指在各国税法上，专门用于对付跨国纳税人的某种具体逃税、避税的法律措施，也称为“猎枪方法（The Shotgun-Approach）”，以下介绍几种主要的措施：

（1）防止纳税人通过变更税收居所逃税、避税的法律措施

鉴于跨国纳税人常常利用变更税收居所的办法来逃避其居住国的税收管辖，许多国家已在有关法令中作特别规定，对本国居民移居国外施加限制，并且，多数国家的法律都要求本国居民离境前必须缴清全部应缴税款，或提供充分担保，否则不予出境。此类规定对法人也同样适用。

（2）防止联属企业转移定价和不合理分摊成本费用的措施

如上文所述，由于转移定价和不合理分摊成本费用，跨国联属企业在不同国家境内的各个经济实体的真实盈亏状况被掩盖了，各个经济实体也因而承担着与其实际所得水平不符的税负，要防止和矫正这种现象，就需要依据一种标准将跨国联属企业的总收入和费用重新进行分配，使跨国联属企业的各个经济实体的盈亏符合其实际的经营状况，避免跨国联属企业减轻其总的国际税负，使有关各国征到其应得的一份税款。

目前，各国试图通过独立竞争原则和利润分配原则这两种原则来解决这一问题。所谓独立竞争原则是指将联属企业总机构和分支机构，母公司和子公司相互间的关系当作独立竞争的企业间的关系来处理。即联属企业各个经济实体间的营业往来，都应按照市场公平交易价格计算。如果有人为地抬价或压价现象发生，有关国家的税务机关则可依据市场公平交易价格，重新调整其所得和支出，据以课税。独立竞争原则在实际操作中也存在些问题，最大的困难是在现实经济生活中很难找到真正独立的第三方价格来进行比较。此外，由于转移定价发生在位于不同境内的联属企业之间，按照独立竞争原则提高在某国企业的所得额，就应相应降低在另一国的交易对方的所得额，否则就违背了税负公平原则，造成双重征税或双层征税。但是，由于这中间存在着国家利益的冲突，因此，要获得这种跨国税收调整所必需的国际合作也并非易事。所谓利润分配原则是指在纳税终了

时，将跨国联属企业的总利润，按某种合理的标准重新分配给各个经济实体，各经济实体所在国据此征税。这样就避免了独立竞争原则要逐一审查联属企业内部每一笔交易的麻烦和困难。然而，主张实行利润分配原则的人指出，分配利润的标准应该建立在考虑到企业之间关系的基础上，应具有经济上的合理性，却未能提出这种合理分配标准的具体内容。这就使利润分配原则因缺乏具体操作标准而难以实行。此外，跨国联属企业的利润分配，牵涉到几个国家，目前国际上并不存在一个超国家的权力机构，有能力将汇总的利润在有关国家间进行重新分配。再者，利润的重新分配也同样会导致国家利益的冲突，要获得所有相关国家的支持是很困难的。

对于防止联属企业利用转移定价和不合理分摊费用逃税避税，我国涉外税法除规定联属企业就其相互间的业务往来，有向当地税务机关提供有关的价格、费用标准等资料的义务外，也将独立竞争原则规定为联属企业活动应遵循的原则。同时赋予税收机关对联属企业间交易的商品、劳务价格和利率进行调整的权力。

(3) 防止纳税人利用避税港进行逃税、避税的法律措施

这方面的反逃税、避税措施主要是针对基地公司而采取的。

英国采取的方法是通过法律制裁阻止基地公司的设立。如英国《所得税和公司税法》规定，未经财政部门批准，英国居民公司不得擅自迁出英国。这主要是指怀有逃税避税目的的迁出，其中就包括将公司迁至避税港，将部分营业迁到避税港或在避税港设立子公司。对于违反规定者，不仅仍按英国居民公司征税，还要受到刑事处分。这样一来，对设立基地公司便起了很大的阻碍作用。

美国的做法是通过取消延期纳税，使设立基地公司在税收方面无利可图，来阻止基地公司的设立。美国税法本有延期纳税的规定，即国外子公司的利润在以股息形式汇回母公司之前，可以不向母公司所在国纳税，而且不限期汇回。这样，跨国公司便可能利用该规定将大量资金长期停留在基地公司以避税。但美国《国内收入法》针对基地公司的部分则规定，美国股东在"受控制的外国公司"中的利润，不论是否以股息分配形式汇回，均计入股东有关纳税年度的应纳税所得额内据以课税。目前，美国的这种作法已为多国在立法中仿效。

(二) 国际法的防范措施

由于进行国际逃税与避税活动是跨国纳税人，特别是跨国公司，其采取的主要手段是主体或所得的跨国转移，而且牵涉到的是有关多个国家的利益和税法体制。因此，仅靠国内法的单边措施来防范是很难奏效的，必须寻求国际合作，通过签订双边或多边税务协定，运用国际法来防止国际逃税与避税现象的发生及其危害。国际法防止国际逃税与避税的措施主要有以下几种：

1. 进行税务情报交换

《经合组织税收协定范本》和《联合国税收协定范本》，规定了缔约国之间相互交换情报的一般原则。在国际税收协定的实践中，各国普遍根据这两个“范本”中的规定，确立彼此间的情报交换制度。

关于情报交换的种类，《经合组织税收协定范本》原则上规定缔约国之间有义务就实施协定所需的情报，以及与协定有关的各税种的国内税法情报进行交换。《联合国税收协定范本》在此基础上，特别强调应交换关于防止欺诈或逃税、避税的情报。

关于情报交换的范围，一般来讲，相互所提供的情报仅限于一国法律和行政惯例所允许的范围以及通过所允许的方式获取的情报。缔约国没有义务提供可能泄露任何贸易、经营、工商业等专业秘密的或违反本国公共秩序的情报。

关于情报交换的方法，分为例行交换、经特别请求的交换和一方主动提供三种。例行交换主要用于交换缔约国对方居民在本国境内经常性收入来源的情报，以及有关缔约国税法和行政程序方面的情报。这种例行交换通常在那些经济往来关系密切的国家间采用。

经特别请求的交换，主要包括为确定纳税责任所需要的有关纳税人在对方境内的财产或收益细节、银行往来账户、营业活动范围以及有关商品和劳务的价格、成本费用等情报。

主动提供情报的交换方法，即一国主管当局，在发现了某些对另一国主管当局确定纳税责任可能具有重要作用的情报时，主动向对方提供情报。在当前的实践中，仅有少数国家采取这种方式。

2. 跨国税务调查合作

按照《联合国税收协定范本》规定的原则，缔约国双方主管部门应通过协商改进有关情报交换事宜的合适条件、方法和技术。在这方面，有些国家在实践中采取了互派代表常驻对方境内，直接向对方主管部门收集资料、情报的方法。

还有的国家通过缔结条约，允许在某些情况下，他国税务人员可参与本国税务当局对纳税人进行的税务调查。这种方式的典型例子是根据英美国际双重税收协定，英国国内税务署和美国国内税务署所达成的“工作安排”。据此，双方的税务机关可对涉及在双方国家有重大营业活动的纳税人进行共同审查。

3. 在征税方面相互协助

与情报交换不同，在征税方面的相互协助的广度和深度是很有限的，主要妨碍因素有两个：

一是在消除国际逃税、避税问题上，相关国家的利益是对立的。因此要在跨国税收调整的基础上重新安排征税，相对利益国很难达成合作。

二是税收与一国主权紧密相联。一国政府如果允许外国税务机关在其境内执行征税行为或是由本国税务机关执行外国税法，在某种程序上等于放弃国家主权，这也是许多国家难以接受的。

尽管如此，基于平等互利的需要，也基于国家间签订的税收协定，有一些国家在事实上达成了有关协助课税的安排。这种安排主要包括：有关税收文件、纳税申报单和财务报表的传递以及税款的征收。当然，这种征税的协助只有在缔约国一方由于境外的重大困难，本身不能征收的情况下，才可以请求其他缔约国提供协助。

本章小结

1. 国际税法是调整国际税收关系，即国家间税收分配关系以及国家与跨国纳税人之间税收征纳关系的国内法规范与国际法规范的总称。

2. 税收管辖权，指一国政府对特定的人或对象行使的征税的权力。税收管辖权，是国际税法研究的首要问题，具有重要的意义。税收管辖权可分为居民税收管辖权和收入来源地税收管辖权两类。居民税收管辖权是指一国根据纳税人在本国境内存在税收居所的连结因素对其行使的征税权力。收入来源地税收管辖权是指一国根据收入来源地这一连结因素对非居民纳税人所行使的征税权力。当今世界大多数国家都同时实行这两种税收管辖权，但也有少数国家仅行使收入来源地税收管辖权。

3. 国际重复征税可以分为国际双重征税和双层征税两种情形。国际双重征税是指两个或两个以上的主权国家基于各自的主权利益，对同一跨国纳税人的同一征税对象在同一征税期间内征收相同或类似的税种。国际双层征税是指两个或两个以上的主权国家基于各自的主权利益，对不同纳税人的同一来源所得在同一征税期间内征收相同或类似税种。国际双重征税的解决方法大致可以分为两步：第一步是在国际层面协调税收管辖权；第二步是由纳税人居住国采取进一步的国内税法措施。

4. 国际逃税是指跨国纳税人违反有关国家税法或国际税收协定的规定，采取隐蔽的、非法的手段或措施，以逃税或减少就其跨国所得本应承担的纳税义务的行为。国际避税是指跨国纳税人利用各国税法规定和税负水平的差异，或者国际税收协定的漏洞，通过某种形式上不违法的方式，以谋求最大限度减轻国际纳税义务的行为。对于国际逃税与避税行为的防范，可以分别采取国内法上的措施和国际法上的措施。

思考题

1. 简述国际税法的概念。
2. 什么是居民税收管辖权?
3. 简述国际双重征税的解决方法。
4. 简述国际逃税与避税的区别。

参考文献

1. 王绍光．美国进步时代的启示．北京：中国财政经济出版社，2006.
2. 陈共．财政学．6版．北京：中国人民大学出版社，2009.
3. 张守文．税法原理．2版．北京：北京大学出版社，2001.
4. 张守文．税法原理．5版．北京：北京大学出版社，2009.
5. 刘隆亨．税法学．北京：法律出版社，2006.
6. 中国注册会计师协会．税法（新考生版）．2009年注册会计师全国考试指定教材．北京：中国财政经济出版社，2009.
7. 全国注册税务师执业资格考试教材编写组．税法一．2009年全国注册税务师考试教材．北京：中国税务出版社．2009.
8. 严振生、杨萍．税法．4版．北京：中国政法大学出版社，2008.
9. 刘剑文，熊伟．财政税收法．4版．北京：法律出版社，2007.
10. 余劲松，吴志攀．国际经济法．2版．北京：北京大学出版社，高等教育出版社，2005.
11. 徐孟洲．税法原理．北京：人民大学出版社，2008.
12. 王曙光，李兰，金瑛．税法学．北京：经济科学出版社，2008.
13. 廖益新．国际税法学．北京：北京大学出版，2001.
14. 高尔森．国际税法．北京：法律出版社，1993.
15. 刘剑文．国际税法学．北京：北京大学出版社，2004.
16. 刘隆亨．国际税法．2版．北京：法律出版社，2007.
17. 法律出版社法规中心．财政金融法小全书．北京：法律出版社，2009.
18. ［日］金子宏．日本税法原理．刘多田，杨建津，郑林根，译．北京：中国财政经济出版社，1989.
19. ［日］北野弘久．税法学原论．4版．陈刚，杨建广，等，译．北京：中国检察出版社，2001.
20. ［英］威廉·配第．赋税论．邱霞，原磊，译．北京：华夏出版社，2006.

高等院校法学专业规划教材

1. 法理学教程
2. 宪法教程
3. 民法总论教程
4. 民法分论教程
5. 行政法教程
6. 经济法教程
7. 刑事诉讼法教程
8. 民事诉讼法教程
9. 刑法教程
10. 商法教程
11. 侵权法教程
12. 婚姻与继承法教程
13. 知识产权法教程
14. 国际公法教程
15. 国际私法教程
16. 国际商法教程
17. 国际经济法教程
18. 国际投资法教程
19. 国际贸易法教程
20. 国际货物买卖法教程
21. 海洋法教程
22. 中国法制史教程
23. 外国法制史教程
24. 法律英语教程
25. 合同法教程
26. 公司法教程
27. 金融法教程
28. 税法教程
29. 票据法教程
30. 电子商务法教程
31. 仲裁法教程
32. 担保法教程
33. 保险法教程
34. 海商法教程
35. 破产法教程
36. 房地产法教程
37. 证券法教程
38. 物权法教程
39. 债权法教程
40. 法律文书写作教程
41. 环境与资源法教程
42. 国家赔偿法教程
43. 律师实务教程
44. 劳动法教程
45. 竞争法教程
46. 航空法教程
47. 外层空间法教程
48. 信托法教程
49. 中国法律思想史教程
50. 外国法律思想史教程
51. 世界贸易组织法教程
52. 贸易救济法教程